读懂中国金融

金融改革的经济学分析

黄益平　王　勋 ◎ 著

UNDERSTANDING CHINA'S
FINANCIAL SYSTEM
AN ECONOMIC ANALYSIS OF THE REFORM POLICY

人民日报出版社
北　京

图书在版编目（CIP）数据

读懂中国金融：金融改革的经济学分析 / 黄益平，王勋著 . — 北京：人民日报出版社，2021.12
ISBN 978-7-5115-7143-4

Ⅰ. ①读⋯　Ⅱ. ①黄⋯②王⋯　Ⅲ. ①金融体系—研究—中国　Ⅳ. ①F832.1

中国版本图书馆CIP数据核字（2021）第206278号

书　　名：	读懂中国金融：金融改革的经济学分析
	DUDONG ZHONGGUO JINRONG: JINRONG GAIGE DE JINGJIXUE FENXI
作　　者：	黄益平　王　勋
出 版 人：	刘华新
责任编辑：	蒋菊平　徐　澜
特约编辑：	纪伟伟
版式设计：	九章文化
出版发行：	人民日报出版社
社　　址：	北京金台西路2号
邮政编码：	100733
发行热线：	（010）65369527　65369512　65369509
邮购热线：	（010）65369530　65363527
编辑热线：	（010）65369528
网　　址：	www.peopledailypress.com
经　　销：	新华书店
印　　刷：	北京中科印刷有限公司
开　　本：	710mm×1000mm　1/16
字　　数：	243千字
印　　张：	20.5
版次印次：	2022年3月第1版　2024年4月第4次印刷
书　　号：	ISBN 978-7-5115-7143-4
定　　价：	56.00元

  "中国金融四十人论坛书系"专注于宏观经济和金融领域,着力金融政策研究,力图引领金融理念突破与创新,打造高端、权威、兼具学术品质与政策价值的智库书系品牌。

  中国金融四十人论坛是中国极具影响力的非官方、非营利性金融专业智库平台,专注于经济金融领域的政策研究与交流。论坛正式成员由40位40岁上下的金融精锐组成。论坛致力于以前瞻视野和探索精神,夯实中国金融学术基础,研究金融领域前沿课题,推动中国金融业改革与发展。

  自2009年以来,"中国金融四十人论坛书系"及旗下"新金融书系""浦山书系"已出版160余本专著。凭借深入、严谨、前沿的研究成果,该书系在金融业内积累了良好口碑,并形成了广泛的影响力。

代引言　金融改革发展及其内在逻辑　周小川 / 001

第一章　金融改革的"中国故事" / 001

　　一、欧美金融模式黯然失色？ / 003

　　二、中国金融改革的三个困惑 / 007

　　三、金融改革的经济学分析 / 013

　　四、中国金融改革的特征事实 / 021

　　五、"双轨制"体制的惯性 / 027

　　六、金融模式与改革策略 / 038

第二章　渐进改革策略下的金融体系 / 041

　　一、为什么要在改革期间重建金融体系？ / 045

　　二、渐进改革中的金融发展 / 049

　　三、金融抑制下审慎的对外开放 / 056

　　四、目前中国金融体系的三大特征 / 063

　　五、中国金融抑制的具体表现 / 069

　　六、"双轨制"改革策略决定了抑制性的金融政策 / 074

　　七、金融抑制下的金融结构 / 077

第三章　金融抑制的动态效果 / 087

　　一、金融抑制阻碍经济增长了吗？ / 090

二、金融抑制的效果为何由正转负？／094

三、金融抑制下结构失衡不断凸显／100

四、新发展阶段呼唤金融模式转型／109

五、商业银行与资本市场支持创新的不同特点／115

第四章　金融支持实体经济力度减弱／127

一、经济发展新阶段对金融提出了新要求／132

二、传统金融体系转型滞后／137

三、民营企业贡献大与融资难并存／141

四、影子银行用"错误的方式做正确的事"／152

五、政府不断出台措施支持民营企业发展／156

六、金融支持经济增长要做好普惠金融发展／158

第五章　数字普惠金融创新及其风险／165

一、数字技术帮助解决信息不对称问题／169

二、中国数字金融发展的推动力量／174

三、数字信贷的三种模式／181

四、数字金融的经济影响／194

五、数字金融监管重构／196

六、数字金融发展新阶段 / 200

第六章 金融监管从"形式"走向"实质" / 203

一、金融稳定形势开始发生变化 / 206

二、系统性金融风险成为主要挑战 / 212

三、经济区域分化下的金融风险 / 216

四、金融监管的本质 / 223

五、中国的金融监管变革 / 236

六、金融监管为何难以有效管控风险？ / 239

七、必要的监管改革 / 248

第七章 中国金融改革往哪里去 / 253

一、"中国故事"的关键是"务实"而非"最优" / 256

二、尚未完成的金融改革任务 / 261

三、完善现代金融体系要处理好五个方面的关系 / 270

四、未来金融改革的方向 / 281

五、继续尚未完成的金融改革 / 295

代引言

金融改革发展及其内在逻辑

周小川

20世纪80年代：引进市场经济金融体系的基本结构

20世纪80年代是我国国民经济向市场经济转轨的早期，金融市场领域改革的主要任务是引进市场经济金融体系的基本结构。

在20世纪80年代之前的计划经济时代，我国"大一统"的金融体系中只有人民银行一家。当时金融体系最明显的特征是，人民银行既管宏观平衡，又提供商业性金融服务。80年代金融改革的一项主要内容就是改变这一金融组织体系结构，通过建立一些新的金融机构，将中央银行和商业性金融体系分开，构建一个所谓双层银行体系。在这个体系中，中央银行专注于宏观调控、金融监管和为银行提供支付清算等金融服务；商业性金融机构则从人民银行独立出来，面向企业和居民提供商业性金融服务。具体而言，中国工商银行、中国建设银行、中国银行、中国农业银行以及中国人民保险公司都是在20世纪80年代前后建立或恢复建立的。建设银行过去服务于财政功能；中国银行在恢复设立之前实际上是人民银行内部的国际局（对外加挂一个牌子）；农业银行当时是一块虚的牌子；中国人民保险公司过去只做进出口方面涉及的货运险，是人民银行和财政部的下属机构。

与此同时，80年代还在探索证券交易。当时没有成立股票交易所，80年代后期有个别证券营业部试点开展了证券交易。

20世纪90年代上半期和中期：建立符合市场经济需要的金融机构和金融市场基本框架

20世纪90年代上半期和中期，金融改革发展以党的十四大和十四届三中全会为根据，与国家开始建立社会主义市场经济基本框架相平行，主要特征就是建立符合市场经济的金融市场和组织结构的基本框架。

首先是专业银行转向商业银行。当时，工商银行、农业银行、中国银行、建设银行四大国有银行和交通银行都已经成立了，但四大行还是专业银行，分别服务于工商业、农业、国际业务和项目建设等行业或领域，相互之间没有充分的竞争。这显然不符合竞争性市场经济的基本特征，同时也难以进行调控。并且，如果国家在某一领域有政策性要求，如有企业发不出工资，国家要求给予支持，那么四大行也必须负责自己领域的政策性业务。这不仅不利于银行业的发展，也不利于社会主义市场经济下市场主体的健康发展。基于这种考虑，1993年党的十四届三中全会决定成立三家政策性银行，即国家开发银行、中国进出口银行、中国农业发展银行，专门承担政策性服务，四大行只承担商业性业务，同时四大行不再按专业领域划分业务，相互之间可以交叉、竞争，以便改进服务。

专业银行向商业银行转变的另一重要背景是，党的十四届三中全会提出国有企业要建立现代企业制度，即建立以产权明晰、权责明确、政企分开、管理科学为基本特征的公司组织结构和初步的治理框架。当时就有一个问题，如果现代企业制度也适用于这些大型国有银行，那么这些专业银行也要像国有企业改革一样，按照现代企业制度改变专业银行的性质，变为市场竞争主体，并按照现代企业制度来运营管理。

其次，这一时期建立了证券市场。1990年底，上海证券交易所和深圳证券交易所正式建立，国家层面成立了证券委和证监会，后来证券委的发行审核功能合并进了证监会。

再次，保险业取得较快发展，特别是寿险开始初步发展。1998年，专门成立了中国保险业监督管理委员会。

最后，在金融机构和金融市场改革发展的基础上，建立了新的宏观调控框架，明确了当时国家计委、财政政策、货币政策的各自功能，宏观调控从直接调控加快转向间接调控。

亚洲金融风暴期间：整顿与应对冲击

泰国在1997年上半年就开始出现问题，到下半年金融危机迹象就比较明显了。亚洲金融风暴对中国造成的影响持续了4～5年的时间。亚洲金融风暴期间，中国金融领域的一项重要任务是进行金融整顿。当时处于建立社会主义市场经济体制的早期，金融领域有很多混乱的情况。特别是，由于会计标准没有建立，商业银行贷款分类方法不科学，财务纪律不规范，资本金也不充足，使得在亚洲金融风暴影响下，相当一部分金融机构经营不下去，甚至关闭破产，广国投事件是最重要的案例。

另外，为应对亚洲金融风暴冲击，我国调整了金融体系的结构。就整个经济体制改革而言，需要在适当分权的基础上，建立中央与地方之间的合理关系，但是在金融调控方面，还是需要进行垂直管理。因此，1997年的全国金融工作会议对金融体系的组织结构做了调整。

再有，金融业配合国家对亚洲金融风暴造成的重大冲击进行恢复。为应对危机冲击，当时推出了以基础设施建设为主的经济刺激计划，财政和金融部门都要配合这方面工作。这一阶段最重要的任务是国有企业脱困。受亚洲金融风暴影响，国有企业困难比较明显，因此国家推出国有企业"三年脱困"计划。其实，当时银行业也相当困难，不良资产大概在25%~45%，损失也很大。但国有企业涉及更多人就业，问题更加紧迫。因此，国家通过债转股减轻国有企业债务负担，成立四家资产管理公司剥离大型银行不良资产，帮助国有企业休养生息，走出亚洲金融风暴带来的大量下岗和效益下滑的困境。这些措施实际上是由金融系统先承担更大的损失，等国有企业状况好转后，金融业还得回头再来收拾遗留下来的财务问题。

2002~2008年的金融改革与发展：健康化、规范化和专业化

从2002年下半年左右、走出亚洲金融风暴影响开始，中国金融改革和发展进入了一个新的阶段。个人认为，这个阶段金融改革和发展的主要内容可归纳为健康化、规范化和专业化。

关于健康化和规范化。很多改革既是健康化，同时也是规范化。在亚洲金融风暴影响下，银行体系积累了很多问题，不良资产很多，资本金严重不足。证券市场起伏不定，总体来看上市公司质量比较差，发行和交易秩序也比较混乱。保险公司主要是寿险公司处于大面积利差损，

即当通货膨胀高、利率高的时候，保险产品参考银行利率承诺的固化收益率很高，而当通货膨胀降低、利率下调后，保险公司资金运用的实际收益率较低，就会出现巨大的利差损。因此，保险公司的财务状况也非常不健康。

亚洲金融风暴之后，就需要对金融机构特别是有影响的大型金融机构进行财务重组，使其恢复到健康状态。要进行财务重组，就需要弄清资产质量，其中首要的是改革会计准则。银行财务状况对会计制度非常敏感，资产负债表健康与否，很大程度上取决于所使用的会计制度。之前虽然对计划经济时代的会计制度有所改动，但是不够彻底。当时资产损失不能减计和计提，比如库存损失了或者某个投资项目损失了，都不能计提。这样，银行对企业贷款质量衡量和对不良资产的计算就是不真实的。上市公司也是如此。上市公司会公告盈利状况，但因为损失没有充分计提，数据是不真实的，对资本市场也会造成不良影响。2001年、2002年前后，我国对会计准则进行了改进。这是非常实质性、基础性的工作。

对银行来说，过去贷款分类很不合理，大量不良资产被掩盖，通过实行贷款五级分类制度，就可以弄清楚银行不良资产的真实情况，做到摸清家底。在弄清不良贷款的基础上，就可以明确哪些不良资产需要剥离，银行需要补充多少新的资本。然后，国家就要想办法注资。当年的做法是财政和金融体系拿出一部分资源进行注资，包括外汇储备和黄金储备，来改进大型银行和保险公司的资本状况，随后也改进了一部分证券公司的资本状况，使这些金融机构基本合格。

金融机构财务状况基本合格后，要想跟上国民经济迅速发展的需要，还需要不断增强资本。因此，大多数效益比较好的银行、保险公司、证券公司逐步发行上市，变成上市公司。上市除了可以筹集资本外，更重要的是，要按照现代企业制度建立公司治理结构，同时提升透明度，金融机构要受到来自广大投资者特别是股票市场投资者和战略投资者的压力和监督约束，从而有足够的动力加强财务和风险管理。

在此期间，另一项重要的金融改革是农村信用社改革。农村信用社资产大概占到了金融系统总量的10%左右，当时不良资产占比在50%左右，非常高。农村信用社改革采用了与前述大型国有银行类似的办法。同时，农村信用社比较分散，经营状况参差不齐，所以当时改革设计了正向激励机制，调动各方面积极性，鼓励做得好的，约束做得差的。

在抓好大型金融机构和农村信用社改革的同时，运用同样的思路，但以财务损失自担为原则推进中等金融机构，包括中等商业银行和城市商业银行的改革。改革之后，相当一部分好的金融机构也都成为上市公司。

这个阶段，股票市场也大力推进了规范化。中国股票市场长期存在股权分置，上市国企的股票分国有股和流通股，国有股有一部分叫法人股，法人股不能在市场上流通，形成了双轨制。股权分置是改革转轨期间中国特有的一种现象，很不规范，影响了投资者信心和股票市场的进一步发展。2005年，国家下决心推动股权分置改革，解决了这一不规范问题。

由此可见，这个过程覆盖了各类金融机构，包括银行、证券和保险机构，以及大型、中型和小型等不同层次。同样的改革逻辑关系和原则，使得不同领域和不同层次金融机构的改革之间存在必然联系。这些改革为我国金融体系成功应对2008年全球金融危机打下了基础。

关于专业化。专业化主要是指金融业更深入地依据市场经济的规律去运作，同时金融监管也进一步走向专业化。2003年中国银监会从人民银行分设，明确了银监会、证监会、保监会三家专业性监管机构的目标责任，理清了金融监管和宏观调控的责任关系。同时，金融监管部门集中了人才，监管工作水平有了显著提高。

应对全球金融危机：跟上全球金融治理体系改革步伐

上述健康化、规范化和专业化的过程还在持续，随着2008年9月份雷曼兄弟破产倒闭引发全球金融危机，中国的金融改革和发展也进入了一个新的阶段。这个阶段金融领域的主要工作是配合国家应对全球金融危机冲击，特别是配合2008年11月份推出的一揽子经济刺激计划，这在宏观政策和一些结构性的金融支持政策方面均有体现。

这段时期国际金融领域改革的一项重要内容，是针对全球金融危机给宏观调控和金融体系提出的重大挑战，在金融领域作出大量纠正和显著改进。主要包括：对于导致金融危机发生的问题，比如资本不充足、杠杆率过高、衍生产品市场混乱（危机前，美国的金融衍生产品市场过于复杂庞大，很多情况美国监管当局都搞不清楚）等加以纠正，对相关市场进行改造，特别是加强了对金融体系中交易部门杠杆率的监管，增加金融稳定措施，对清算系统采取交易对手方集中清算。其中一个重要的内容是建立健全宏观审慎管理框架。全球金融危机暴露出金融体系存在非常明显的顺周期性，即经济状况好的时候，大家都觉得好，评级评得好，股票价格高，借贷杠杆率也高；一旦出现危机，上述各环节就都会出现收紧，"落井下石"。顺周期因素加大了经济金融的波动性和危机程度。为此，需要在金融系统中引进一些逆周期的因素，经济好的时候让它冷一冷，差的时候能够扶一扶。这些措施在大的概念上被命名为"宏观审慎政策框架"。该提法在国际上被写入了G20文件，在国内被写进了党的十八大、十八届三中全会的文件，也连续几年被写进了政府工作报告。

总之，国际金融领域推出了很多改革，这些改革对我们有很好的借鉴和启示意义。一是对于国际上出现的经验教训，有些我们也是深有体会的。中国在2008年全球金融危机之前，经济金融领域存在很多问题，2008年底、2009年初经济同样出现急剧下滑，只是我们的问题没有美国、欧洲那么大，所以下滑得没那么狠。二是有些属于发达金融市场的问题我们还没有遇到，但是我们通过学习和反思，未雨绸缪，可以把国际上反思经验教训所建立的新规则、秩序、标准、监管学过来。这对我们防止今后犯同样的错误是有好处的。

当前阶段的金融改革和发展：市场化、国际化和多元化

全球金融危机后期，我们按照党的十八大和十八届二中、三中、四中全会精神，全面深化改革开放，着力推动金融业市场化、国际化、多元化。

市场化

党的十八届三中全会明确提出，让市场在资源配置中起决定性作用。经济学术语中的资源是指生产要素，主要包括劳动力、资本、土地，此外，有时也可以扩大到能源品等。总之，所谓资源的优化配置是生产要素的配置。显然，资金包括外汇资金如何配置，是让市场在资源配置中起决定性作用的一个非常重要的内容，要达到这一目标，就要实现资金价格

即利率和汇率的市场化。这是市场化改革的两个重要内容。

关于利率市场化。实现利率市场化是一个过程，之前已经完成了一些步骤。2004年开始推动贷款利率市场化。当时推进利率市场化有一个总体思路，即先贷款后存款、先大额后小额，先外币后本币。后来，沿此思路迈出了若干步改革，随后就碰到了全球金融危机，金融工作的主要精力暂不在市场化改革方面了。金融危机之后，我们开始加快推进利率市场化改革。通过这几年的改革，贷款利率已经完全放开，金融市场上的其他利率，如债券、拆借和票据的利率，以前都已完全放开，目前只对存款利率保持50%的浮动上限管理。很多人认为，存款利率市场化是利率市场化的最后一步。其实，这最后一步我们是分若干小步迈出来的，在过去的两年中，存款利率浮动上限先从10%提高到20%，然后再提高到30%和现在的50%，已经走了四步。我估计50%之后，步伐可以加大，加快实现市场化。

关于汇率市场化。我国汇率市场化也走过了较长阶段。早在1993年底，我们就进行了双轨合一的外汇体制改革，1996年中国宣布经常项目可兑换，并开始酝酿逐步实现资本项目可兑换，但当时条件还不成熟，随后就遇到了亚洲金融风暴，汇率体制改革一度放缓。党的十六届三中全会确定了人民币汇率体制改革的总体目标，即建立健全以市场供求为基础的、有管理的浮动汇率制度，使人民币汇率在合理均衡水平上保持基本稳定。按照这一要求，2005年推进了汇率体制改革，开始实行以市场供求为基础、参考一篮子货币进行调节、有管理的浮动汇率制度。经过2007年、2012年和2014年三次调整，人民币兑美元交易价每天浮动幅度由3‰逐步扩大至2%，同时人民银行逐步退出常态化的外汇干预。新的汇率体制要求人民币汇率更充分地反映经济基本面，其中一个重要内容就是要反映国际经常项目收支的平衡情况，即汇率主要由外汇市场的供求关系决定。经常项目收支共由四项构成，包括货物贸易和服务贸易两个大项，以及投资收入和转移款项两个小项。

国际化

在多年的市场化改革基础上，金融改革和发展就可以加大国际化的步伐，以前是不具备这个条件的。最近几年，国际化进展较快。一个重要工作是在2014年推出了沪港通，实现了上海证券交易所和香港联交所的互联互通。国际化的另一重要领域是人民币国际化势头加快、人民币资本项目可兑换加快推进、人民币离岸市场建设得到加强以及金融支持企业"走出去"的步伐加快，包括当前已经运行的丝路基金和正在筹备的亚洲基础设施投资银行，也包括正在热议中的人民币能否加入国际货币基金组织的特别提款权（SDR），从而成为国际主要储备货币之一等热点议题。

关于人民币国际化。应该说，人民币国际化起步比人民银行、金融管理部门包括外汇局设想得要早，国际社会对人民币的欢迎程度也超过我们当时的预期。人民币国际化之所以比较顺利，主要是因为全球金融危机期间西方国家金融市场一度非常疲弱，加之由于金融危机导致的货币不稳定，市场上缺乏美元，且对美元信心不足，欧洲主权债务危机导致欧元振荡也较大，日本经济也不太好，也影响了日元。总之，全球金融危机对主要国际货币都造成了负面影响，人民币就受到了欢迎。首先是韩国出于稳定需要，主动要求和中国开展货币互换，随后陆续有二十多个发展中国家提出货币互换，甚至一些发达国家也加入进来，从2014年开始，中国分别与欧央行及英国、瑞士等国央行做了货币互换安排。

因此，可以说是全球金融危机的爆发，多少有点儿意外地把人民币推向了国际社会。

我们对待人民币国际化的态度，首先是顺水推舟，顺应市场需求。既然国际社会欢迎人民币，同时中国已经成为世界第二大经济体，通过人民币国际化在国际市场上实现国际国内两种资源的优化配置，对中国也是有巨大好处的。因此，我们应该根据自身经济实力，顺应实体经济需求，推进人民币国际化。其次，要真想做强人民币，使其符合市场预期站到那个位置的话，我们就要做好自己的家庭作业，继续推进经济金融改革、改变相关规则，不断采取措施，以适应人民币国际化的需要。

目前，与人民币国际化相关的工作主要包括以下几项。

一是中国和其他国家签订协议，在双边贸易投资中使用本币。比如中国和俄罗斯之间的经贸往来可以使用人民币，也可以使用卢布。

二是双边央行之间开展本币互换。比如说，如果俄罗斯缺少人民币，或者中国缺少卢布，两国央行可以居中进行货币互换，由此人民币就出去了。

三是指定人民币清算行。双边都使用人民币的时候，境外市场上人民币有时候多、有时候少，多的时候应该可以回流到境内，少的时候可以调剂出去，这个机制就需要由清算行来完成。理论上，也可以在中国设立卢布的清算行，但由于人民币更受欢迎，所以很多国家希望设立人民币清算行。同时，不仅是邻国或发展中国家，近年的一个显著变化是，从英国开始一些西方国家也要求设立人民币清算行。

四是有些国家开始主动宣布将人民币作为其外汇储备的一部分。

五是双边本币直接挂牌交易。人民币最早和马来西亚林吉特开展直接交易。在此之前，人民币与林吉特之间的交易一般是通过美元套算，人民币先换成美元，美元再换林吉特。这种套算方式有时受美元不稳定影响较大，同时差价也大，成本较高。通过与其他国家货币之间直接交易，双边货币就可以形成汇率，不经过其他货币套算，便利化程度更高。

关于资本项目可兑换。在国内金融改革发展顺利推进的基础上，人民币可以加快走向资本项目可兑换。早在1996年，我国就宣布了经常项目可兑换。在资本项目方面，过去只是外商直接投资（FDI）可兑换，很多其他项目尚不可兑换，比如股票、债券、基金等投资项下的可兑换程度还不高。另外一个特点是，事前审批多。其实，很多资本项下也不是完全不可兑换，只是需要事前管理和审批，市场主体多数都能绕道而行。现在，很多事前管理的项目逐步放开了。但资本管制逐步放开不意味着放手不管，事中事后还是要管的，特别是有几项的管理还要加强，包括反洗钱、反恐融资和反过度利用"避税天堂"偷逃税等。此外，新兴和发展中经济体也可以采取一些防止短期资本过度投机的措施。如果是中长期投资，我们是欢迎的，但对于短期炒作资金，国际上允许设置一些管制措施。推进资本项目可兑换的这些基础性工作，对于在国际金融方面给予国内企业"走出去"更多支持，使其在海外更好发展，能起到重要推动作用。

关于人民币加入特别提款权（SDR）。简单来说，特别提款权是国际储备货币的一个篮子。目前这个篮子里包括美元、日元、欧元、英镑四种国际货币。国际货币基金组织（IMF）每五年审议一次特别提款权。2015年是审查年，大家希望人民币可以加入这个货币篮子。这已成为国际社会关心的一个议题。人民币国际化近年的势头很好，IMF正在认真考虑此事。（作者注：人民币加入SDR，成为IMF官方储备货币之一，其意义重大，利在长远。它既是国际社会对人民币国际化的肯定，又是对中国和世界双赢的结果。）

多元化

在转轨的早期，由于没有符合市场经济要求的基本组织架构，没有有效的宏观调控框架，金融体系必然是不健康的，没有实现规范化，也没有应对危机的经验和能力。只有完成健康化、规范化和专业化改造以后，转轨经济的金融体系才有条件更大程度地实现市场化、国际化，也才有胆量、有魄力、有底气实现多元化。设想一下，当金融体系很不健康的情况下，是不敢发展一些复杂衍生产品的。当前的互联网金融发展亦是如此。发展互联网金融必然会带来一些风险，如果金融体系基础不好，就难以承受这些风险，但如果基础打好了，就可以发展。最近一段时间，从国务院到中央都在研究鼓励和规范互联网金融发展的基本框架。与此相关的议题都反映了当前我国金融改革发展所处阶段的多元化特点。

中国金融改革和发展的内在逻辑

通过以上回顾不难看出，中国金融改革开放有着很强逻辑性：在转轨的早期，需要通过健康化、规范化和专业化等一系列深刻有力的调整，才能逐步迈向市场化、国际化、多元化的阶段。

转轨经济必然面临类似的改革困难

我们不妨比较一些新兴市场国家，特别是转轨国家，即从过去集中型中央计划体制向市场经济体制转轨的国家，其基本特点都是在转轨的过程中必然有巨大的财务窟窿。首先，转轨开始后，过去由中央计划集中配置资源所导致的失误必然要表现出来，或者表现为财政上有巨大的债务负担，或者表现为银行体系有巨额的不良资产。其次，在转轨的早期，由于法律法规和相关制度不健全，监管经验不足，监管人才缺乏，因此也必然有大量的损失，必然有政策性金融和商业性金融分不开，导致金融体系损失增加。中国在改革早期，有的企业发不出工资了，就连过年包饺子的钱也要银行先垫付，叫包饺子贷款。可以想象，饺子吃完了，什么都没剩下，拿什么去还呢？因此，金融体系的质量必然非常糟糕。

中国当年的窟窿很大。1997年亚洲金融风暴爆发时，中国银行体系不良资产率最少的估计是25%，多的估计是45%，具体数值取决于采用何种会计标准和贷款分类标准。按45%的话，银行业不良资产则将近当时GDP的一半，其中有相当部分体现为金融系统的损失。不光是中国，苏联、东欧和一部分新兴市场国家，都经历了非常严重的财务困难，有的体现在财政，有的体现在金融体系。1998年，俄罗斯的大银行基本上都挺不住了，连国债都违约了，导致本来发生在亚洲的金融风波，在1998年8月底就传到了俄罗斯和巴西，随后就引发美国长期资本管理公司的倒闭。

在国际比较时会发现，转轨经济体的金融体系改革发展都必然面临几大难关。如果没有强有力措施，不下大的决心，不清理财务不健康问题，不引入市场经济规律，银行体系将很难存续。其结果是，大多数苏联、东欧国家、巴尔干国家的银行体系都挺不过去了，或几乎全部业务让给西方国家的银行进来做。可以看到，不少东欧国家的外资银行份额占到90%以上。中国目前外资银行在银行业总资产中占2%左右。由此可见，如果中国不经过一系列的财务重组，推进市场化、健康化、规范化，很可能本国银行体系也站不住。

金融改革和发展要及时补课

今天我们虽然有条件推动市场化、国际化和多元化改革，但在此过程中，也有个别需要补课的内容。因为有些改革过去曾经打算做，但由于遇到危机等各种各样的原因，被耽搁了下来。

一是建立存款保险制度的初步框架。

2015年5月1日，《存款保险条例》已经开始实施。存款保险制度是市场经济条件下银行体系健康发展的一个重要因素。既然允许大家办银行，现在又提出允许民营资本发起设立中小型银行，改善对社区、农村等薄弱环节的金融服务，就需要建立存款保险制度，按照市场化原则处置银行倒闭问题。按道理，存款保险制度早就应该建立，但因为各种原因没有做成，现在补上。

二是推进政策性银行改革。

1993年党的十四届三中全会决定成立三家政策性银行，承接当时专业银行的政策性业务，从而使大型银行可以转变为商业银行。但到了今天，政策性银行应该怎么往下改呢？对此，国际上的认识也是有反复的。在里根、撒切尔时代，国际上主张公营机构私有化，也确实有很多政策性金融机构经营得不好，造成了损失，1998年日本长期信用银行倒闭，造成很大的风波，因此普遍建议改掉这些机构。后来，在2008年全球金融危机时，国际社会发现，很多事情商业性金融机构还真做不了或不愿意做，需要有政策性金融机构做补充。同时，政策性机构的经营模式也发生了很大变化，不是一定就亏损、向国家要补贴。有些政策性金融机构在服务国家战略导向的同时，实现了财务上可持续，也注重提升效益。此外，全球很多公共基础设施和公用设施，通过改革变成可收费项目,比如说公路,这样政策性银行可以做成开发性金融。当然,这要做很多探索并及时总结、评估。

总之,在当前阶段,我们需要补充做好一些改革工作。与此同时,要按照党的十八届三中全会的战略部署,按照"十二五"规划收官之年的工作安排,迎接第十三个五年规划,继续做好以市场化、国际化、多元化为特征的金融改革发展各项工作。

此文系 2015 年 5 月 27 日时任中国人民银行行长周小川在在京全国政协委员学习报告会暨政协机关干部系列学习讲座上的讲话内容,发表于《中国金融》2015 年第 19 期。

第一章
金融改革的"中国故事"

China's Story in Financial Reform

Understanding China's Financial System

一、欧美金融模式黯然失色？
Western Financial Model Eclipsed?

2008年10月的一天，时任花旗集团行政委员会主席的美国前财政部长罗伯特·鲁宾突然到访北京。作为花旗集团亚太区首席经济学家，我匆忙从香港赶到北京，陪同鲁宾参加在京的活动。金秋时节正是北京最美丽的日子，故宫的银杏，香山的红叶，无一不令人流连忘返。不过，当时鲁宾一行丝毫没有欣赏景色的心情，次贷危机正席卷全球金融市场，世界经济陷入了自大萧条以来最为严重的衰退，恐慌情绪急剧蔓延。美国马上就要举行总统大选，政策不确定性进一步提升。作为克林顿时期颇有建树的财政部部长（1995—1999年）和高盛的前董事长（1990—1992年），当时他还是民主党总统候选人奥巴马的高级顾问。因此，中国的一些部门对于他的来访也很重视。

那天中午，鲁宾在中国人民银行总行与时任行长周小川共进午餐，饭后前往中央党校就全球金融危机问题做了一场演讲。下午4点，鲁宾一行到达中南海紫光阁，当时主管金融工作的王岐山副总理一见到鲁宾就说，我们中国的金融改革都是拜欧美国家为师，现在先生自己家里出了这么大的事情，作为学生我们有点不知所措。副总理的说法可能有客套的成分，但在下午的讲座期间，有一位来自某大型国有商业银行的高

注：如无特别说明，书中"我"均指黄益平。

Understanding China's Financial System
读懂中国金融

管向鲁宾提问：美国的银行深陷危机之中，而中国的银行却都相对稳健，这是否意味着现在美国的银行应该向中国的银行学习了？这些说明，国内的政商界确实对欧美金融体系的有效性产生了疑问。

十年以后的2019年春天，我和中国金融四十人论坛的几位同事一起前往美国外交关系委员会位于纽约的总部拜访鲁宾。鲁宾还特地邀请了前美国财长盖特纳和前花旗集团全球首席经济学家舍恩霍尔治一起交流。期间，我重提紫光阁的那次讨论。鲁宾笑着纠正道，那天王副总理见面说的第一件事，是说他看了鲁宾的自传《在不确定的世界》[①]，之后才说到关于金融改革的先生与学生的话题。可见，那段话给鲁宾留下了深刻的印象。

于我而言，当然更是如此。在之后的十余年间，我常常想起在紫光阁的那次讨论。在2009年到北京大学工作以后，我的大部分研究精力都聚焦在中国金融领域，尝试回答金融改革领域"我是谁""从哪来""往哪去"等问题。我的一些研究工作是与王勋合作完成的。本书也是我们两人过去十几年研究与思考的一个系统性总结。

讨论金融改革，首先需要区分目标模式与改革策略。欧美金融体系行不行，是金融模式问题。金融模式指的是金融结构、组织形态、运行机制和监管框架的综合体，是一个相对静态的概念。同样重要的是改革策略问题，指的是如何决策并实施改革政策、改变金融运营，是一个相对动态的概念。金融模式可能是改革的目标，而改革策略则是实现目标的手段。我们从多年观察国内外金融改革的经验中得出一个结论，就是成熟经济体的金融模式只能为发展中国家的金融改革指出一个大方向，最终形成什么样的金融体系，既取决于改革政策，也取决于实际环境。

---

① Robert Rubin and Jacob Weisberg, *In an Uncertain World: Tough Choices from Wall Street to Washington*. Random House, New York, 2004.

苏联的经济改革实行的是杰弗里·萨克斯教授设计的以欧美经济模式为参照、试图一步到位的"休克疗法"①，最后形成的经济体系与欧美经济却有天壤之别。这表明，在改革的大方向确定之后，采取什么样的改革策略才是最重要的。不管金融体系形态如何，只要能够有效提高金融效率、控制金融风险，就是好的金融模式。如果在效率与风险两个方面都还存在问题，那就说明改革的措施或实施存在问题。

就中国的金融改革而言，过去欧美金融模式确实提供了一个重要的参照，但中国的"务实"改革从来就没有简单地照搬照抄过现成的模式。这里所说的"务实"，包括两个方面的含义，一是可行，二是有效。任何金融改革政策都得顺应当时的政治和经济环境，照搬照抄，不会有好的结果。同时，尽量在给定的政策空间内选择最能解决问题的方案，讲求实效。按照这样的要求做出的政策选择，从理论上看不一定十分完美，常常还可能引发一些新的问题，但它们却能够实实在在地提高金融效率，维持金融稳定，有效地推动经济发展。迄今为止中国金融改革所取得的突出成绩以及出现的一些新困难，都与这个"务实"的改革策略有关。

从这个角度出发，也许我们可以从两个层面来看欧美金融模式对中国改革政策的影响。一方面，欧美市场化的金融体系为中国的金融改革指示了方向。用"市场化改革"作为主线来概括1978年以来中国金融体系的变化，这一点应该是可以达成共识的。虽然许多改革政策具有明显的"见机行事"或者"权宜之计"的特征，甚至在改革的过程中也出现过一些反复，但中国金融体系一直在坚定地朝着市场化的方向走。从一

---

① Jeffrey D. Sachs, "What I did in Russia", March 12, 2012, https://static1.squarespace.com/static/5d59c0bdfff8290001f869d1/t/5ed7d8e248deea6dbee5d577/1591204091062/Sachs+%282012%29_What+I+did+in+Russia.pdf.

开始邓小平提出"要把银行办成真正的银行",到开办深圳和上海的证券交易所,再到2013年召开十八届三中全会,提出完整的金融改革方案,目的都是要向市场化金融体系过渡。欧美国家的金融体系最发达、市场化程度也最高,中国在改革过程中自觉或不自觉地以欧美为师,其实很正常。

另一方面,欧美各国的金融模式并不是单一的,并不存在一个统一的"欧美金融模式",不同国家和地区在金融结构、政府干预以及监管框架设置等方面,差异非常大。美国与英国是典型的资本市场主导的金融体系,德国和日本则是商业银行主导。中国香港和新加坡的金融体系的市场化程度最高,而德国与日本的政府对金融体系的干预相对多一些。另外,澳大利亚和荷兰实行的是审慎监管与行为监管相对分离的"双峰"监管模式,美国实行的是联邦政府和州政府"双层""多头"的监管模式,英国在全球危机以后也采纳了一些"双峰"监管模式的做法,但权力基本集中在英格兰银行。客观地说,过去国内的学者和官员研究美国模式相对多一些,因为美国的金融体系在全世界是最发达的。但美国是不是中国金融改革的最佳样板?这个问题其实值得深入讨论。

在作者看来,那场紫光阁讨论最重要的意义,并不在于指明将来中国还能不能以欧美金融体系作为下一步改革的榜样,而在于清楚地指出,即便像欧美这样已经十分成熟的金融市场机制与金融监管框架,仍然可能存在一些严重的缺陷,有时候还可能造成非常严重的后果。毫无疑问,中国的金融改革肯定还要朝着市场化的方向走。所以,欧美金融模式依然是值得学习的榜样。但中国四十几年的改革经历也表明,不能简单地理解市场化改革,更不能"一放了之",务实的改革策略才是中国金融改革成功的主要原因。次贷危机的根源在于,监管放松与业务层面的创新虽然短期提升了效率，但造成了严重的系统性风险。因此，我国在进一步的改革进程中，既应该继续向欧美国家学习好的经验，也要吸取它的教训，稳健地推进国内的金融发展。

二、中国金融改革的三个困惑
Three Confusing Issues on China's Financial Reform

不过，真正让我们下决心把关于金融改革的一系列思考写成一本书，起因于另外一件事情。从 2017 年开始，我每年都在朗润园为北京大学南南合作与发展学院（南南学院）的学生开一门"国际经济发展"课程，主要讲授国际金融方面的内容。南南学院是习近平主席 2015 年 9 月 26 日在纽约联合国总部出席并主持南南合作圆桌会时宣布设立的，2016 年 4 月 29 日在北京大学朗润园挂牌。南南学院的学生基本上都来自发展中国家，其中不少是政府官员。我指导的第一届博士生吉富特·姆攀咖（Gift Mupunga）就是津巴布韦副总统办公厅主任。和一般的北大学生不太一样，他们的经济学理论功底不是特别扎实，有的之前甚至没有学过经济学或者金融学，但他们往往拥有十分丰富的实践经验，特别是政策经验。

考虑到大部分学生的背景，我在讲解国际金融基本理论的同时，会介绍中国经济改革的一些做法，还会花很多时间和学员们一起讨论他们国家的现实问题。印象比较深刻的是有一次讨论跨境资本流动问题，国际金融研究的一般结论是发展中国家在开放证券投资方面，应抱持谨慎的态度，因为短期资本的大进大出容易影响金融稳定。但外国直接投资都是长期性的投资，而且能够直接促进当地的就业与增长，应该受到大力鼓励。在中国四十多年改革开放的历程中，外国直接投资也发挥了十分积极的作用。出乎意料的是，在课堂讨论中，许多来自非洲的学员认为外国直接投资对本国经济是弊大于利。这是因为去非洲国家投资的大多是国际矿产公司，这些公司只是把矿产资源挖出来运走，对本地经济的帮助不多，资源挖完了公司也就撤走了，反而留下很多环境和生态问题。

这些来自非洲的学生不赞成实行吸引外国直接投资的政策，原因可能是多方面的。但他们的观察提出了一个值得深思的问题：什么样的外国投资才能真正帮助非洲国家的经济发展？更为根本的是，中国不能照搬照抄"欧美金融模式"，那其他国家能不能照搬照抄"中国金融模式"呢？答案应该也是否定的。以吸引外国直接投资为例，它在中国已经被证明是十分成功的金融实践。但每个国家的经济、政治环境不一样，它们能够吸引到的外国直接投资也多种多样，产生的效果也千差万别。[①]同样，在一些发展中国家成功的金融政策经验，在另一些国家也不一定就管用。所谓的"南橘北枳"讲的就是这个道理。南南学院的学员们不远万里来到北京，学习金融理论，也学习中国成功的改革经验，这些都很重要。但将来对他们最有帮助的可能是对改革策略的理解，也就是制定与评估改革政策的方法，而不是照搬金融模式甚至改革的一些具体做法。

正因如此，需要关注、提炼中国金融改革的一般性经验，哪些做对了、哪些做得不够好、哪些做错了。把研究的重心转移到改革策略或者思维方式上，而不是机械化地突出目标模式。真正理解为什么会这样决

---

① 正如林毅夫教授经常说的，在发达经济体成功经验的基础上提炼出来的经济学理论，也许不一定适用于发展中国家。（Justin Yifu Lin, *New Structural Economics: A Framework for Rethinking Development and Policy*, The World Bank, Washington DC, 2012.）

策、为什么会产生这样的效果,是制定好的政策的第一步。任何改革政策都会有两面性,在一些国家合适,在另一些国家却不一定合适,即便是那些利大于弊的改革举措,也要充分关注并尽力化解它们的不利影响。不然可能产生负面效应,甚至是很严重的负面效应。从1978年12月算起,中国的金融改革已经进行了四十几年,进展显著、成绩惊人、问题不少,同时留下了一些令人困惑的现象。解开这些困惑,既有助于帮助深入分析中国金融改革策略的成功与不足,也可以为下一步中国金融改革以及其他国家的金融改革提供重要启示。

第一个令人困惑的问题,既然已经决定进行市场化改革,为什么政府还要对金融体系实施如此普遍的干预?在计划经济年代,金融只是发挥一些辅助性的功能,资金的定价与分配基本上都由中央计划决定。1978年实行改革开放以后,逐步走上社会主义市场经济的道路,金融要发挥血液的作用。因此,政府下了很大的功夫成功建立起一套完整的金融体系。不过和一般市场经济国家的金融体系相比,中国的这个体系具有三个非常突出的特点:"规模大、管制多、监管弱"。政府对金融体系的管制体现在很多方面。虽然利率市场化的改革一直在推进,但今天也还不能说商业银行可以完全自主地决定存贷款利率,市场利率往往也是扭曲的,在资本市场上,经常看到国家信用替代企业信用。监管部门对于商业银行甚至资本市场资金配置的指导和干预,也是随处可见。汇率和跨境资本流动仍然受中央银行的管理,这都是有明确的政策框架规定的。中国金融市场化改革的步伐不仅远远滞后于其他转型国家,比如俄罗斯。甚至可以说今天中国政府对金融体系干预的程度"仍处于较高的水平"。

所以,无论是从纵向、横向看,还是从内部、外部看,中国政府对金融体系保留如此多的政策干预，都是令人困惑的。在今天的中国经济中，绝大部分的产品市场都放开了，市场供求决定价格，政府很少干预。20世纪80年代初全国推开农业生产家庭联产承包制之后，中国一举解决了温饱问题。但当时在许多官员与公众的观念中，粮食作为一种特殊的产品，很难完全交由自由市场调节供求。出乎很多人意料的是，政府在1993年彻底取消了粮票。既然粮食供求都可以由市场机制来调节，为什么在金融业却还保留了诸多政府干预？这确实比较难理解。

第二个问题，既然政府持续而普遍地对金融体系实施干预，为什么中国还能够实现高速经济增长并保持基本金融稳定？这个观察与一般理解的金融自由化理论是矛盾的。被普遍接受的理念是抑制性的金融政策对于经济增长是十分不利的，罗纳德·麦金农的研究着重分析了政府对金融体系的干预对资源配置效率的负面影响[1]，而爱德华·肖的研究则突出了金融抑制对金融深化即金融发展的负面影响[2]，但他们的结论是一致的。当然，批评中国金融改革政策的声音也一直存在。1998年，时任布鲁金斯学会高级研究员的尼克·拉迪出版了著作《中国未完成的经济革命》[3]，在书中他讨论了改革时期金融领域发生的变化，特别关注了银行业的风险问题并提出了一些必要的改革举措。事实上，当时国有商业银行的不良率超过了30%，处于拉迪所称的"技术性破产"状态。另外，中

---

[1] Ronald I. McKinnon, 1991. *The Order of Economic Liberalization: Financial Control in Transition to a Market Economy*, Johns Hopkins University Press, Baltimore.

[2] Edward S. Shaw. 1973, *Financial Deepening in Economic Development*, Oxford University Press, Oxford.

[3] Nicholas Lardy, 1998. *China's Unfinished Economic Revolution*, Brookings Institution Press, Washington DC.

国经济在改革开放期间的表现常常被誉为"经济奇迹"[1]，在1978年到2008年的三十年间，中国的年均GDP增速达到9.8%。虽然近十年来经济增速不断放缓，但改革开放四十年的年均GDP增速仍然超过了9%。与此同时，四十年来，中国是所有大型新兴市场经济体中唯一没有发生过系统性金融危机的国家。

把"金融抑制"与"经济奇迹"这两个词放在一起，难免会产生一种违和感。如果纯粹地做理论探讨，在接受简单化的金融自由化理论的前提下，可以提出两种可能的解释。一是在改革期间金融抑制的程度是在不断降低的，虽然速度不是那么快。但这种降低本身就能释放经济动能，通过改善资源配置效率和促进金融发展，加速经济增长。二是如果中国金融改革的步伐迈得更大一些，也许其经济增长的速度会更快。这当然是一种"反事实"的推理分析，实际是基于抑制性的金融政策不利于经济增长的假设。上述两个说法都有一定的道理，但说服力可能也不是很强。原因是过去四十年间，中国已经是全世界增长最为强劲的经济体。如果政府采取更为激进的金融改革，中国经济增长进一步提速的可能性有多大？当然，不彻底的金融改革并未妨碍中国创造经济奇迹，这个现象所隐含的矛盾似乎更为突出。

第三个问题，既然这个金融体系帮助创造了中国的"经济奇迹"，为什么近年来"金融不支持实体经济"的矛盾变得越来越突出？这个问题似乎是在全球金融危机之后突然冒出来的，2008年受到美国次贷危机的影响，中国经济增速不断下滑，年底国务院宣布实施"四万亿"刺激政策，

---

[1] Justin Yifu Lin, Fang Cai and Zhou Li, 1996. *The China Miracle: Development Strategy and Economic Reform*, The Chinese University Press, Hong Kong.

Understanding China's Financial System
读懂中国金融

2009年GDP增速迅速反弹到9%以上，不过在2010年触顶之后，增速持续下行。在这个过程中，金融的许多问题就出现了。一方面，居民投资难和企业融资难的矛盾不断加剧。老百姓除了买房与存款，没有很好的安放储蓄的地方。中小微企业融资很困难，即便政府出台了许多政策措施，这一局面并未从根本上得到改变。另一方面，金融风险却四处冒头。从资本市场到保险行业，从影子银行到外汇市场，从中小银行到数字金融，几乎每一个领域都集聚了金融风险，以至于监管部门需要花大力气去守住不发生系统性金融风险的底线。金融效率下降而金融风险上升，应该没有比这个更为糟糕的组合了吧。从"经济奇迹"到"问题百出"，中间发生了什么重要变化？

但如果仔细考察现在担心的这些问题，就会发现它们其实都不是新出现的。比如，老百姓投资难并不是新问题，居民的金融资产从来都是银行存款占大头。中小微企业融资难，也是长期存在的，因为银行的信贷决策存在产权歧视，而且还有"获客难"和"风控难"的障碍。问题是这些长期存在的现象，最近却成了系统性的矛盾。在政策讨论中经常听到的一种说法是"金融部门脱实向虚"，资金在金融体系内空转，就是不流向实体经济部门。这个解读听起来很有道理，但在逻辑上依然不太清晰。按说金融机构都需要盈利，否则没法生存。如果资金始终在金融体系内部自循环，金融机构其实并不能获得好的投资回报。当然，如果观察到资金在金融体系内持续地自循环，那也可能说明要么找不到投资实体经济的有效渠道，要么实体经济的投资回报更为糟糕。无论如何，既然金融不支持实体经济，就要求金融改革继续往前走。但首先需要搞清楚，是实体经济发生了改变，还是金融部门出现了变化？

三、金融改革的经济学分析
Economic Analysis of Financial Reform

这样看来，中国的金融改革轨迹确实出现了不少令人困惑的现象。为了理解这些现象并提供合乎逻辑的解释，可能需要一个新的分析框架。这个分析框架关心的是金融改革政策如何影响经济，特别是对资源配置、经济增长、收入分配以及经济稳定等的影响。显然，本书的目的并不是创立一个新的理论体系，因为现有的金融学理论其实已经提供了非常丰富的理论基础，本书希望达成的目标是如何更好地将金融的一般性理念运用到政策分析当中。通过分析金融改革的中国故事，提出一个可以帮助理解、评估甚至设计金融改革政策的分析框架。金融改革的决策机制是什么？为什么许多国家实行了与传统经济理论高度一致的金融政策，最终却没有取得预期的效果甚至陷入了金融危机？为什么另外一些国家会实施看起来并非"最优"但实际效果还不错的金融改革政策？为什么有的金融改革政策取得了预期的效果，而有的却与初衷背道而驰？为什么同样的政策在不同的国家产生了完全不一样的结果？回答这些问题，需要摆脱教条主义甚至意识形态思维的干扰，把理论放到实践中去检验。

分析金融改革政策，当然要重视规范研究的意义，但更应该突出实证分析的价值，因为归根到底它所关注的是政策的实用性。规范分析是在一系列假设条件的基础上提炼出来的，但现实世界却与假设条件千差万别。如果规范分析的那些假设条件不存在，结果就会发生偏差。比如，金融自由化理论有一个被普遍接受的结论，"利率管制不利于金融效率的提升"。但这个判断其实也是有条件的，首先需要了解是什么因素使得利率管制降低金融效率，如果这些因素不存在，上述结论也许就会减弱甚至逆转。利率管制降低金融效率这个结论有一个很重要的假设，就是没有管制的金融市场机制是有效运行的。但这个假设并不一定成立，尤其是在许多发展中国家。这就是为什么在现实世界中利率管制有时候会降低金融效率，有时候却会提高金融效率。也只有如此，才能客观地分析利率管制的利弊得失，同时寻找推进利率市场化改革的适当时机。因此，金融改革的经济学分析框架实质是倡导一种"务实"的经济学思维方式，打破教条主义。一种政策好不好，可以做理论判断，但归根到底要看实际效果。

而"务实"是中国金融改革策略最重要的特点，所以本书的讨论基本上是以中国故事为基础展开。放眼全球，中国的金融改革应该是最成功的案例。当然，这样说并不是否定中国的金融改革出现过偏差，实际上中国金融改革的问题并不少，有的还造成了比较严重的后果。但从宏观层面看，中国四十多年的金融改革，一是促成了高速经济增长，二是支持了金融稳定，没有发生显性的、系统性的金融危机。如果说中国在改革期间创造了"经济奇迹"，那么金融改革必定是功不可没。当然，本书在以中国故事作为基本案例展开讨论的同时，也试图提炼出一些具有一般性意义的原则与结论。比如中国在改革初期实行"双轨制"的改革策略，这可能是一个比较独特的做法。但几乎所有的转型国家的金融体系都存在不同程度的政府干预，如何理解这些干预的动机并分析这些干预政策的经济后果，就是一个具有普遍意义的课题。这类关于金融改革政策的规则与机制的分析框架，不仅适用于中国，适用于转型国家，同样也适用于其他发展中国家。

从学科归类看，金融改革的经济学分析应该属于转轨经济学的范畴。转轨经济学（转型经济学、过渡经济学或改革经济学）是伴随20世纪

80年代末以来计划经济的消解、市场经济逐步形成这一过程而发展起来的一门新型经济学科，它的目的是试图理解和解释经济体制变迁这样一个波澜壮阔的过程。它关注经济体制比较的基础、计划经济体制的消亡和市场化改革的方法及其前景等。转轨经济学中有一个非常重要的概念，即帕累托改进，是指在不降低任何人福利水平的条件下，通过改变产品和资源的配置，改善一部分人的收入或福利水平。在关于金融改革的经济学讨论中，帕累托改进应该是一个重要的政策目标。如果做不到，就需要考虑相应的补偿性政策，否则改革的可持续性就可能出现问题。也可以说，追求帕累托改进是中国经济改革成功的重要秘诀之一。如何在效率与稳定之间求得平衡，实际是金融改革最重要的课题之一。

金融改革的经济学分析关注的内容也跟金融经济学和货币银行学密切相关。金融经济学主要关心微观层面的话题，研究资金融通，包括资产定价、资金配置等问题，包括个人、机构、政府如何获取、支出和管理资金以及其他金融资产等。而货币银行学主要关注宏观层面的话题，特别是货币的供给与需求、利率的决定、中央银行的功能以及金融监管与金融稳定等。而金融改革的经济学分析重点观察一些经济变量的变化，但金融经济学与货币银行学所研究的那些微观和宏观的机制有助于把作为投入的金融改革政策变量与作为产出的一系列经济效果变量这两者连接起来。也就是说，只有很好地领会了金融经济学与货币银行学的内容，才能更好地明白改革所导致的那些变化是如何发生的。举个例子，利率市场化的改革可能加速经济增长，但它可能是通过微观层面的资金配置效率的改善或者宏观层面的货币政策传导效率的提高实现的。

20世纪80年代以来，分析金融自由化的经济学文献已经非常多。如果追到源头，最重要的文献当数前斯坦福大学经济学教授罗纳德·麦金农的两部学术著作：1973年出版的《经济发展中的货币和资本》[1]和1991年出版的《经济自由化的顺序——向市场经济转型中的金融控制》[2]。如果把《经济发展中的货币和资本》和麦金农的斯坦福大学经济系同事爱德华·肖在同年出版的著作《经济发展中的金融深化》[3]放在一起读会相得益彰。《经济发展中的货币和资本》第一次提出了金融抑制的概念，它是指政府通过对金融活动和金融体系的过多干预抑制金融体系的发展，麦金农考察的金融抑制措施包括名义利率限制、高准备金要求、政府通过干预限制外源融资和特别的信贷机构。而《经济发展中的金融深化》则第一次提出了金融深化的概念，并提出发展中国家要发展经济，就应该实行金融深化或者金融自由化，放弃国家对金融体系和金融市场过分的行政干预，放开利率和汇率，让其充分反映资金和外汇的实际供求情况，充分发挥市场机制的调节作用，有效地控制通货膨胀。斯坦福大学两位经济学家在1973年同时出版的这两部著作可以算是金融自由化理论的奠基之作。

不过麦金农关于金融自由化研究的集大成之作应该是《经济自由化的顺序——向市场经济转型中的金融控制》。需要指出的是，麦金农在这本专著中所说的"转型"并非特指今天普遍理解的前中央计划经济国家的做法，而应该是发展中国家在"二战"以后的经济发展过程中放弃原先采取的一些政府干预或者计划经济的做法。他分析了许多国家/地区实际的案

---

[1] Ronald I. McKinnon, 1973. *Money and Capital in Economic Development*. Brookings Institution Press, Washington DC.

[2] Ronald I. McKinnon, 1991. *The Order of Economic Liberalization: Financial Control in Transition to a Market Economy*, Johns Hopkins University Press, Baltimore.

[3] Edward S. Shaw, 1973. *Financial Deepening in Economic Development*, Oxford University Press, Oxford.

例与政策，包括日本、智利和中国台湾的高实际利率，以及智利和韩国在通货紧缩期间的宏观经济政策控制。最后，他给出了金融自由化的政策顺序，大的原则是先财政、后货币，先国内、后国外。具体而言，国内财政平衡、贸易自由化以及利率市场化应该放在改革的前几步进行，然后再考虑汇率市场化的改革，而资本项目的开放应该放到最后才实行。这一政策理念对发展中国家特别是中央计划经济国家包括中国的转型政策产生了深远影响。后来许多发展中国家的实践也从正、反两个方面验证了这个"麦金农主张"的价值。

金融改革的经济学分析接受金融经济学甚至金融自由化理论的一些基本理念，但在理论运用上采取更为务实的立场。比如，金融改革要坚持市场化的大方向，减少政府干预，更多地发挥市场在金融资源定价与配置中的作用。大多数经济学者在这个原则问题上没有分歧，但对于具体如何推进金融的市场化改革，就有很多不同的看法。从大的改革策略看，苏联、东欧采取了一步到位的"休克疗法"，而中国、越南则实行"渐进改革"的做法。哪一个策略更好，只能比较实际效果。从这个意义上说，金融改革的经济学分析框架将规范研究变成了实证问题。当然，大多数理论都是在实践的基础上概括出来的，具有普遍性的指导意义。但如果过分强调理论的一般性，仍然有可能会脱离实际，这样就会失去指导实践的价值。

本书建议的这个分析框架包含三个基本的理念。

第一，金融市场并不总是有效的。很多金融理论特别是金融自由化理论是建立在有效市场假设的基础上的[1]，但越来越多的经济学家认为金

---

[1] Eugen Fama, 1970. "Efficient Capital Market: A Review of Theory and Empirical Work", *Journal of Finance*, 25, 382–417.

融市场往往是非理性的[1]。这点对于转型经济体和发展中国家来说尤其重要，发达国家成熟的市场经济都是经过数百年的发展逐步形成的。因此，认为"只要取消政府对金融体系的干预、金融市场就能健全运行"的想法太过天真。"休克疗法"的不成功，主要是因为市场机制不可能在一夜之间成熟，毕竟"罗马不是一天建成的"。20世纪80年代以来，发展中国家纷纷走上了金融自由化的道路，但金融危机的频率也大大提高，对那些发生了严重金融危机的国家来说，金融自由化究竟是祸还是福，真不好说。因此，任何金融改革的决策，都需要充分考虑市场机制只能逐步成熟这一基本规律，试图"一放了之"的改革，往往适得其反。这个时候，维持一定程度的政府干预可能优于盲目放开。金融改革要切忌冒进或者单兵突进，中国在这方面也是有过教训的。

第二，金融改革政策要满足可行性的要求。理论上看起来最优的选择在实践中不一定是最优的，决策者只能在可选择空间范围内挑选最为合适的政策工具。因此，最终实行的改革政策可能既不完美也不彻底，其实是给定条件下的次优选择。在关于经济转型策略的讨论中，经常会提到这样一个假设性的问题：假如苏联也采取了中国这样的渐进改革的策略，结果会如何？但如果了解苏联当时的情形，我们就会知道，这个"假如"完全没有可能性。渐进改革需要相对稳定的政治体制支持，苏联开始"休克疗法"的时候，政治体制已经几近崩溃，根本没有能力实施渐进的改革政策。同样，中国很多改革政策也是向现实妥协的结果。1978年的十一届三中全会完全没有提利率市场化的问题，一是因为政治环境根本不会接受，二是由于缺乏市场化风险定价的条件。

---

[1] Robert J. Shiller, 2000. *Irrational Exuberance*, Princeton University Press.

第三，金融政策往往同时具有正、负两方面的效应。在现实金融世界中，绝对好和绝对坏的政策很少，大部分政策要么是利大于弊，要么是弊大于利，而且有时候这两者之间可能还会发生转换。资本项目开放就是一个很好的案例。1971年，美国总统决定让美元与黄金脱钩，标志着布雷顿森林体系的解体，由此开启了经济全球化的进程，许多国家逐步取消了对跨境资本流动的管制。开放资本项目的直接好处是提高投资回报、改善资本配置的效率，但跨境资本流动的活跃也意味着金融波动性的提高，所以它是有很明显的两面性的。只不过在一些国家，金融波动性提高并没有影响金融稳定的大局，所以资本项目开放是利大于弊。但在另一些国家，资本的大进大出导致了严重的金融危机，所以资本项目开放在这些国家实际是得不偿失。所以说，金融改革的经济学分析从金融自由化理论出发，但最后变成了实证问题。

在这三大要素中，第一条是基本理论认知。承认市场可能不是有效的，并不是否定市场化改革的方向，而是要求稳健不是盲目地推进金融改革。第二条是现实约束条件。如果金融改革的条件已经具备，那就积极往前推进；如果暂时还不具备，那就缓一缓，先创造条件，再考虑推进。只有具有可行性的政策才是符合实际的选择。第三条是政策效应多样性。一个改革政策可能产生多样化的后果，政策本身和外部环境都会发生作用。基于上述三大理念的分析框架的最突出的特点就是"务实"，在政策讨论中避免教条主义。实事求是，尊重金融规律。相传当年孔子曾经求教于老子，老子说："君子得其时则驾，不得其时则蓬累而行。"这句话说的就是做事情要顺势而为、尊重客观规律。把这个理念应用到金融改革中，也是十分恰当的。

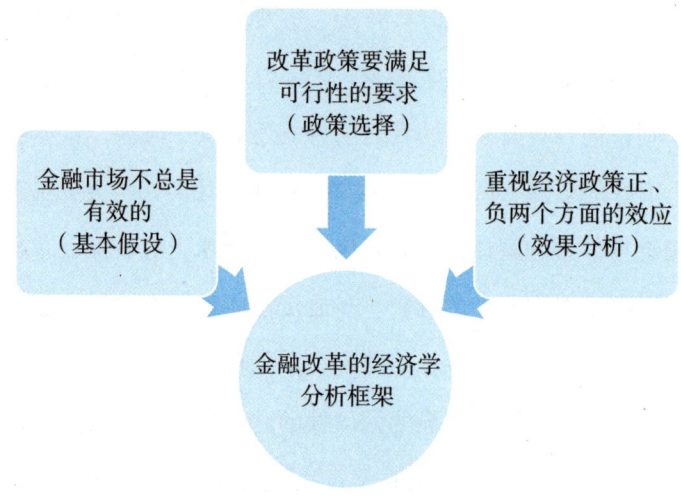

图 1　金融改革的经济学分析框架

资料来源：作者整理

分析金融改革应该采取一般均衡而不是局部均衡的方法论，这一点至关重要。有些局部效果不错的金融政策，放到全局看，效果不一定好。而有些局部效果不理想的政策，也许能达到好的全局效果。举一个例子，这些年央行经常对农村商业银行采取"定向降准"的做法支持"三农"（农村、农民、农业）。从局部均衡的角度看，因为农村商业银行主要服务"三农"，因此定向地对这些银行降低存款准备金率，就会增加它们的资金规模，可以为"三农"提供更多、更好的融资服务。但事实上，农村商业银行增加了资金量，是否一定会增加"三农"贷款，则不一定，因为它们也可以把资金拆借给其他商业银行，获取更高的回报。事实上，绝大部分农村商业银行的"贷存比"（贷款与存款的比率）都比较低，它们在银行间拆借市场往往都是出借方。如果从这个角度来改善农村商业银行对"三农"的融资服务，重点应该放在分析风控与回报方面，而不是单纯地增加资金供给。

四、中国金融改革的特征事实
Stylized Facts of Financial Reform in China

运用这套以三大要素为基础的分析框架审视中国金融改革的过程，那些看起来不可思议或令人困惑的现象也许就不再那么难以理解。与其他发展中国家或转型经济体相比，中国的金融改革确实走过了一条比较独特的路径，可以被称为金融改革的"中国故事"。这是一个动态的过程，而不是一个静态的体系。"中国故事"的核心是金融改革决策，包括选择哪些政策（which）、什么时候（when）及如何落地（how）。这个"故事"不是传统意义上"最优"的概念，而是"务实"的选择。它既有过去支持增长与稳定非常有效的一面，也有现在面临诸多风险与挑战的一面。到目前为止，中国的这一套改革策略是切合实际且行之有效的，但这个"故事"能否有一个皆大欢喜的结局，取决于进一步的改革政策。

金融改革政策选择是由"双轨制"策略决定的

任何改革政策都是主观意愿与外部环境的综合产物。1978年中国开始实行改革开放的时候，大的政治环境并没有发生根本性的改变。当时的政治环境能够接受的仅仅是"改善经济效率"，而不是改变经济体制。所以，标志着改革开端的十一届三中全会并没有描绘一幅改革的蓝图，只是提出"将工作重心从阶级斗争转向经济建设"，当然这也是一个革命性的变化。但"市场经济"这个概念直到十五年之后才被写入政策文件，而且前面还加了一个"社会主义"的定语。在那之前的很长一段时期内，每当讨论新的改革措施，总是会有人提出"姓社会主义"还是"姓资本主义"的问题。所以，当前讨论中国的经济改革究竟是采取"渐进方式"

好还是"休克疗法"好，其实没有任何意义。经济改革只有满足政治和社会稳定的要求才有可能展开，金融改革也一样，只能一步一步地往前推进。这种"摸着石头过河"的做法，既是政治社会环境的要求，也是务实改革的做法。

中国在经济转型过程中采取了"双轨制"的改革策略[1]，即一方面保留旧的计划经济，另一方面引入新的市场经济。保留旧的体制是为了维持经济与政治的稳定，而引入新的成分是为了创造新的增长动力。在20世纪80年代，经常看到一种产品同时具有计划与市场两种价格。经济中存在两个大类部门，一个是国有企业，另一个是民营企业和外资企业，前者对应计划这一轨，后者则对应市场这一轨。随着改革的逐步推进，国有企业的经营活动也越来越多地受到市场机制的调控。如果这个趋势一直持续下去，中国经济最终会顺利地过渡到市场经济。加利福尼亚大学教授巴里·诺顿把这样的改革方式称为"超越计划的增长"[2]。中国的这种改革方式，从表面看总是感觉不太彻底，很多妥协往往也引发很多新的问题，比如"双轨制"价格就很容易导致套利和腐败，但事后看，效果反而比那些实行"休克疗法"的经济更好。除了政治环境约束改革政策的选择空间外，还有一个很重要的原因，就是市场机制只能逐步形成，无法一蹴而就。

既然是"双轨制"改革，计划这一轨在一定时期内还得存在，所以金融抑制的程度比较高也就可以理解。但其实还有一个更加直接的原因，

---

[1] 张维迎：《以价格改革为中心带动整个经济体制的改革》，《专家建议》（三），北京：国务院经济技术研究中心，1984年6月，第3—20页。

[2] Barry Naughton, 1996. *Growing Out of the Plan: Chinese Economic Reform*, 1978–1993, Cambridge University Press, Cambridge.

就是国有企业的持续运行，这是保持政治经济稳定的需要。但因为国有企业的效率相对比较低，需要外部补贴。而国家财政没有能力提供补贴，政府只好通过干预要素市场"变相地补贴"国有企业。所以我们在改革期间观察到一个与"双轨制"改革相伴随的政策现象，即"产品与要素市场不对称的市场化"，一方面产品市场几乎已经完全放开，另一方面要素市场却继续高度扭曲。抑制性的金融政策作为要素市场扭曲的一种重要体现，其实也是出于支持"双轨制"改革策略的需要，金融机构特别是国有商业银行把大量廉价的资金配置给国有企业，实际上就是为国有企业提供的一种变相补贴。

上述分析可以帮助理解为什么中国在市场化改革期间保持了相对较高水平的金融抑制。这实际是由政治与政策的大环境决定的，抑制性金融政策的一个重要功能就是支持"双轨制"改革、支持国有企业。在"双轨制"改革策略退出、国有企业改造完成以前，不应期待彻底的金融市场化改革。也就是说，金融改革必须与其他改革特别是国有企业改革协调，才有可能取得实质性的进展。

抑制性金融政策也有正、负两方面的效应

金融抑制不利于金融效率与经济增长，这是金融自由化理论的标准结论，也符合经济学分析的直觉。金融抑制阻碍经济的发展，反过来呆滞的经济发展又限制了资金的积累和对金融业发展的需求，从而进一步制约金融体制的改革与发展。在中国，这种负面效应也很直观。如果商业银行真的把大量的储蓄资金配置给了效率相对较低的国有企业，那就势必会降低资金的利用效率。所以金融改革的大方向就是提高市场化的程度。

但金融抑制的效应可能还有另一面。诺贝尔经济学奖获得者、哥伦比亚大学经济学教授斯蒂格利茨曾经提出一个疑问：在 20 世纪的最后二十年全球发生了约一百场金融危机，是什么原因导致出现金融危机的概率大幅度上升？[1] 那二十年正好是世界各国大力推动金融自由化的时期。金融自由化当然是为了提升金融效率，但同时却引发了许多金融危机。这说明，在条件还不成熟的时候贸然推进金融自由化，最终的结果可能是得不偿失。斯蒂格利茨在此基础上提出了一个一般性的主张，如果金融市场机制还不够完善，政府对金融体系的适度干预反而是有益的。斯蒂格利茨与其他的作者提出了"金融约束"的概念，金融约束是指政府通过一系列金融政策在民间部门创造租金机会，以达到既防止金融抑制的危害又能促使银行主动规避风险的目的。[2] 当然，金融约束与金融抑制在某些方面还是有相同之处的。要保证金融约束达到最佳效果，必须具备一些前提条件，如稳定的宏观经济环境、较低的通货膨胀率、正的实际利率、银行是真正的商业银行、政府对企业和银行的经营没有或有很少的干预，以保证银行和企业的行为符合市场要求。

从理论讨论的角度看，区分金融约束与金融抑制可能很有意义。但在现实中做清晰的区分其实并不容易，而且随着环境的改变，两者之间有时候还会互相转换。因此，本书只是用"金融抑制"代表政府对金融

---

[1] Joseph E. Stiglitz, 1994. "The Role of the State in Financial Markets," In M. Bruno and B. Pleskovic (editors), *Proceeding of the World Bank Annual Conference on Development Economics*, 1994: Supplement to the World Bank Economic Review and the World Bank Research Observer. Washington: World Bank.

[2] Thomas Hellmann, Kevin Murdock and Joseph Stiglitz, 1997. Financial Restraint: Towards a New Paradigm, in Kim Aoki and Fujiwara Okuno (editors), *Role of Government in East Asian Economic Development*, Clarendon Press, Oxford, pp. 163–208.

体系的干预，但这种干预对经济增长和金融稳定同时具备正面与负面两种影响。我们将负面影响称为麦金农效应，即金融抑制会降低经济增速并增加金融风险，同时将正面影响称为斯蒂格利茨效应，即适度金融抑制可能会提高经济增速并支持金融稳定。金融抑制的这两种效应是同时存在的，只不过在不同的经济、不同的时期，由于政府干预的方式、程度以及市场环境不一样，这两种效应的相对重要性也会有变化。如果斯蒂格利茨效应大于麦金农效应，我们会观察到金融抑制的总体影响是正面的。反过来，如果麦金农效应大于斯蒂格利茨效应，那么金融抑制的总体影响就是负面的。

作者所做的实证研究发现，在20世纪80年代和90年代，金融抑制其实是促进经济增长的，但从21世纪以来，金融抑制就开始降低经济增速[1]。抑制性的金融政策肯定会损失一些效率，但商业银行还是能够非常有效地将储蓄转化为投资，支持投资与增长。与此同时，政府对金融体系的干预也有利于在短期内维持金融稳定。1997年亚洲金融危机期间，中国商业银行的不良贷款率超过30%，但没有发生挤兑，就是因为储户相信只要政府兜底，存款就是安全的。这样我们就能理解为什么在改革初期政府对金融体系的干预没有妨碍中国实现高速的经济增长。

旧的金融体系无法适应新的增长模式

上面提到的那个实证研究表明金融效率的下降在21世纪初就已经开始出现了，虽然"金融不支持实体经济"的矛盾似乎是在全球金融危机

---

[1] Yiping Huang and Xun Wang, 2011. "Does Financial Repression Inhibit or Facilitate Economic Growth: A Case Study of China's Reform Experience", *Oxford Bulletin of Economics and Statistics*, 73（6）: 833–855.

之后变得更加突出。按照前面讨论的逻辑，这主要是因为麦金农效应的相对重要性上升而斯蒂格利茨效应的重要性下降。举个例子说，改革几十年来，银行在资金配置中偏好国有企业的倾向很明显。当然，随着市场化改革的推进，国有企业在银行贷款中的比重也一直在下降。但民营企业占银行贷款的比重一直赶不上它们占 GDP 的比重，也就是说，民营企业受到的相对歧视其实是在上升。这自然会影响金融效率。

不过全球危机前后中国经济发生了一场非常大的结构性转变，就是从中低收入水平提高到了中高收入水平，2007 年人均 GDP 是 2600 美元，2019 年人均 GDP 已经超过了 1 万美元。人均收入的提升也意味着成本水平的提高，经济增长模式从过去的要素投入型变成了创新驱动型。世界经济历史表明，大多数国家都有可能将经济发展提升到中等收入水平，但只有极少数有能力跻身高收入国家行列，这就是所谓的"中等收入陷阱"[1]。中国商业银行主导、政府普遍干预的金融体系对于支持要素投入型的增长，还是非常有效的，当然主要也是因为产品、技术、管理及市场的不确定性相对比较低。但以这个金融体系支持创新驱动型的增长，就显得有点力不从心。创新是一项具有很强的不确定性的经济活动，给金融体系的风险识别和管理也提出了更高的要求。

中国金融面临的一个新挑战是"民营企业融资难"。自 2013 年以来，政府连续出台了许多政策，但民营企业融资难题似乎尚未得到显著缓解。金融资源配置在一定程度上歧视民营企业，这是长期存在的问题，也是"双轨制"改革的一个部分。为什么最近这个矛盾变得更加突出？一方面，绝大部分民营企业都是中小微企业，它们规模小、位置分散、不确

---

[1] World Bank, 2006. *East Asian Economic Development Report* 2006, The World Bank, Washington DC.

定性大,金融机构服务这些企业,面临"获客难"和"风控难"两大障碍。比如商业银行主要采取三种手段做信用评估与风险管理,一是看财务数据,二是靠抵押资产,三是利用关系型贷款。但大部分民营企业既缺乏健全的财务数据,也没有抵押资产,关系型贷款模式则高度依赖网点分布,成本很高。另一方面,更重要的是,贷款利率尚未真正实现市场化定价,而且政府持续要求银行降低对民营企业贷款的利率。银行不能对高风险的客户实行相应的市场化定价,意味着政府对贷款利率的干预进一步加剧了民营企业融资难的程度。

另一个新挑战是"系统性金融风险上升"。过去也出现过严重的金融风险,比如20世纪末商业银行不良贷款比例非常高,21世纪初绝大部分农村信用社资不抵债等。金融体系基本稳定主要靠两大法宝,一是持续的高增长,这样可以在发展中解决问题。二是政府兜底,只要出问题,政府都会出面摆平,上面所说的商业银行与农信社的问题最后都是这样解决的。但现在的问题是,经济增长速度持续减慢,政府无法再像过去那样全方位地兜底。兜底还会导致严重的道德风险问题,进一步放大了金融风险。因此,管理新时期的金融风险需要一套新的手段。

可见,从"经济奇迹"到"金融不支持实体经济",核心问题就在于经济模式转型,但金融体系还没有转过来。而政府干预金融的一些做法,比如利率管制、政府兜底等政策,不仅不再有效,反而造成了更大的问题。

五、"双轨制"体制的惯性
Inertia of the Dual-Track System

上述讨论表明,中国在过去四十几年来所采取的渐进的、"不彻底的"

金融改革政策，是大的政治、经济环境所决定的。由于实行了"双轨制"的改革策略，有些领域需要管住，而有些领域则可以放开。这一套金融政策对于支持经济增长和金融稳定大体上是有效的。当然这并非偶然，因为具体采取什么样的措施、什么时候实行，政府依然有相当大的裁决权。而中国"摸着石头过河"的改革方式，也意味着只有那些被事实证明了有效的改革措施才会被全面推开，而那些效果不好的做法很快会被放弃或者修改。不过，自从全球金融危机以来，中国金融政策的有效性变得越来越低，这可能是因为目前的这套金融体系无法适应经济增长模式的转型。从宏观层面看，具体的表现就是抑制性金融政策的麦金农效应变得越来越突出，超过了斯蒂格利茨效应，因此总体上降低效率、增加风险的影响就变得突出起来。这对金融改革与创新提出了新的要求。

2013年召开的十八届三中全会发布了《中共中央关于全面深化改革若干重大问题的决定》（下称《决定》）[①]。《决定》在金融改革领域提出了三大方面、11条具体的改革政策。首先是放开准入：（1）允许民间资本发起中小银行等金融机构、对外放开外资金融机构准入；（2）改革政策性金融机构。其次是完善金融市场机制：（3）发展多层次资本市场、提高直接融资的比重；（4）完善保险经济补偿制度、建立巨灾保险制度；（5）发展普惠金融；（6）鼓励金融创新、丰富金融市场的层次与产品；（7）完善利率与汇率的市场机制、形成有效的国债收益率曲线；（8）推动资本市场的双向开放、加快资本项目可兑换。最后是改善金融监管与金融基础设施：（9）落实金融监管改革措施和稳健标准；（10）建立存款

---

① 中共中央十八届三中全会：《中共中央关于全面深化改革若干重大问题的决定》，2013年11月12日。

保险制度、完善退出机制；（11）加强金融基础设施建设、保障金融高效运行和整体稳定。

这可能是中国决策层第一次提出如此全面、明确甚至彻底的金融改革计划，《决定》的总目标是让市场机制在资源配置中发挥决定性的作用。在《决定》公布之后的数年间，中国政府采取了一系列的金融改革政策。从2014年起开始发放民营银行的牌照，到2019年12月已经有18家民营银行开业运营。一批外资机构获得了证券、基金、评级、支付等领域的牌照。央行于2015年5月1日建立了存款保险机制，在推进贷款利率市场化方面取得了不少进展，同时汇率的灵活性也明显提高。2017年7月，国务院金融稳定发展委员会成立，加强监管政策的制定与协调。不过，业界和学界的总体评价是这些年金融市场化改革的步履相对迟缓，起码明显滞后于之前的市场预期，政策的协调性也还有改进的空间，个别领域的改革政策甚至出现了"进三步、退两步"的现象。

客观地说，今天碰到的许多金融问题，多多少少都跟"双轨制"改革或者不彻底的市场化改革有关系。一方面，"管住"这一轨确实妨碍了金融资源的有效配置，在支持民营企业和经济创新方面表现得比较突出，在一些领域则放大了金融风险。另一方面，政府思维形成了定式，只要哪里出了问题，都是监管部门下行政命令、政府财政兜底解决。这样的政策应对，要么治标不治本，要么火上浇油。更严重的是误读"双轨制"改革的经验，以为政府强势、行政管制才是中国金融改革的根本之道，才是"中国模式"的精髓。这样的解读既脱离实际，也可能造成严重的后果。

第一，改革进展与公众预期之间存在差距，是渐进改革的一个普遍现象，将来可能还会长期存在。

包括本书作者在内的学者观察中国经济改革，经常会产生一种"意犹未尽"的感觉,常常希望改革的步子能够更大一些。细想起来,这种预期与现实之间出现差异,可能是因为大多数学者并不能完全了解决策者所面对的各种约束,所以看问题容易简单化、理想化。这也是本书提出新的经济学分析框架的一个重要原因。制定金融政策,既要满足可行性的条件,也要意识到市场往往是不完善的。改革政策"不彻底"甚至"往前走三步、往后退两步"的现象,往往是现实经济、政治甚至认识约束造成的,在某些情况下,这样的做法还可能是最优或者次优的。更为重要的是,一段时间后,当学者们回过头去看过去的经历,往往会发现政策已经往前走了一大步。当然有的时候,学者们也会发现政策还在原地踏步甚至走了回头路。这些在实行渐进式改革政策的经济中属于常见现象。中国在过去几十年的改革,就是这样走过来的。可以预期的是,这种政策进展与公众预期的差异,在将来很长时期内一直都会存在。

《决定》描绘了一幅令人振奋的金融改革蓝图,但它并没有提供具体的路线图,所以主要是一个愿景。《决定》刚刚公布的时候,国内外的很多学者都变得非常乐观,认为即便只能落实三分之二的改革计划,我国的金融体系也将彻底改观。客观地说,政府在《决定》公布之后其实落地了许多改革措施。如果说改革的总体进展与公众的预期存在距离,可能是两个方面的原因造成的。一个是短期性的因素。2010年之后经济增长速度持续下行,期待中的"触底回升"一直没有发生,实体经济部门也面临转型升级的困难时期,这些自然造成投资回报的回落。与此同时,金融风险上升,影子银行、数字金融出现了一些始料未及的问题,人民币国际化也遭遇前所未有的压力,监管部门甚至开始担心发生系统性金融危机的风险。在这样的宏观背景下,金融改革的步履变得相对更加稳健甚至迟缓,应该算是正常的反应。

另一个是长期性的因素。既然当前金融领域的一些政策干预是政治、经济大环境下的产物，在大环境改变之前，完全消除政策干预的可能性就不大。比如，政府对利率与资金配置的"指导"可认为是"双轨制"改革的内在要求，实际上是为低效的国有企业提供变相的补贴。那么，在"双轨制"改革策略退出历史舞台之前，这类政策就很难改变。除非出现例外情形，第一种例外情形是完全由财政承担补贴国有企业的责任，这种可能性非常低。第二种例外情形是国有企业全部集中到垄断行业，因为可以赚取垄断利润，低效率就不会造成生存困难。第三种例外情形是国有企业在经过彻底的市场化改革以后，变得和民企、外企一样有竞争力，那样当然也就不需要"双轨制"了。目前看来，可能性最大的是逐步形成第二种例外情形，但目前的实际情况离那种情形还有一定的距离。

因此，笔者的基本判断是，除非政府决定实行"大爆炸式"的改革，在可预见的将来，中国的金融改革仍然会采取渐进的模式。起码在国有企业改造完成之前，许多抑制性的金融政策还会持续。值得一再强调的是，市场机制的形成与成熟需要时间。与产品市场相比，金融市场化改革的任务更为复杂，还需要建立一个金融监管框架。不然的话，金融自由化很可能是自找麻烦。基于这些原因，改革进展与公众预期之间的差距可能会长期存在。但本书对中国金融改革前景的判断并不悲观，一方面是因为中国金融改革还在往前走，俗话说，"不怕慢、就怕站"。另一方面，百分之百自由化的金融市场几乎不存在，中国的改革再往前走关键的几步，离市场化的金融体系其实也不远了。

第二，解决一些金融难题比如民营企业融资难，应尊重金融规律，否则很容易造成"事倍功半"甚至"好心办坏事"的现象。

虽然中国渐进式的金融改革取得了很大的成绩，但今天中国经济中的许多金融难题，大多跟改革不彻底有关。比如民营企业融资难这个问题，其实是长期存在的，因为抑制性金融政策的初衷之一就是支持"双轨制"，而产权歧视正是"双轨制"改革策略的内容之一。过去这个问题并没有妨碍中国经济增长，可能是因为民营企业在经济中的比重相对较低，虽然民营企业在总贷款中的比例在稳步上升。但 2010 年以来，民营企业融资难的问题变得越来越突出，主要还是因为民营企业的重要性直线上升。它们对 GDP 增长的贡献率超过了 60%，对企业知识产权的贡献超过了 70%，而对城镇就业的贡献超过了 80%。但在 2018 年，民营企业在商业银行贷款余额中的比例只有 25%[1]。因此，最近 10 年来，民营企业的相对融资条件不仅没有改善，反而恶化了。

起码有两个方面的因素导致了这样的局面。一方面，商业银行的信贷决策存在"产权歧视"现象。很多银行员工有一个习以为常的观念：如果给国有企业的贷款出现了坏账，可以归结为商业决策失误。但如果给民营企业的贷款发生了不良，上级机构和监管部门首先会审查有关业务人员是否存在腐败行为。所以，同样的不良贷款，员工需要承担的后果是不对等的。从银行的角度看，这并不是意识形态层面的问题。事实上，国有企业很少倒闭，即便出现资不抵债的现象，政府也会想办法采取注资、重组或者并购等做法为国有企业兜底，银行还有很大的可能性将贷款收回来。但如果民营企业出现资不抵债的现象，恐怕只有启动破产程序一条路可走。所以，信贷决策产权歧视的背后，是政府为国有企业与民营企业不对称的兜底。

---

[1] 郭树清：《民营企业贷款比例不符合民营经济在国民经济中的比重》，财新网，2018 年 11 月 08 日，http://finance.caixin.com/2018-11-08/101344579.html。

另一方面，商业银行无法对民营企业实行市场化的风险定价。信贷决策的前提条件是合理的信用风险评估，商业银行最为擅长的信用风险评估手段是要么分析财务数据，要么看抵押资产，但民营企业大多规模小、历史短，缺乏符合条件的数据与资产。有些商业银行利用"关系型贷款"的模式看软信息，效果不错，但业务规模很难做大。更重要的是，既然民营企业的不确定性更大，市场化风险定价就意味着贷款利率应该相应提高。但在存贷款利率尚未实现市场化的条件下，贷款利率很难大幅上升。这样也就不难理解为何银行为民营企业提供融资服务的能力与意愿都不高。

为了解决民营企业融资难问题，政府在近10年来出台了许多政策，归纳起来是两大类，第一类是行政性地要求商业银行增加对民营企业的贷款。2010年前后，当时的银监会曾提出"两个不低于"的监管目标，一是小微企业和涉农贷款增速不低于平均贷款增速；二是小微企业和涉农贷款增量不低于上年。2015年进一步将"两个不低于"调整为"三个不低于"，即在有效提高贷款增量的基础上，努力实现小微企业贷款增速不低于各项贷款平均增速，小微企业贷款户数不低于上年同期户数，小微企业申贷获得率不低于上年同期水平。第二类是行政性地要求商业银行降低贷款利率，监管部门明确要求在2018年和2019年民营企业贷款的平均利率分别下降一个百分点。

非常遗憾的是，这些政策都没有达到预期的目的。虽然政策出台之后，关于民营企业贷款的统计数据往往都令人鼓舞，但过后再看，民营企业融资难的问题不仅没有缓解，可能还变得更为严重。我们认为，一个十分重要的原因是一些监管部门急于见到政策成效，出台的很多政策都是行政性的要求，没有充分尊重金融规律，所以出现"事倍功半"甚至"好心办坏事"的现象也就不奇怪。要想真正化解民营企业融资难的问题，需要尊重金融规律，从根上解决问题，一是真正实现国有企业、民营企业之间的"产权中性"，二是创新银行信用风险评估的手段，三是真正实现存贷款利率的市场化。

第三，最优金融结构也需要与中国的政治、经济大环境匹配，在可预见的未来，间接融资还是要发挥关键性的作用。

如果说目前中国发生"金融不支持实体经济"的矛盾，主要是因为经济模式从要素投入型转向创新驱动型，而金融体系跟不上这个转变，那么解决这个矛盾的有效手段就是转变金融模式。《决定》提出中国金融改革的一个重要方向是发展多层次资本市场、提高直接融资在融资中的比重，而且自2013年以来所有关于金融改革问题的政策文件，基本上都会提到这个金融发展的大方向。当然，这个方向应该是获得业界和学界的高度认同的。[1] 从经济发展的角度看，资本市场通常与分散决策和市场规则相匹配，也就更能适应新兴技术革命，因而资本市场导向的金融体系常常成为技术领先国家的标配。而商业银行则更加擅长动员大量、廉价的资金，也就更能适应成熟技术的大规模推广与传播，因而商业银行导向的金融体系常常是技术后发国家赶超领先国家的秘诀。[2]

不过最近10年影子银行的发展对最优金融结构这个问题提出了一些疑问。目前中国的金融体系是典型的银行主导，与银行相关的融资在非金融企业的外部融资中的比例占到85%左右。因此，合理的预期是银行会发生一定程度的脱媒，一部分银行储蓄流向资本市场，这样既改善了居民

---

[1] 田轩等：《金融创新支持实体经济创新》，载于黄益平等《中国金融创新再出发》，中信出版社，2020年。

[2] 黄益平等：《中国金融改革路线图》，中信出版社，2019年。

的投资机会，又发展了直接融资，也算是一箭双雕。但问题是，全球金融危机以来，银行存款的增速确实明显下降，与此同时，理财产品、委托贷款等影子银行业务快速扩张，而资本市场的融资并没有明显增长。钱从银行出来没进资本市场，却去了影子银行，这是一个值得仔细琢磨的现象。

1990年深圳证券交易所成立、1991年上海证券交易所成立，至今已经过去30年。在此期间内，中国的资本市场得到了长足的发展。不过，多少有点令人惋惜的是，这个资本市场既没有成为企业融资的重要手段，也没有形成居民投资的稳健渠道。显而易见的是，中国资本市场的根本性问题不是数量问题，而是质量问题。为什么资本市场的质量不理想？原因可能是多方面的。一个突出的问题是市场的纪律性不够，建立资本市场的初衷是为国有企业提供融资支持，监管部门不喜欢看到上市公司退市。无论是连年报告"扇贝跑路"的獐子岛公司，还是做886亿元假账的康美药业，证监会最多只能对企业开一张60万元的罚单。如果市场纪律缺乏严肃性的问题不能改变，市场的质量就很难提升。

看国际经验，美国和英国的资本市场非常发达，但德国和日本却主要依赖商业银行。这两组国家都是民主社会、发达国家、市场经济，要说差异，美国和英国实行的是普通法系，相比较而言更加尊崇自由主义，讲求个人权利和产权的保护。可见，发展资本市场，并非简单地发布一个政策文件就能达成，而是需要满足一系列的政治、法律、文化和经济条件。中国当然应该大力发展资本市场，但首先要把它当成市场来办才行，强化市场纪律。但对资本市场能在中国经济中发挥多大的作用，要有一个客观的评估。在能够看得到的未来，更为现实的可能是朝着德国和日本的方向努力。这就意味着间接融资特别是商业银行将仍然是中国最重要的融资渠道。

第四，不能总是依靠政府兜底管理新的金融风险，金融监管框架需要一场脱胎换骨的改革。

中国在四十几年的改革期间也发生了不少金融风险，但金融体系总是保持相对稳定，起码没有发生大的金融危机，主要是靠两大法宝，一是持续的高增长，二是政府兜底。就是一旦发生银行不良等问题，直接由政府出手，注资、冲销坏账，改善银行的资产负债表，然后再逐步化解处置不良的成本。但持续高增长不可能永远继续下去，政府兜底也有极限。最初受到国内外广泛关注的金融风险因素是高杠杆率，中国非金融部门负债占GDP的比例从2008年底的141%直线上升到2015年底的243%。杠杆率既高又上升快速，引发对债务危机的担忧就很正常。[①]而且金融系统也确实出现了不少风险因素，股市明显下跌，债市违约率提升，保险行业出现许多不规范的业务行为，中小银行不良率显著上升，影子银行交易快速扩张，数字金融领域频繁暴雷，甚至外汇市场也出现了比较激烈的震荡。这一系列的问题引发了各界对中国会不会发生系统性金融危机的猜测。

从2016年开始政府实行"三去一降一补"（去杠杆、去产能、去库存、降成本、补短板）的宏观政策，之后总杠杆率开始企稳，非金融企业的杠杆率甚至略有下降，应该说去杠杆政策取得了一定成效。但也造成了始料未及的问题，在中央决策之后，地方政府出现了"运动式施政"的情况，把去杠杆当成政治任务来完成，在一定程度上影响了经济增长。民营企业融资难的矛盾变得更加突出，因为既然要减少融资，金融机构

[①] Carmen Reinhart and Kenneth Rogoff, 2009. *This Time Is Different: Eight Centuries of Financial Folly*, Princeton University Press, Princeton.

肯定是首先从减少风险比较大的民营企业的融资入手。2018年9月12日，财经专家吴小平在网络上发表《私营经济已完成协助公有经济发展应逐渐离场》，引发了一场全民讨论。[1] 最后习近平总书记在主持召开民营企业座谈会时重申"两个毫不动摇"的政策立场，并指出，"民营经济是我国经济制度的内在要素，民营企业和民营企业家是我们自己人"[2]。

去杠杆政策的经历表明，即便是出于好意的政策，如果执行方式不当，也可能造成新的问题。不过它折射出来一个更大的话题：中国需要什么样的金融监管？显然，以政府兜底维持金融稳定不是市场化的做法，我们可以将其看成计划与市场之间的一个妥协。这和"双轨制"改革策略有密不可分的关系，就是严重不偏好机构特别是国有机构破产与违约，这本身也是维持"稳定"的一个重要手段。但这样的做法在市场上衍生出了一个副产品，即刚性兑付。前面提到居民储蓄从银行出来，没有去资本市场，大多进了影子银行。除了资本市场本身的很多问题以外，许多银行的理财产品实际上是存在刚性兑付的。即便没有，居民也不相信国有商业银行发行的理财产品会违约。这样就很难避免严重的道德风险问题，从而进一步放大金融风险。一个缺乏市场纪律的金融体系，自然很难有效运行。

国内金融界在2015年展开了一场关于金融监管改革的大讨论。我也写了《呼唤国家金融稳定委员会》[3] 一文参与讨论，我当时的想法和大

---

① 周俊生：《要求私营经济"逐渐离场"代表了一种错误思潮》，《新京报》，2018年9月12日。

② 习近平：《在民营企业座谈会上的讲话》，新华网，2018年11月4日，http://www.xinhuanet.com/politics/leaders/2018-11/01/c_1123649488.htm。

③ 黄益平：《呼唤国家金融稳定委员会》，财新网，2015年3月26日，http://opinion.caixin.com/2015-03-26/100794873.html。

多数专家差不多，我国实行分业监管的方式，银行、证券、保险和央行各管一摊，谁发牌照谁监管。但随着影子银行、数字金融等的发展，监管政策缺乏协调的问题就变得很突出。当时提出的各种改革思路，大多是聚焦解决政策协调问题。2017年年中召开的中央金融工作会议决定成立国务院金融稳定发展委员会，2018年年初的全国人大会议决定将银监会与保监会合并，增强央行的政策制定功能，同时设置地方金融监管局。但现在看来，金融监管最突出的问题并不是政策缺乏协调，而是管不住风险。改革开放四十多年，我国建立的这一套金融监管框架，与市场经济体的监管框架形似但神不似。各种监管规则、政策都有，现场、场外检查等做法也都会执行，实际上却没有有效发挥金融监管的作用。比如全国数百家中小银行存在严重违规行为，不良率非常高，这显然不能简单地归结为个别高管"乱来"，实际是监管规则形同虚设。而且，一旦出现风险，要么监管行政性灭火，要么政策父爱般兜底。如果用一句话做总结，中国已经建立起一整套金融监管框架，有机构、有人员、有规则、有手段，但在许多金融领域却并未有效地管住风险。因此，金融监管迫切需要从"形式"走向"实质"。

六、金融模式与改革策略
Financial Model and Reform Strategy

目标模式与改革策略是金融改革的两大要素。金融模式是一个比较泛的概念，不过本书讨论的是宏观层面的定义，一般指金融结构、机构形态、运行机制和监管框架的综合体。改革策略则是政策措施的选择、改革次序的安排以及改革步骤的实施。本书提出的金融改革的"中国故事"，主要关注的是改革策略及其执行。如果金融模式是金融改革的目标，改革策略则是达成那个目标的手段。通常说中国实行"渐进式"改革策略，这主要是与"休克疗法"相对应。渐进改革方式主要有两大支柱支撑，一是"双轨制"改革，二是"摸着石头过河"。前者提出可行的要求，后者满足有效的标准。对于金融改革来说，"双轨制"是已经给定的政策环境，金融政策选择只能在这个政策环境下展开。"摸着石头过河"则尽可能保证改革朝着正确的方向走。蹚水往前走，脚踩得稳就继续前行，踩不稳就退一步。

从经济学分析的视角看，相当于从规范研究方法出发，但摆脱了简单化地运用金融自由化理论，主要依赖实证分析方法，"以数据说话"。如果脱离这一条，讨论"英美模式""德日模式"甚至"中国模式"，意义不大。因此，改革策略可能比金融模式更重要。在英美十分有效的资本市场，不一定能在中国发挥同样的作用。在中国贡献巨大的外国直接投资，也不见得能在其他发展中国家同样有效。如果发展中国家要学习中国的经验，应该更多地关注改革策略，而不是具体的金融模式。

既然许多抑制性金融政策是"双轨制"改革的一部分，在中国经济改革彻底终结"双轨制"策略之前，这类金融政策很难完全退出。如果政府对金融机构还有许多政策性的要求但又不提供任何补偿，那么金融机构就很难完全按照市场化的规则运行。如果国有企业的效率还是比较低，但它们既不退出，政府又不提供补贴，金融机构只好继续承担支持它们的责任。在这样的环境里，货币政策的独立性及其价格（或利率）规则也就无从谈起。所以，政府对金融体系的干预可能会长期存在，但持续的市场化改革可以不断地降低金融抑制的程度。政府干预本身并不一定是一件坏事，即便是在德国和日本这样的市场经济国家，也存在一定程度的金融抑制。况且，如果市场机制不成熟、监管框架不健全，适度的干预对效率与稳定是有积极作用的。

"双轨制"改革中的计划与市场这两轨都很重要，但严谨的经济研究表明，效率的改善和增速的提高主要是因为放开，而不是因为管住。实际上，今天中国面对的一系列金融问题多少都跟改革的不彻底有关系。但每当出现问题，政府往往会习惯性地强化"管住"这一轨，而不是加强"放开"这一轨。比如，面对民营企业融资难的困境，监管部门的对策是行政性地要求金融机构增加对民营企业的贷款，同时降低贷款利率。这样的做法显然与市场化方向背道而驰。不管短期有没有效果，长期肯定是于事无补的。再比如，中小银行大面积出现财务问题，各地政府的普遍反应是摁住不让破产或者重组。官员担心引发更大范围的金融风险，这比较容易理解，但出了问题就兜底，很难真正根除问题。因此，解读中国改革经验，一定要避免将过渡性的举措看成永久性的安排，把管住而不是放开当作"双轨制"改革成功的主要原因，甚至盲目地在国际上推行所谓的"中国模式"，那很可能就会走很多弯路。

第二章

渐进改革策略下的金融体系

Financial System under Gradual Reform Strategy

Understanding China's Financial System

2016年6月24日，在国际货币基金组织（IMF）一年一度的康德苏讲座上，时任中国人民银行行长周小川首次向国际社会详细阐述了中国央行的多目标货币政策框架。[①]周小川指出，中国央行采取的多目标制，既包含价格稳定、促进经济增长、促进就业、保持国际收支大体平衡等四大目标，也包含金融改革和开放、发展金融市场这两个动态目标。"维持价格稳定的单一目标制是一个令人羡慕的制度——简洁、好度量、容易沟通。但对现阶段的中国尚不太现实。"他认为多目标货币政策选择与中国正处于经济转轨中的国情是分不开的，因为央行的目标模型选择不可能只有收益，没有成本。周小川还说明了为什么是中国央行而不是中国财政部长期承担着改革开放、发展金融市场和国际收支平衡这三大"不寻常"的政策目标，一个最为重要的理由是因为中国是一个处在转轨时期的国家，市场经济国家的一些典型制度安排，在中国要么不具可行性，要么不是最优选择。

周小川的这个演讲具有非常重要的学术与政策价值，其影响已经远远超越了货币政策领域。这个演讲提出了一个重要的学术思想，即中国的许多"非典型"的经济政策与制度安排，其实是由其经济环境决定的。在计划经济的影响尚未完全消除、市场经济的机制还未真正确立的条件下，经济政策与制度的选择也只能从实际情况出发。更重要的是，在大

---

① 《周小川谈央行多目标货币政策框架》，《第一财经》，2016年6月24日，https://www.yicai.com/news/5033425.html。

多数情况下，这些"非典型"的政策与制度能有效地发挥作用。这正是本书试图阐述的一个基本观点，考虑到经济环境的不同以及新制度建立的过程，"务实"的改革政策往往要胜于所谓的"最优"的改革政策。

过去四十几年来，中国的许多金融改革政策也反映了这样一个理念。中国的改革开放以1978年的十一届三中全会为起点，这也是金融改革的起点。经济改革刚刚启动的时候，中国的金融体系非常简单，规模很小，机构种类也很单一，基本上就是中国人民银行一家机构，它不但占到全国金融资产的93%，而且既承担着中央银行的职责，同时也提供商业银行的业务。直到1984年初，中国人民银行才一分为二，把政策和商业两个功能分开，新设的中国工商银行承接了所有的商业性业务，留下来的中国人民银行则成为专门的中央银行，负责货币政策与金融监管。可以说，过去四十多年的金融改革与发展几乎是白手起家。在计划经济时期，资金的调配主要由中央计划完成，对金融中介的需求非常少。十一届三中全会决定把工作的重点从阶级斗争转向经济建设。随着市场经济规模的扩大，消费、贸易、投资等经济活动对金融交易、金融中介的需求持续增加。与此相应，政府的一项重要工作就是重新构建与改革开放相适应的金融体系。随着大量商业银行开始重建与运营，以及资本市场的创立与发展，我国的金融体系发生了翻天覆地的变化。

在亚洲金融危机期间，我国的四大国有商业银行无一例外地陷入了"技术性破产"的困境，大量股份制商业银行、城市信用社、农村信用社的财务状况可能更加糟糕。当时没有发生银行危机甚至系统性的金融危机，可能要归功于当时依然存在的资本项目管制以及政策全面兜底。存款人没有对银行丧失信心，资本也不能轻易外逃。在随后的几年间，政府采取了一系列的措施对商业银行实行了全方位的改造，包括剥离坏账、补充资本金、引入国际战略投资者以及资本市场上市。2013年《银行家》第一次发布的全球银行榜单，中国的许多商业银行已经成功挤入榜单前列，中国工商银行则自榜单发布起一直名列全球第一。而这个"化腐朽为神奇"的过程，正是"务实"的改革政策所创造的。

一、为什么要在改革期间重建金融体系？
Why Rebuilding Financial System in Reform Period?

计划经济年代不重视金融部门，是因为在那个年代资金的调配主要是由计划部门负责的。当时，中国人民银行隶属于财政部。1978年底中央决定把工作重心从阶级斗争转向经济建设，当务之急就是重建金融体系。

可以说，金融自诞生以来一直是经济发展的重要推动力量。在人类历史上以物易物的时代，交换的成本非常高，所以基本上都是自给自足的小农经济。后来发明了货币，交换的成本大大降低了。根据彭信威的研究，中国发明货币的时期比较早。古代文明国家如巴比伦和埃及，文化比中国早，但到现在为止尚未发现远古时代的货币。一般认为西方最早的货币出现在公元前8世纪到公元前7世纪之间，当时是中国的东周时期，已经有货币了。货币应该是人类最为重要的经济创新之一，货币具有支付、计价和储值三大功能，货币最初对经济发展的重要贡献是降低交换成本，使得劳动分工成为可能。早在1752年，经济学先驱大卫·休谟就在其《货币论》中提出，货币"是使车轮运转更加平稳更加灵活的润滑油"。

等到工业革命爆发，金融的主要功能就不再是简单的大卫·休谟所称的"润滑油",而是从约翰·希克斯所称的"流动资本"主导演进到"固定资本"主导。工业化需要大量的资本支持投资,带动了金融行业的高速发展。19 世纪 90 年代,摩根家族利用资本市场的力量动员巨大规模的资本,通过并购整合美国超过 90% 的钢铁产能,已经成为华尔街代代相传的传奇故事。1999 年,马云用 6 分钟时间说服软银董事长孙正义投资 2000 万美元并最终成就世界级的独角兽阿里巴巴的故事,也几乎家喻户晓。与摩根不同,孙正义投资的并不是一堆看得见、摸得着的钢铁产能,而是马云所描绘的美丽的电商故事。这个时候,金融所发挥的最主要的功能可能已经不再是"固定资本",而是"风险资本"。近三千年的人类经济史表明,没有金融,也就不会有今天的经济发展。

对于金融的作用,经济学界一直有不同的声音。早在 20 世纪 80 年代,诺贝尔奖获得者詹姆士·托宾就指出:"我们正在使越来越多的包括青年精英在内的资源投身于与货物、服务生产关系不大的金融活动中去,投身于能获得与其社会生产力不匹配的高私人收益的活动中去。"这个观点与生物学家饶毅教授在 2018 年北京大学国家发展研究院毕业典礼上发表的观点是一致的,饶毅教授建议更多的青年学子投身科学技术的学习与研究。事实上,自 1971 年美元与黄金脱钩,许多国家都开启了金融自由化的进程。在随后的四十年间,金融业快速发展,从业人员的薪酬也飞速增长,吸引了非常多的青年才俊,确实造成了一定程度的人才浪费。直到 2008 年全球金融危机之后,金融业的泡沫才有所收缩。

尽管金融业有泡沫,但并不能因此否定金融在经济发展中的贡献。另一位诺贝尔奖获得者约翰·希克斯在其著作《经济史理论》中提出了"工业革命不得不等待金融革命"的著名论断。他认为工业革命既需要技术创新,也需要金融革命。英国是第一次工业革命的发源地,但蒸汽机技术在工业革命爆发前的几十年就已经成熟了，只是技术创新需要等待金融革命，才能演变为工业革命，技术与产业之间需要金融这个桥梁。英格兰银行的创立（1694年）、公债的发行和稳固、伦敦证券交易所的建立（1773年）以及其他金融业的变革，为工业革命提供了重要的资金支持。事实上，英格兰银行成立的初衷就是为了筹集资金购买国债。英国国债市场的形成与发展，可以追溯到1215年6月15日英王约翰在大封建领主、教士、骑士和城市市民的压力下被迫签署的《自由大宪章》，其主要内容是保障封建贵族和教会的特权，限制王权。比如非经贵族会议决定，不得征收额外税金。因此，如果政府有支出需要，只能到市场上筹集资金，这恰好促成了英国金融市场的发展。

英国学者李约瑟曾提出一个疑问："尽管中国古代对人类科技发展做出了很多重要贡献，但为什么科学和工业革命没有在近代的中国发生？"这就是著名的"李约瑟之谜"[①]。后来有不少学者试图从不同的角度来回答这个问题，有的认为这是"高水平陷阱"的结果，即当时中国的农业已经非常发达，没有压力与动力去追求科学技术的进步。还有的提出这跟中国长期实行的科举制度有关，因为科举考试只考文史能力，不考科技知识，在整个社会形成了重文轻理的风气。但很少有学者从金融的角度解读"李约瑟之谜"。与英国比较，中国的皇权既广泛又强大，"普天之下，莫非皇土"。如果朝廷需要资源，可以直接征集。因此，在20世纪初以前，我国的金融体系一直很不发达。没有一个有效的金融部门的支持，自然不可能发生工业革命。

---

① Joseph Needham and Francesca Bray, Science and Civilization in China, Cambridge University Press, Cambridge, 1984.

Understanding China's Financial System
读懂中国金融

1978年年底中国政府决定实行改革开放政策，就迫切需要重新建立一个金融体系。在20世纪上半叶，中国曾经有一个相对发达的金融体系，上海一度是重要的国际金融中心，国际金融机构林立，曾经有超过100个国家的货币在上海市面上流通。1867年巴黎国际货币会议之后，绝大部分西方国家都放弃原先的黄金、白银的复本位制度走向单一的金本位制，东方大国如日本和印度也转向了金本位制。因此，到20世纪初，中国成了唯一保留银本位制的大国。短期的影响是国际白银价格下跌、大量白银流向中国，这在一定程度上造成了中国金融与经济的繁荣。20世纪20年代末，西方国家因金本位制形成了通货紧缩压力，最终演变成一场席卷全球的大萧条。中国却因保留了银本位制而逃过一劫，直到1933年因美国国会通过白银保护法案，中国不得不放弃银本位制，转而建立基于主权信用的法币体系。

1949年前后，一大批金融机构迁往香港、台湾及海外其他地区。1952年起中国实行社会主义改造运动，留在境内的金融机构逐步被国有化，后来随着计划经济体制的建立，大多数金融机构都被取消了。这是因为在计划经济体制下，几乎所有经济活动都由中央计划安排，企业需要做投资、买原料、付工资，资金都由计划统一调配，企业有盈余，也要全部上缴。同时老百姓也基本上没有存款。也就是说，在计划经济下，金融中介所能发挥的作用十分有限。

1978年年底，中国金融体系的核心就是一家机构——中国人民银行，占到全国金融资产的93%。中国人民银行以华北银行为基础，合并北海银行和西北农民银行，于1948年12月1日在河北省石家庄市成立，并开始发行人民币。人民银行从成立开始就同时履行中央银行和商业银行的职能。1949年2月总行迁往北京。1949年9月，中国人民政治协商会议通过《中华人民共和国中央人民政府组织法》，把中国人民银行纳入政务院的直属单位系列，接受财政经济委员会指导，与财政部保持密切联系，赋予其国家银行职能，承担发行国家货币、经理国家金库、管理国家金融、稳定金融市场、支持经济恢复和国家重建的任务。1969年7月，人民银行总行与财政部合署办公。1978年1月，人民银行与财政部正式分开办公。1978年末，人民银行的统一体制全面恢复。从此开启了重建金融体系的漫长征程[①]。

二、渐进改革中的金融发展
Financial Development in Gradual Economic Reform

中国的金融体系，是在渐进的市场化改革中不断发展起来的。1978年改革开放后，中国经济开始从中央计划向市场经济转型。在之后的四十年间，中国出现了新的商业银行、资本市场、货币政策、监管框架，相当于重建了一个完整的金融体系。随着以产品价格为基础的市场改革的深入，经济活动越来越频繁，对金融发展的需求越来越高。国内金融体系框架不断完善，金融机构种类不断丰富，金融规模快速扩大，金融开放审慎推进。

1979年，中国银行、农业银行、建设银行从中国人民银行相继分设出来；1984年，工商银行从人民银行中分出，人民银行专司中央银行职能；90年代初，深交所、上交所相继营业，股权市场开始发展；1994年

---

① Huang Yiping, Wang Xun, Wang Bijun, Lin Nian, 2013. "Financial Reform in China: Progress and Challenges", in Yung Chul Park and Hugh Patrick, *How Finance is Shaping the Economics of China, Japan and Korea*, Columbia Business School Publishing, Chapter Two, 44–142.

人民币汇率并轨，实行有管理的浮动汇率制度，后来汇率制度又不断调整；亚洲金融危机前后，国有商业银行改革，通过冲销转移不良贷款，注资引入国际标准；2001年底中国加入世界贸易组织（WTO），承诺金融服务业开放；2009年后人民币国际化提速，一是增加跨境业务结算，建立离岸市场，二是不断开放资本项目。为加强监管协调，防范和化解系统性金融风险，2017年年中，国务院金融稳定发展委员会成立。2018年，为推进监管体系改革，银监会和保监会合并为银保监会。

不过这个新的金融体系具有一个非常明显的特征，就是"重规模、轻机制"：一方面，金融机构种类齐全、数量繁多，金融市场资产规模庞大，无论用哪个数量指标来衡量，中国金融业都已经居于世界前列；另一方面，市场机制在金融资源的配置中发挥的作用还非常有限，政府部门对金融行业的政策干预仍然很频繁，金融抑制的程度很高。

目前的金融体系中，不仅有银行类的金融机构，还有保险类、证券类以及其他类型的金融机构。不但数量较多，而且规模庞大。2019年底，中国4600多家银行业机构中，有开发性政策性银行（3家）；有国有大型商业银行（6家），也有股份制商业银行（12家）；有民营银行（18家），也有外资银行（41家）；有城商行（134家），也有农商行（1478家），有农村信用社（782家），也有村镇银行（1622家）。

2021年6月28日，国际权威财经媒体《银行家》(*The Banker*)在其官网公布了2021年全球银行1000强最新榜单。中国共有144家银行上榜，虽然数量少于美国的178家，其一级资本规模是美国的近两倍。中国目前占有全球银行资产的25.6%和全球银行利润的37.2%。尤其令人振奋的是，在饱受新冠肺炎疫情冲击的2020年，中国这些银行的一级资本和总资产分别增长了18.6%和18.4%，税前总利润增长5.2%，同期美国的银行总利润下降31%。中国最大的四家银行，即中国工商银行、中国建设银行、中国农业银行和中国银行，分列全球排行榜的前四位，连续第四年分列全球排行榜的榜首。[①] 与银行部门相比，中国的资本市场发展相对滞后，但股市与债市的总市值也已经在全球名列前茅。对于关心中国金融改革与发展的人来说，这些数据众所周知。但如果考虑到改革初期以及亚洲金融危机期间金融体系的状况，中国的金融业能走到今天这一步，确实算得上是举世瞩目的成就。

表1 1996年和2019年全球十大银行排名（十亿美元）

	1996				2019		
	银行名称	国家	资产		银行名称	国家	资产
1	德意志银行	德国	503	1	中国工商银行	中国	4027
2	三菱银行	日本	501	2	中国建设银行	中国	3377
3	三井住友银行	日本	500	3	中国农业银行	中国	3287
4	第一劝业银行	日本	499	4	中国银行	中国	3092
5	富士银行	日本	487	5	三菱日联金融集团	日本	3069
6	樱花银行	日本	478	6	摩根大通	美国	2727
7	三菱东京日联银行	日本	475	7	汇丰控股	英国	2558
8	农林中央金库	日本	430	8	美国银行	美国	2354
9	法国农业信贷银行	法国	386	9	法国巴黎银行	法国	2336
10	中国工商银行	中国	374	10	法国农业信贷	法国	2123

数据来源：The Banker（U.K.），http://www.thebankerdatabase.com

金融机构的资产总规模、业务复杂度和机构关联性，决定着金融机

---

① "China Press Release: Chinese banks extend lead on US rivals", by Joy Macknight, 2021/06/28, The Banker. See www.thebanker.com.

构的系统重要性。因为规模较大、业务复杂、机构关联性较高的金融机构，一旦陷入困境或无序，破产将对整个金融体系和经济活动造成重大破坏。根据金融机构在全球金融系统中的重要性变化，金融稳定委员会每年会更新并公布30家全球系统重要性银行的名单及排名情况。自2015年至今，中国传统的"四大行"，即工商银行、建设银行、农业银行和中国银行，一直被金融稳定委员会确定为具有全球重要性的金融机构。全球规模最大的商业银行排名变化，也能很清楚地传递中国商业银行规模快速扩大的信息（表1）。1996年，中国只有工商银行位列全球规模最大的10家商业银行。然而，2019年底，按总资产衡量，中国的四家国有大型商业银行，即工商银行、建设银行、农业银行、中国银行（简称"四大行"），在全球10家规模最大的银行中分别位列前四，而工商银行也因此被戏称为"宇宙第一大行"。

中国商业银行进入快速发展时期，其实是在亚洲金融危机后。亚洲金融危机后，中国商业银行的不良贷款率已经很高。按照世界银行的统计，2001年中国商业银行不良贷款率近乎30%。如果再不进行公司治理结构的改革，那么风险很可能会继续快速上升。因此，2003年以后，国务院对国有商业银行进行了注资和不良资产剥离，引入了境内外战略投资者，商业银行陆续在国内外公开发行股票并上市。这次改革与之前相比，提高了不良资产处理的市场化程度，财务重组模式也有了较大创新，同时还健全了公司治理机制，而不是简单的政企分离。商业银行的资产质量不断提高，经营风险不断下降。商业银行改革对竞争性格局的形成产生了关键性的作用，银行业的竞争性市场机制初步形成，市场结构由国有大型商业银行的高度垄断逐步转变为国有商业银行、全国性股份制商业银行、城市商业银行、农村商业银行和外资银行等多元主体共同竞争。截至2017年末，全国金融企业集团层面公司制改革比例超过90%；其中中央国有金融企业已基本完成公司制改革，下属各级子企业公司制占比超过92%。

国有银行股份制改革也是四十多年来中国金融机构改革历史的一个缩影。虽然经历了数次理念创新、制度创新和改革手段创新，但其实就是以建立市场化机制为大方向来推进的。国有银行股改上市除了财务重组模式创新之外，还由此启动了现代公司治理改革，逐步建立和完善了公司治理结构与机制，是此轮改革与以往的一大显著差异。国有金融机构的经营绩效本身同时面临政治成本和代理成本的双重压力，赋予企业适当的经营自主权虽然可以部分减少政府直接干预，以降低行政手段管理带来的成本，但只是简单地放权会产生新的代理问题，依靠政企分开而不同时健全公司治理机制，代理成本与政治成本二者终将制约国有金融机构的运行效率。

2003年后的国有商业银行股份制改革，逐步建立了规范的股份制公司治理结构。从股权结构来看，一是政府不再直接持有国有大型商业银行的股权，由中央汇金公司代为持有；二是引入了境外战略投资者，真正接受市场监督和检验；三是公开发行股票。由单一的政府股东股权治理主体逐渐转为多元的股权治理主体，对政府股东产生一定程度的制约作用。目前，超过90%的全国公司制国有金融企业在集团层面建立了董事会，初步形成"三会一层"的治理结构。

同时，风险管理制度的建立与内控机制的完善，大幅提升了中国银行业整体实力，资本实力、资产质量和经营效益也不断提高，一些商业银行跻身全球大银行之列，国有商业银行在经济建设中的主力地位有目共睹。2018年，在全球1000家大银行榜单中，中国"四大行"首次包揽1000家大银行前四名。2019年"四大行"继续包揽全球前四名，其中，中国工商银行更是以3802亿美元的一级资本连续七年位居榜首。作为对比，日本在1996年时有7家银行进入全球十大，而2019年底时，仅剩下三菱一家。另外，保险业自2000年后也进入快速发展期。2018年末，保险业总资产达18.3万亿元，保费收入达3.8万亿元。按总资产衡量，中国的保险市场位列全球第三。

中国金融体系是典型的银行主导型。为了保持对金融资源分配的干预和控制，金融资源主要集中于国有大型银行，股票债券等直接融资市场的发展相对滞后一些。中国的股权市场开始于1990年，上海证券交易所和深圳证券交易所先后成立。经过近30年的发展，中国的资本市场可以说是从无到有、从小到大，基本形成了包括主板、中小板、创业板、新三板、科创板、区域性股权市场、私募市场、债券市场、期货市场在内的多层次资本市场体系，资本市场在国民经济中发挥作用的范围和程度日益扩大和提高。

2019年末，国内股票市场共有3760家上市企业（A股），市值达到59.3万亿元。按市值衡量，中国的股票市场已成为世界第二大股票市场，在全球股市市值中所占比例达到8.5%。在债券市场上，公司债和政府债券从2000年的1.4万亿元增长到2018年的53.8万亿元。社会融资总额中，债券融资的占比也从2004年的0.4%上升至2019年的24.4%。目前中国已成为世界第三大债券市场。

从发展历程来看，中国的资本市场萌生于1978—1992年。1993—1998年以证监会成立为标志，全国性的资本市场开始逐步形成和发展，1999年《证券法》出台后，资本市场在法律体系的保障下进一步规范和完善。在发展过程中，证监会还推出了一系列完善基本市场制度和加强市场的资源配置作用的改革措施。

中国的股权资本市场，2006年完成了具有里程碑意义的股权分置改革，创造性地采用对价方式平衡利益，使改革的负面影响降到最低；实现了股票按照统一市场机制定价，使中国资本市场的发展摆脱了过去的主要为国有经济融资的路径，为中国资本市场优化资源配置功能奠定了基础。2006年起开展的一系列专项活动，旨在全面提高上市公司质量，完善上市公司监管体制、强化信息披露、规范公司治理、建立股权激励机制、推动市场化并购重组，强化了上市公司竞争优势，夯实了资本市场基础，增强了资本市场的活力。2016年，中国证监会推动新股发行常态化，逐步扩大直接融资规模，A股市场IPO和再融资合计1.33万亿元，同比增长59%，IPO家数和融资额创近五年来新高，再融资规模创历史新高。2018年11月开始在上交所设立科创板并试点注册制，对于增强资本市场对创新企业的包容性和适应性，补齐服务科技创新短板，完善多层次资本市场体系具有重要意义。

从债券资本市场发展看，中国于1981年开始发行国债，1983年发行企业债，2007年发行第一只公司债，2015年证监会出台《公司债发行与交易管理办法》，将公司债发行主体扩展到全体企业。此后，公司债进入快速发展期。中国债券市场的产品和交易工具在不断创新中越来越全面，基础产品的种类基本上与发达的债券市场一致，主要包括政府债券、金融债券、公司信用债券和资产支持类债券。交易工具除了传统的现券和质押式回购、买断式回购之外，还有国债期货、债券借贷以及人民币利率互换等利率衍生品。

改革进程中，企业债券成为企业外部融资的重要渠道。企业债券融资占比逐步提升，从2003年的1.50%提升到2018年的12.88%，规模从2003年的499亿元提升至2018年的2.48万亿元。与同属直接融资的股票融资相比，2018年非金融企业境内股票融资比例1.87%，债券融资占比远超股票融资。与间接融资相比，债券发行在资本市场进行，要求企业的管理水平和资金使用更为公开透明，债券融资成本更加市场化。截至2020年末，中国债券市场余额114万亿元，位居世界第二。债券市场的发行和信用评级的制度建设在逐步完善，市场准入在统一规范，违约处置机制也在推进，债券市场的发展壮大，使企业的融资渠道多样化，在服务实体经济、提高直接融资比重和支持供给侧改革方面发挥了非常重要的作用。

20多年来，中国资本市场发展坚持市场化方向，推动了中国金融结构的转型，对国民经济的支持作用不断加强。同时，资本市场的发展也引领了经济和社会中的诸多变革，带动了股份制公司在国内的普及，推动了现代企业制度在经济体系中的确立，完善了相关的法律制度和会计制度，加强了公司治理，并促进了社会信用体系的逐步建立。中国资本市场的改革和发展经验，也是中国经济改革的重要经验之一。

三、金融抑制下审慎的对外开放
Prudent Financial Openness under Financial Repression

走走停停的资本项目

改革初期，政府的主要精力还是放在重建国内的金融体系，包括商业银行、保险公司和证券市场。虽然日本输出入银行早在1979年就在中国建立了代表处，但在很长时期内金融业对外开放并非中国金融政策的主要关注点。政府第一次开始集中关注金融开放问题应该是在20世纪90年代初期,主要采取了两大举措:一是1994年初汇率双轨并轨并从此开始实行有管理的浮动汇率体系;二是1993年实施"以市场换技术"的政策吸引外国直接投资。

当然,这两个政策也并非横空出世,它们都是有前序故事的。汇率的调整大概始于1980年,当时人民币兑换美元汇率为1.5∶1,严重高估。为了鼓励出口,政府设立了内部结算价,从而开始了官方、市场两个汇率持续贬值的过程,直到1994年初合并到8.7∶1。吸引外国直接投资的政策则源于1980年建立的深圳经济特区,只不过经济特区吸引外资来投资,主要是为出口,其目标市场还是在国外。而"以市场换技术"政策则是把国内市场让出去,同时把资金和技术引进来。单纯从吸引外资的角度看,这个政策是十分成功的,在随后的二三十年间,中国一直是全球吸引外国直接投资最多的国家之一。

虽然通过汇率政策支持出口、通过各种优惠吸引外资,但并不存在实质性的内外金融交流。仅仅在两三年之后,这个格局就被打破了。1996年下半年,当时的中国人民银行行长戴相龙写信告知IMF(国际货币基金组织),中国已经实现了人民币经常项下可兑换,并准备再用5~10年的时间实现资本项下可兑换。政府还明确了"先进后出、先长期后短期、先直接投资后投资组合"的开放策略。现在解读当时的政策思路,应该是把欧美的金融体系作为目标模式。因此,改革的方向就是实现资本项目完全可兑换。

可惜的是,不到一年,这个看上去已有时间表的计划就被突然爆发的亚洲金融危机打乱了阵脚。1997年7月31日泰铢被迫大幅贬值,引发多种亚洲货币溃败,泰国、印尼、马来西亚和韩国经济均处于危机的风暴处，周边经济体如中国香港特区、台湾地区等也都深受其害。中国政府当机立断宣布将人民币兑换美元的汇率固定在8.28:1，为地区货币市场的稳定做出了重要贡献，其勇于承担的行为也受到了国际社会的高度肯定。但基于可以理解的原因，资本项目开放的计划只能暂停，资本项目开放的实施只能等待新的时机。

但也可能正是因为中国在当时还保留着资本项目管制，才免遭灾难性打击。同时，亚洲金融危机也给中国提供了一些重要启示：第一，如果国内金融体系尚未健全，过早开放资本项目无异于玩火。第二，不灵活的汇率体系加上高估的货币，是可以大概率引发国际收支危机的因素。第三，在紧要关头，充足的外汇储备可以增加抵御外部冲击的信心。第四，如果外债尤其是短期外债过多，一旦信心动摇，资金回流，很容易断送金融稳定。这些教训或多或少地影响了之后中国的政策选择。

事实上，当时中国金融体系的状况并不比印尼或者韩国好多少。商业银行的平均不良率高达30%~40%，中国之所以没有发生金融危机，除了存在资本项目管制以外，政府兜底也发挥了关键性的作用，即使银行的坏账率这么高却没有发生挤兑。因此，政府一方面开始积累大量的外汇储备以备未来的不时之需，另一方面则集中精力化解银行系统的风险，通过冲销坏账、注入新的资本金、引进国际战略投资者等方式，直至最后在国际资本市场上市。这两项政策都取得了巨大的成功，外汇储备规模居全球第一，一度高达4万亿美元。

现在回想起来还是有点后怕，如果央行在1996年快马加鞭，开放了资本项目，那么中国也许就成了在1997年发生金融危机的国家之一。亚洲金融危机爆发之后，中国政府采取了几条应对措施，现在看来都还是比较明智的选择：一是让人民币暂时钉住美元，帮助稳住国际金融环境；

二是局部收紧了跨境资本管制;三是开始加速积累外汇储备;四是尽快处置国内金融风险,商业银行的资产负债表很快有了显著的改善。

金融服务业开放面临内外压力

亚洲金融危机虽然暂时迟缓了中国资本项目开放的计划,但并未真正改变金融开放的方向。2001年底中国加入世界贸易组织,并明确承诺向外资开放金融服务业。比如,在银行业,中国政府承诺每年向外资银行开放五个城市的人民币业务,五年之后所有的城市都向外资银行开放,让外资银行享受国民待遇。这个承诺的开放力度非常大,甚至引起了国内金融界的恐慌。这主要是因为当时国内银行业的状况非常糟糕,不良贷款率很高,很多人担心"狼来了"会把羊吃掉。

我和时任《比较经济学杂志》主编博宁(John Bonin)教授一起做了一项研究,借鉴了世界各国的经验,认为外资银行进入中国市场,最值得担心的并非是外资银行冲垮国内银行,而是外资银行会在中国市场举步维艰。后来的发展大致印证了这个猜想,中国"入世"之后,外资银行在中国银行业总资产中的比重反而下降了。原因很简单,外资银行能去哪、可以做什么样的业务,仍然需要经过监管部门的审批,比如,外资银行一年只能去一个省办一个分行。

但是,当时政府决定暂缓资本项目开放、把重点先放在金融服务业开放上的决策还是合理的。这是因为金融服务业开放给金融稳定带来的风险要小很多。当时国内也有不少人担心外资金融机构进来,可能会把国内金融体系搞乱。这个看法其实是不准确的。外资银行进入中国市场,相当于外资在中国银行业进行直接投资,只有中国金融稳定,他们的投资才能获得好的回报。更重要的是,外资银行进了中国市场,就要受中国监管部门的监管，金融体系能否保持稳定，不取决于所有权，而取决于监管的能力。

不过，金融服务业开放的五年过渡期尚未结束，中国的国际收支就遭遇了新的问题。中国加入 WTO 之后，经济增长强劲，出口非常活跃，经常项目顺差不断扩大，外汇储备也迅速积累，很多人将这些表现当成人民币被显著低估的重要证据。从 2003 年开始，国际社会要求人民币升值的呼声越来越大。国内公众也不满意，主要是因为看到大量的外汇储备被投资到了美国国债市场，感觉是穷人借钱给富人用。富人拿着钱在全世界进行投资获得高收益，而富人给的回报又特别低，这不合理。这样，央行似乎进入了一个两难的境地。

央行采取了三方面的措施，作为对这波内外压力的回应：一是鼓励中国企业"走出去"；二是重新回归有管理的浮动汇率体系；三是进一步放松对跨境资本流动的管制。中国企业"走出去"的政策最早是在 1992 年党的十四大上提出来的，但加速推动是在 2003 年的十六届三中全会之后。一开始主要是国有企业到海外投资原材料产业，后来才逐步多样化。另外，央行在 2005 年 7 月 21 日放弃了钉住美元的汇率体制，引入参照一篮子货币的有管理的浮动汇率体制。人民币从此开始了缓慢的升值之路，一直延续到 2015 年 8 月。

人民币国际化重走回头路

很快，中国与世界金融体系就遭遇了一场力度更大、持续更久、范围更广的金融危机。美国的次贷危机源于政府支持美国家庭拥有自己的住房政策，商业银行向达不到资质要求的家庭发放了次级按揭贷款，然后通过资产证券化打包出售。这样一个带有很高风险的产品经过包装被销往世界各地,加剧了信息不透明的程度。但因为当时全球经济"大缓和"现象,短期内次贷并没有出现问题。2007年初美国房地产价格回调3%,在资产负债表恶化、被迫抛售资产和资产价格进一步下跌之间形成了恶性循环,终于酿成了一场世纪大危机。

中国政府再次及时地采取了一些应对措施:一方面加强了对跨境资本流动的管理,防范资本大进大出冲击国内稳定的金融体系;另一方面从2008年7月大幅收窄汇率的浮动区间,一直延续到2010年10月。但其实更受关注的是另外两项政策,第一,中国政府于2008年底宣布"四万亿"刺激政策。在短期内这项政策帮助稳定中国甚至其他一些国家的经济增长,中国的GDP增速从2009年第一季度的6.1%提高到第四季度的10.7%。当然,这个政策也留下了诸如地方政府债务过高、资金利用效率下降,甚至资产泡沫上升等问题。第二,从2009年开始,央行逆势推动人民币国际化。这主要是基于次贷危机发生之后,国际社会对美元作为国际储备货币的地位产生了怀疑。央行其实是顺势而为,推动人民币国际化的进程:一是积极鼓励跨境贸易与投资的人民币结算;二是在境外特别是中国香港建立人民币离岸市场,同时发行人民币计价的资产;三是向各国央行与主权财富基金开放国内金融市场,鼓励它们持有人民币资产;四是推动人民币加入IMF的SDR货币篮子。与此同时,跨境资本流动的自由度再次开始缓慢提升。

应该说,人民币国际化的政策一度很成功,人民币在国际支付、储备中的比重稳步上升,除中国香港特区以外,伦敦、新加坡甚至纽约都积极争取建设人民币的离岸市场。始料未及的是,人民币国际化进程的暂停居然是人民币加入SDR货币篮子所触发的。2015年上半年IMF发布关于人民币入篮的报告批评了人民币中间价非市场化机制,为了让定于 11 月底举行的 IMF 董事会顺利批准人民币入篮，央行在 2015 年 8 月 11 日启动了中间价的改革，主要是增强市场化的成分，每天早晨的中间价由三个因素决定：头一天的收盘价、隔夜的全球外汇市场变化以及其他因素。

这样一项本来应该受到市场欢迎的改革，居然变成了引发人民币大幅贬值预期的导火线，这应该是大大出乎决策者预料的。但真正牵制人民币国际化进程的应该是不够灵活的人民币汇率。2005 年以来，中国虽然实行有管理的浮动汇率体系，央行一再表示要提高汇率的弹性，但弹性总是不够。2010 年以后，经济增速持续下行，经常项目顺差也不断缩小，自 2014 年下半年起市场形成了人民币贬值的预期。央行在完善中间价的同时适度下调人民币汇率，这令市场以为贬值预期终于得到证实，引发了一轮规模较大的资本外流。

为稳定金融体系，央行再次采取了两方面的措施：一是加强跨境资本流动的管理，"拓流入、限流出"；二是动用外汇储备进行干预。经过大概一年半的努力，到 2016 年底基本消除了贬值预期。加强跨境资本流动管理的结果就是人民币国际化被踩了刹车，资本流动不那么自由了，货币国际化从何谈起？为防止香港离岸市场汇率扰乱在岸市场预期，央行甚至抽干了离岸市场的流动性。一些国际金融机构响应央行号召设立的"人民币国际化业务部"以及一些支付基础设施只好暂时进入休眠状态。

客观地说，央行当时所采取的这些措施也是迫不得已，而且也达到了预期的目的。但教训也很深刻，在无法承受汇率相对灵活的波动之前强势推动人民币国际化进程，起码在改革次序的选择上是有瑕疵的。这其实也是亚洲金融危机给我们的教训，即要重视金融改革与开放的次序。人民币国际化不得不走回头路，只是再次印证了这一朴素的原则。

四、目前中国金融体系的三大特征
Three Characteristics of China's Financial System

在短短四十几年的时间里,中国几乎是白手起家,建立了一个完整的金融体系。中国金融改革与发展的大方向肯定是建立起市场化的金融体系,搭建商业银行治理、资本市场运行和监管框架,中国金融体系大多是以欧美成熟经济体的金融体系作为范本的。但如果跟市场经济国家特别是欧美国家的金融体系做一个比较,中国金融体系确实有不少独特之处,三个方面的特征则尤其突出,即规模大、管制多、监管弱。①

规模大

规模大,可以从机构和资产两方面来看。从机构角度看,1978年中国只有一家金融机构。改革开放之前,由于金融交易不多,一般的资金调配都由国家计委统一部署,社会对金融中介的需求很少。改革开放以后,市场经济快速发展,对金融服务的需求大幅增长。今天金融机构的数量和种类都已经很完备,有央行、银保监会、证监会组成的"一行两会"的监管部门,有国家开发银行、中国进出口银行、中国农业发展银行组成的三大开发性、政策性银行,有工商银行、农业银行、建设银行、中国银行、交通银行、中国邮政储蓄银行组成的六家大型国有商业银行,还有十几家股份制商业银行。再加上城商行、农商行和村镇银行,大概一共有4000多家银行。此外还有保险公司、证券公司、资产管理

---

① 黄益平等:《中国金融改革路线图:构建现代金融体系》,中信出版社,2019年。

公司等。可以说，市场经济国家拥有的金融机构中国几乎全有，而且数量庞大。

中国的金融机构不但数量多，资产规模也相当大。中国的金融体系是典型的银行主导，相对而言，资本市场就不够发达。2019年底，按存量衡量，贷款与类信贷融资在社会融资规模中占比69%，各类债券占比24%，非金融企业境内股票余额占比仅为2.9%。但是用市值来衡量，股票市场在全世界排名第二，债券市场排名全世界第三。

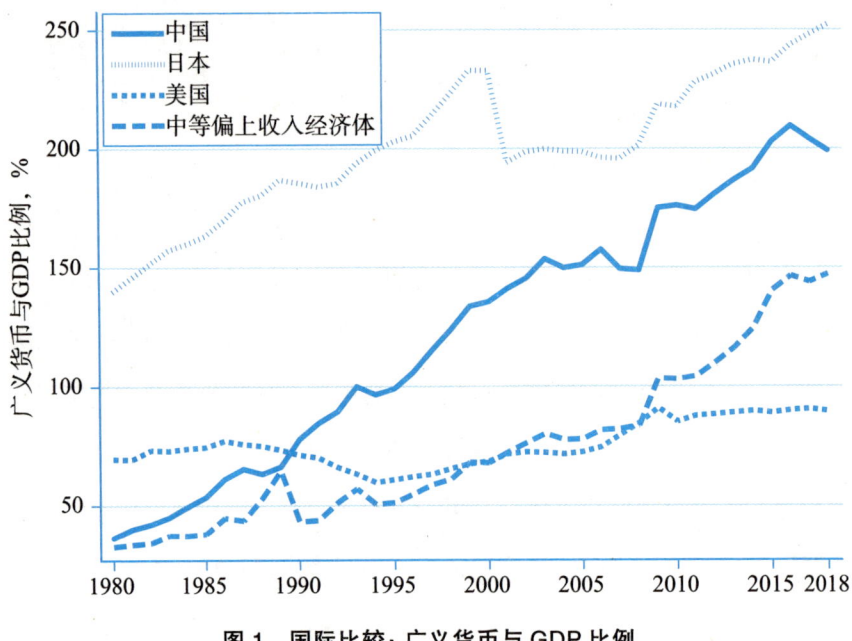

图1 国际比较：广义货币与GDP比例

数据来源：世界银行WDI数据库，作者整理

衡量资产规模还可以看一个宏观指标，即广义货币供应量（M_2）与GDP的比例。广义货币就是流通中的现金、银行的活期存款，再加上企业的定期存款、居民的储蓄存款以及其他存款。这个比例可以反映银行

的规模，因此也是反映金融资产规模的一个指标。根据世界银行的数据，截至2018年底，中国广义货币与GDP的比例，与同等收入水平经济体相比，明显高于中等偏上收入经济体的平均水平。与高收入经济体相比，明显高于美国，仅次于日本。因此，总体而言，从机构和资产两方面来看，中国金融体系的规模已经非常大。在所有的金融市场中，唯一发展较为缓慢的，就是金融衍生品的市场，这跟金融市场发展的程度有关系，跟中国监管的态度也有关系。

管制多

管制多，意味着政府对金融体系的干预还比较普遍，政府"看得见的手"在经济活动中一直比较活跃。中国从计划经济向市场经济的转型，是一个循序渐进的"双轨制"改革。改革期间产品市场基本上都放开了，但资本、土地、能源等要素市场中政府干预依然较多，尤其表现在金融领域，金融抑制较为普遍。比如，商业银行的存贷款利率，商业银行有一定的自主权，但很大程度上还是受央行指导和监测；央行在汇率市场贬值太多或升值太多时都会有一些干预；政府在商业银行、资本市场的资金配置方向上也有一些政策指导和方向性指引；对跨境资本流动有比较严厉的管制；大部分大型金融机构为国有控股等。但与改革开放初期相比，政府对金融体系的干预程度已经下降很多。

经济学中"金融抑制"的这个概念，是由斯坦福大学的麦金农教授提出来的，他是研究发展中国家金融改革和金融自由化问题的国际权威。他提出的"金融抑制"，主要是指政府对利率、汇率、资金配置、大型金融机构和跨境资本流动的各种形式的干预和管制。

基于金融抑制的定义，结合世界银行以及世界经济自由度（EFW）

数据库的数据，作者构建了一组跨国可比较的金融抑制指数。这套指数在 0 到 1 之间：0 意味着金融体系完全市场化，1 意味着毫无市场化，金融体系完全由政府控制。我们整理了 100 多个经济体的数据，具体测算了 1980—2018 年间各个经济体的金融抑制指数。

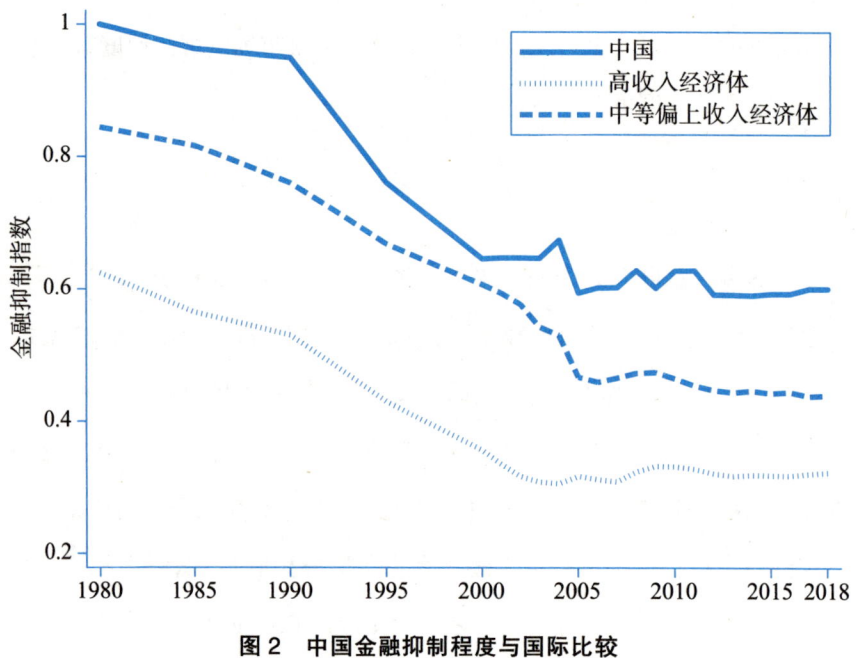

图 2 中国金融抑制程度与国际比较

数据来源：世界银行，EFW 数据库，作者计算

从图 2 可以看出，中国的金融抑制指数在 1980 年为 1，那时金融改革刚刚开始，政府几乎干预金融运行的各个方面。之后这个指数持续下降，到 2018 年到达 0.6。把中国的这组数字和国际经验做比较，有三点有意思的发现。

第一，过去 40 年间中国的金融抑制指数下降了 40%，说明金融体系的市场化改革在不断地推进，金融的市场化程度在不断提高。

第二，中国的金融抑制指数下降的速度相对较慢。自20世纪70年代开始，世界经济进入全球化加速的时代，伴随着贸易的活跃和资本流动的频繁，主要发达国家分别采取了放松管制的金融市场化改革。高收入经济体的金融抑制程度下降最快，其水平显著低于中等偏上收入水平的经济体。按照世界银行的收入分类，中国于2010年进入中等偏上收入经济体行列，但随后的十年间，中国不但保留了比较普遍的抑制性金融政策，金融抑制的程度也明显高于处于同等发展水平的经济体。苏联开始经济改革要比中国晚10年左右，但到2018年，俄罗斯的金融抑制指数已经降到0.4，显著低于中国。

第三，中国的金融抑制水平仍然处在很高的水平。在2018年有数据的145个经济体中，中国的指数（0.6）排在第22位。也就是说，中国政府对金融体系的干预程度，在全世界范围内仍然非常高，这是管制多的重要证据。

从金融结构的角度来看，也可以发现中国政府对金融体系干预程度较高这一明显的特征。如果把中国和其他国家的金融体系放在一个坐标系里，如图3所示，横轴表示银行资产在金融总资产当中的比重，越往右银行占比越高，纵轴是金融抑制指数，越往上政府干预的程度越高。

图3中体现的是2018年的数据，可以看到，日本和德国在美国的右边，这符合"日本和德国是银行主导的金融体系、美国和英国是市场主导的金融体系"的印象。同时，中国香港和新加坡是金融抑制程度最低的经济体，巴西和印度等新兴市场经济体的金融抑制程度则比较高。在这个坐标中，中国处在右上角的位置，这表明与其他国家的金融体系比较，中国的金融体系中不仅银行资产占比高，金融抑制程度也非常高。

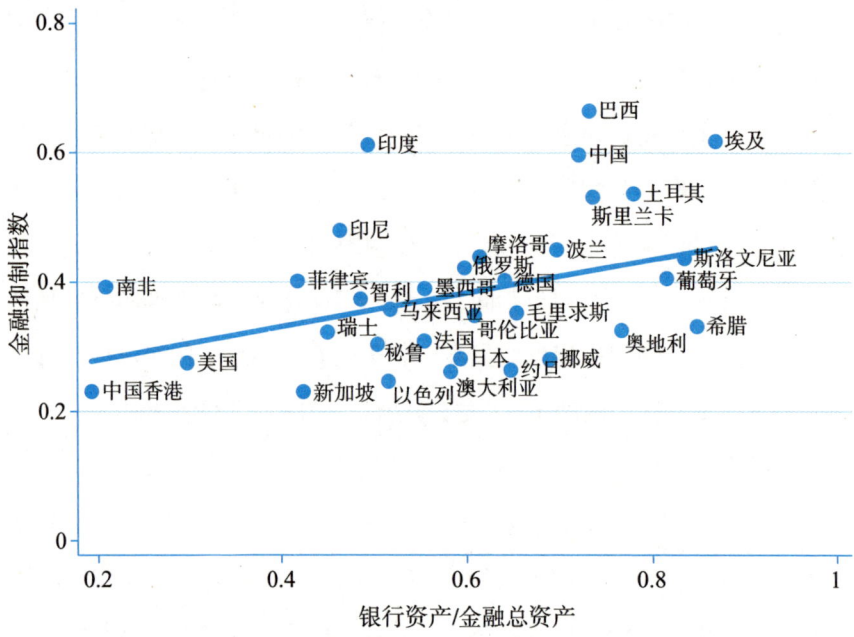

图3 金融抑制与金融结构（2018年）

注：横轴表示银行资产在金融体系总资产中所占比例，纵轴表示各经济体金融抑制程度。

数据来源：世界银行，EFW数据库，作者计算

监管弱

中国金融体系监管弱的问题，主要是指当前的监管机制防范与处置金融风险的能力不强。改革开放四十多年来，金融业的稳定建立在中国经济持续高速增长的基础之上，且在政府隐性担保和刚性兑付下金融业显得比较稳定。2008年国际金融危机之后，中国经济由高速增长向中高速增长阶段转型，商业银行不良率开始上升；与此同时，中国经济和金融市场与世界经济联系增多，越来越多地受到国外市场波动的外溢性效应的影响，金融风险也随之增加。2015年以来，包括股票市场、债券市场、影子银行、保

险行业、数字金融、中小银行等领域均出现了或大或小的风险。

改革开放以来，中国维持金融稳定的基本经验主要就是两条，一是政府兜底，二是持续的高增长。政府兜底可以在短期内稳定投资者信心，避免市场出现大的震荡。1997年，我国商业银行的平均不良率超过了30%，但没有出现挤兑现象，一个根本的原因在于存款人相信政府会对银行实行兜底，所以没有产生恐慌情绪。持续高增长的好处是可以在发展中解决问题，发生了问题，只要有办法把增量控制住，存量可以慢慢地消化。1997年之后中国就是用这个办法改革国有商业银行的，总共剥离了1.4万亿元的不良贷款，这在当年是一个天文数字，现在因为经济规模扩大了很多倍，消化剩余的不良资产就比较容易。

但过去这套维持稳定的做法已经越来越难以持续，从客观上看，中国这一套金融监管体系在识别和管理金融风险方面不是十分有效。所以，近年来，政府一直在努力处置各个领域的金融风险，尽量守住不发生系统性金融风险的底线。与此同时，国务院也成立了金融稳定发展委员会以加强监管政策的协调，并将过去"一行三会"的分业监管格局逐步过渡为"一委一行两会"的统一监管大框架。但这个新的监管格局刚刚形成，一些具体的运行机制也在不断地完善之中，是否能够及时、有效地识别并处置金融风险，还有待检验。

五、中国金融抑制的具体表现
Financial Repression in China

改革进程中，中国经济几乎具有所有"金融抑制"的典型特征：政府仍然干预信贷分配，国有企业对工业产出的贡献已经低于30%，但每年向国有企业发放的贷款仍然占银行贷款余额的一半以上；大型国有金融机构仍然主导中国的金融体系，资本市场欠发展；政府对非国有机构包括外资机构进入金融业执行歧视性的限制措施；央行对主要的利率工具特别是银行存贷款基准利率实施管制，而且实际存款利率水平非常低，甚至是负数。由于名义利率存在管制，政府通过通货膨胀政策，可以为财政赤字融资，也可通过压低实际利率降低国有部门贷款的成本；央行频繁调整存款保证金比例，通过设定较高的法定准备金率，集中更多的金融资源配合政策使用；为防止资金外流保持金融稳定，同时保护国内金融部门免受国外金融机构的挤压，国家仍然干预外汇市场并控制跨境资本流动。

启用受管制的利率体系，是中国金融抑制政策最主要的方式。利率的市场化进程，也就成为中国金融市场化改革的重要内容。利率体系改革采取了与产品价格改革相似的渐进式"双轨制"模式。在维持存贷款利率管制的基础上，首先从货币和债券市场引入市场化机制，然后逐步从边际上强化存贷款利率的市场化水平，提高银行资金的配置效率。大体的顺序可以总结为：先放开货币市场和债券市场利率，再逐步推进存贷款利率的市场化，而存贷款利率市场化总体按照"先外币，后本币；先贷款，后存款；先长期、大额，后短期、小额"的顺序进行。1999年，货币市场和国债市场利率管制已基本放开。

在银行主导的金融格局下，资金批发市场上利率的市场化，不会大幅影响企业融资成本，还有利于从边际上提高资金配置效率。所以，中国渐进的利率市场化进程是从放开银行间同业拆借利率开始的。2013年7月，人民币贷款利率放开。2015年10月，央行对商业银行和农村合作金融机构等不再设置存款利率浮动上限，存款利率上限放开。至此，中国利率管制已基本全部放开,"狭义"的利率市场化进程基本完成。

通过对利率体系的管制压低实际利率,是中国金融抑制的主要手段之一。利率水平被压低,意味着向储户征收间接税。由于家庭部门是主要的净储蓄者,低利率导致资源从居民再分配到企业部门。国有商业银行在巨大存贷利差的激励下不断扩大规模,而发展相对迟缓的债券、股票市场等直接融资市场以及资本账户对资本流动的管制又限制了居民的储蓄替代渠道,帮助国有商业银行吸纳大量廉价资金,使国有商业银行在国内金融机构中居于主导地位。

作为资金价格的利率水平被扭曲,必然导致信贷配置的数量扭曲。正规金融部门利率被人为压低,导致资金供不应求。政府通过信贷配给,以较低的融资成本向市场经济条件下效率较低的国有部门提供信贷支持,以促进其所在行业的发展。这可以在短期内起到扩大经济规模,促进增长的效果。然而,这些干预严重扭曲了金融体系的价格信号功能,阻碍了资金及其他生产要素向效率更高的企业部门如民营企业流动,导致民营企业特别是中小民营企业被挤出正规金融市场的现象。因此,民营企业尤其是中小企业在正规金融体系面临"融资难"问题。

为衡量实际利率,作者用一年期储蓄存款利率衡量名义利率,用CPI衡量通货膨胀,用二者之差计算实际利率。图4显示了中国1980—2019年间的实际利率情况。可见,中国实际利率整体水平偏低,实际利率为负的年份大多集中在中国通胀水平较高的阶段,如1987—1989年、1992—1996年、2007—2008年以及2010—2011年。如果将资产价格如房地产价格考虑进去,那么实际利率水平会更低。2016年以来,经济仍然面临下行压力,宽松的流动性又支撑了消费价格水平,所以,最近几年中国又进入负利率时期。值得注意的是,比较改革期间中国的几次负利率时期的水平，可以发现，利率在不断上升，这在一定程度上也意味着存款利率上限管制放开后，利率开始向市场利率回归。

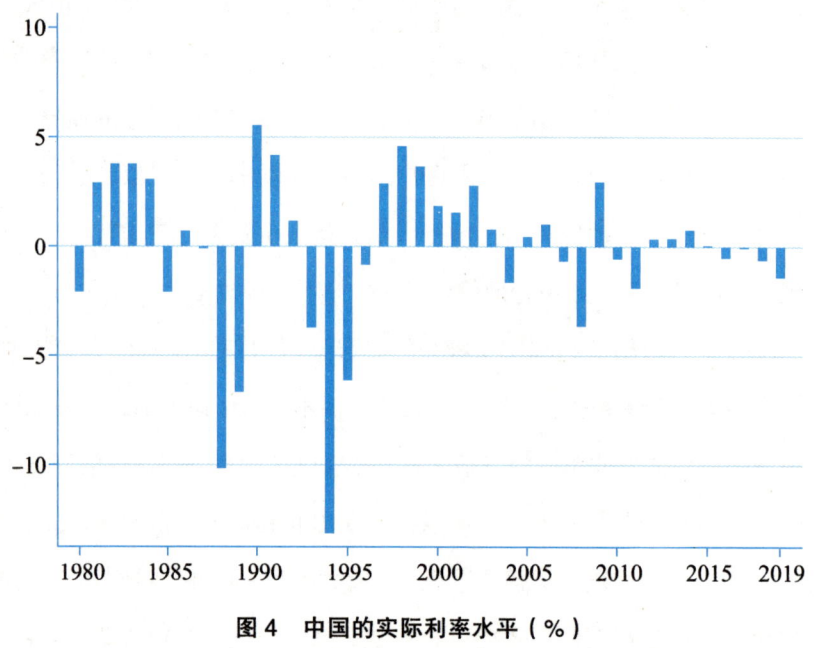

图 4　中国的实际利率水平（%）

数据来源：世界银行 WDI 数据库，作者计算

中国采取的金融抑制的政策，体现在金融体系的结构上，就是国有大型商业银行占主导，股票等资本市场发展相对滞后。尽管目前国有大型银行的总资产在银行业总资产中的比重已经有相当幅度的下降，然而，虽然中小型银行数目众多，但每家银行平均的资产显著少于国有大型银行，国有大型银行在银行体系中仍占据着主导地位。金融机构改革以来，外资银行增加了国内金融机构间竞争的压力，并带来了管理技术、风险控制体系、优质的服务、新产品和现代企业制度，对国内金融机构全方位的提升发挥了重要作用。但是，外资银行在华经营的业务范围仍然受到严格的限制。尽管外资银行在社会和市场上的认可度较高，但是在国

内市场所占份额依然较小。

证券市场是中国金融体系的重要组成部分，是动员社会资金、提供投资工具和融资渠道的有效手段。然而，中国金融体系仍以银行为主，股票、债券等证券市场发展相对滞后。证券监管机构以及交易所受政府主导，仍受到较多行政干预。利用证券市场进行融资的主体仍是国有企业，中小企业上市融资仍存在严格的审批程序。国外投资者投资国内证券市场需通过合格境外机构投资者（QFII），并被限制交易的规模和种类。此外，股票市场在信息披露、保护投资者合法权益上，仍较薄弱。

为防止资本大进大出对金融稳定的影响，中国始终保持着不同程度的资本项目管制，这也是中国金融抑制政策的重要组成部分。改革期间，与利率市场化类似，中国的资本项目也采取了渐进审慎的改革方式，按照先流入后流出、先长期后短期、先直接投资后投资组合的策略推进。

目前，从具体项目来看，中国严格管制的主要是非居民在境内自由发行或买卖金融工具、非居民在境内自由发行或买卖金融衍生工具、居民对外借款和放贷等。而对于直接投资清盘、境内金融机构向国外发放贷款等，经主管部门真实性审核后可以直接办理，基本实现可兑换。总体上，对资本项目的管制在不断放松，当然，在外部经济金融形势发生变化时，如亚洲金融危机、全球金融危机期间，对某些具体项目的管制可能还会加强。

结合中国金融改革的进程，根据图2展示的金融抑制指数，可以简单地进行总结，第一，中国的金融抑制程度从1980年的1下降为2018年的0.6，反映了中国的金融市场化程度在不断提高，但同时也说明今后金融市场化改革仍存在较大空间。

第二，改革期间，中国的金融抑制指数不断降低，表明金融政策环境其实在变得越来越自由。尽管目前中国仍然具有许多金融管制的典型特征，但除了东亚金融危机和全球金融危机期间的短暂停滞，中国金融改革的步伐一直没有停顿。这表明尽管中国金融改革落后于产品市场改革，中国的金融市场化也已经走过了40%以上的路程。因此，中国改革期间金融体制的一个重要特征是改革不断推进，管制不断放松。

第三，类似于产品市场的改革方法，中国金融体系采取了渐进改革的路线。这种改革策略不同于泰国、印尼以及澳大利亚等国快速金融自由化和金融开放实践。中国的改革方法有效降低了东南亚金融危机、美国次贷危机等外部冲击对中国宏观经济和金融体系的影响，维护了中国宏观经济的稳定。然而，进入21世纪以来，通过抑制性政策获得金融稳定的代价，越来越表现为长期效率损失和系统性风险的积累。

六、"双轨制"改革策略决定了抑制性的金融政策
Financial Repression Depending on Dual-track Economic Reform Strategy

改革开放后，中国既然决定要走市场经济的道路，那么，为什么政府还要选择保留着对金融体系如此普遍且相对严重的干预？

这个独特现象的背后，也可能有路径依赖的因素。毕竟中国刚刚从计划经济走过来，虽然重建金融体系几乎是白手起家，但计划经济的体制性记忆仍然非常清晰。可能也有文化的因素。受中国历史文化影响较大的日本和韩国，虽然已经成为高收入经济体，但这两个国家的金融体系也或多或少地保持了金融抑制的色彩。

不过，政府在经济领域采取的"双轨制"的改革策略，应该是中国

相对独特的金融改革模式最直接的诱导因素①。"双轨制"改革的基本含义是，一方面支持国有企业继续运行，保证经济稳定；另一方面为非国有部门创造更宽松的成长空间，确保经济效率大幅提高。

中国的"双轨制"改革策略有别于苏联、东欧等转型经济体所采取的"休克疗法"。从理论上说，"休克疗法"简单高效，但在实践中有很多困难。一方面，"休克疗法"会不可避免地导致改革初期经济出现显著滑坡。"休克疗法"意味着立刻全部取消计划体制，并对所有国有企业实行私有化改造。这会导致很多工厂不再生产，同时出现很多失业人口，改革初期经济很容易崩盘。另一方面，"休克疗法"有一个很重要的假设，就是今天取消计划体系后，市场机制明天就能开始有效运行。但实际情况却远非如此，市场机制的培育和发展需要相当长的时间。市场经济国家相对成熟的市场机制，是经过几十年甚至几百年的发展形成的。中国市场化改革四十多年，至今还经常有某些地方的工厂或者农民生产的东西卖不出去的情况出现，这实际是信息不对称的问题。而解决信息不对称、建立更有效的供求匹配机制，需要逐步发展，无法一蹴而就。

对比来看，"双轨制"策略的优势是可以避免改革初期经济与社会的大震荡，特别是避免大规模的失业和严重的经济衰退，缺点是国有企业通常效率比较低，需要外部支持才能够持续生存。政府支持国有企业最简单的方式应该是财政补贴，可惜的是，在改革期间特别是在前二十年间，财政状况不断恶化。这是因为在计划经济年代，财政收入主要来自国有企业。改革开始后，国有企业的利润率持续下降。不但贡献的财政

---

① Huang Yiping. Dissecting the China puzzle: Asymmetric liberalization and cost distortion [J]. Asian Economic Policy Review, 2010, 5（2）: 281-295.

收入越来越少，而且所需要的财政补贴日益增长。与此同时，外资企业和民营企业扩张的速度很快，但它们贡献的税收收入却一直很少，这可能是因为多数外企都享有税收优惠政策，而民企的"避税"手段很多。这样，财政收入占GDP的比例从1978年的36%下降到了1996年的11%，很多地方连"吃饭财政"都保不住。

财政捉襟见肘，但还得支持国有企业，政府只好借助生产要素市场扭曲，变相地补贴国有企业。通过扭曲要素市场变相补贴企业的做法，在计划经济年代就有，粮食统购统销就是这种制度。国家粮食部门垄断粮食购销环节，同时压低农村的收购价和城市的销售价，这样就可以压低工业的原材料成本和劳动工资，等于农村农业变相地补贴了城市工业。当然，从时间顺序上看，并非因为需要支持国有企业，政府才转而干预要素市场，实际上是政府延缓了生产要素的市场化进程。因此，要素市场扭曲其实是需要在进一步的市场化改革中消除的问题。要素市场扭曲具体体现在两个方面，一是人为压低要素的价格，降低生产成本；二是政府干预要素配置决策，把大量的生产资源分配给国有企业以及其他大企业。

这样，国有企业与民企"双轨制"的改革策略就催生了产品与要素"不对称的市场化"。一方面，产品市场全面放开，农业、制造业或者服务业的产品全部接受市场供求的调节。另一方面，要素市场却存在普遍的政策扭曲，政府对劳动力、资金、土地、能源等市场保留了各种管制措施。"不对称的市场化"在金融部门的具体体现就是"规模大但管制多"。经济从中央计划向市场机制转型，金融部门在市场经济中的作用越来越重要。而为了支持国有企业，抑制性的金融政策又必不可少。具体体现就是实际利率偏低，大量的信贷资金流向国有企业，在包括信贷和非金融企业债券的整个债务融资市场中，国有企业的份额占到75%左右，而股票市场成立的初衷就是为了替国有企业脱困。显然,这种资金配置并非完全效率导向,20 世纪 90 年代还曾出现过政府要求银行向资不抵债的"僵尸"国有企业发放"安定团结贷款"的现象。

金融发展"重规模、轻机制"的一个直接结果是促成了"金融双轨制"[①]。正规金融部门资金成本偏低、资金配置偏好国有企业或者其他大企业,这导致国有企业或其他大企业对资金的过度需求。所以,虽然中国金融部门的规模非常大,金融服务供给不足的现象仍然非常普遍,对小微企业与低收入人群更甚。很多经济主体的融资需求无法从正规金融部门得到满足,只好转向民间借贷、影子银行等非正规部门。这样就形成了利率"双轨制",正规部门的利率压得越低,非正规部门的利率就推得越高,两者之间其实存在逻辑关系。当前商业银行一年期贷款基准利率大概是 5%,但民间借贷利率却高达 20% 左右。近十年来中国的影子银行、互联网金融十分活跃,当然跟这些领域没有受到严格监管,从而出现了监管套利的机会有关。但根源上,还是因为正规部门管制过度,包括利率管制,很多合理的金融服务需求没有得到很好的满足。影子银行和互联网金融的发展也是变相的利率市场化过程。

七、金融抑制下的金融结构
Financial Structure in Repressive Financial System

一个国家的金融体系,由金融机构、金融市场以及一系列显性或隐性的制度安排组成。金融机构与金融市场的发展差异,也构成了区分国

---

① 纪洋、谭语嫣、黄益平:《金融双轨制与利率市场化》,《经济研究》2016 年第 6 期,第 45—57 页。

家间金融体系结构的主要指标。根据金融交易的结构，可以将金融体系分为银行导向和市场导向两大类。前者主要依靠银行承担资金跨期配置的功能，典型代表是德国和日本；后者则主要依靠资本市场尤其是股票市场，典型代表是美国和英国。资源配置的机制，又可以分为市场机制和政府干预两大类，前者主要靠自由市场包括价格实现跨期资金配置，而后者则主要由政府通过对金融机构、金融业务和金融价格的直接管制或间接影响，将储蓄引导到政府意向的经济部门和行业中。

比较不同类型的金融结构，可以得到一些有意思的发现。第一，各国不同的金融体系，可以从各国长期历史中形成的法律体系上找到制度根源。12世纪到13世纪，英格兰建立了由独立的陪审团裁定纠纷的审判制度，而法国则依靠政府管理的陪审团解决纠纷。普通法系和大陆法系的形成，对之后经济中的各种制度安排，特别是金融体系，产生了直接的影响。一般而言，采用普通法系的国家，更强调市场的作用；而采用大陆法系国家，更强调政府的作用。更强调市场作用的国家，直接融资，也就是股权市场和债权市场，发展得会相对好些。更强调政府干预的国家，间接融资，也就是银行体系，占比会更高些。

第二，不同的金融结构也反映了不同的经济理念，也决定了不同的经济模式。市场导向的金融体系所秉持的是英国古典学派的自由理念：一切应该由市场来决定，政府应该只扮演"守夜人"的角色，公司治理中股东利益至高无上。而商业银行导向的金融体系所信奉的是德国学者李斯特强调的集中统一和共同利益的思想。落后的国家，政府应该实施干预，通过立法、保护贸易、投资基础设施等措施加快推动工业化。但银行主导的经济体中，仍然存在以德国为代表的"社会市场经济模式"和以日本为代表的"法人资本主义模式"，在这两个模式中，政府都不是只扮演"守夜人"的角色，而是"善意地"对市场进行干预，但干预的手段和程度不同。"社会市场经济模式"强调经济的活力应该建立在市场基础上，市场应该享有充分的运转自由，但市场机制不是支配整个社会关系的唯一机制，社会运行需要考虑不同利益群体之间的平衡和制约。"法人资本主义模式"的基本特点是企业本位和政府干预。企业本位的核心是生产至上，公司股东的利益不被看重，其三大法宝为终身雇佣制、年功序列制和企业组织工会。政府干预意味着政府通过经济计划、经济政策、行政指导等手段干预企业活动。

第三，不同的金融市场在支持创新上存在差异。不同的金融结构孰优孰劣，一直存在争论。严格来说，不同的金融体系之间并不存在绝对的优劣之分。一个国家的经济结构和历史制度传统，内在地决定了这个国家最适宜的金融机构。然而，从经济发展的角度看，金融市场尤其是股权市场在支持根本性、颠覆性的创新方面更有优势，而信贷市场在支持渐进性的技术改良方面更有优势。所以，金融市场更发达的国家，更易出现新产品和新技术。信贷市场发达的国家，更容易在新技术的基础上，把产品和技术推向精细化。无论如何，从技术由新兴到成熟的演进过程和经济发展的长周期看，最优的金融体系应当满足两个标准：一个是具有完备的金融功能，以适应经济发展中复杂多样的生产技术；另一个是高度竞争、富于弹性，能够适应经济结构性变化提出的要求，并实现金融体系的结构性调整。

中国目前的金融体系框架是在20世纪90年代中确立的。这个体系带有比较明显的银行主导和政府干预的色彩。银行主导的特征，可以从社会融资结构中很清楚地看出来。社会融资规模是衡量实体经济，也就是非金融企业和个人，从金融体系中获得的资金余额。截至2019年末，实体经济从银行体系融资的规模占社会融资总规模的70%。而实体经济从直接融资市场的融资规模占比为 27.2%，其中政府债券融资占比为 15%，企业债券为 9.3%，而非金融企业股票融资占比仅为 2.9%。

随着资本市场体系的建设和发展，中国金融体系高度依赖间接融资的状况有所改观。从增量上看，中国的金融结构表现出由银行主导型向市场主导型转变的趋势。2002 年实体经济从银行体系融资的规模占社会融资规模的比重高达 95.5%，到 2019 年末，这一比重已经下降到 65.3%；相对应的是，从直接融资市场融资的占比，自 2002 年的 5% 上升至 2019 年末的 32.7%。然而，在直接融资市场上，占比最大的是政府的债券融资，其次是企业的债券融资和股票融资。企业债券融资占比，从 2002 年的 1.8% 上升到 2019 年的 13%。而非金融企业从股市融资的占比，则从 2002 年的 3.1% 下降到 2019 年的 1.3%（图 5）。

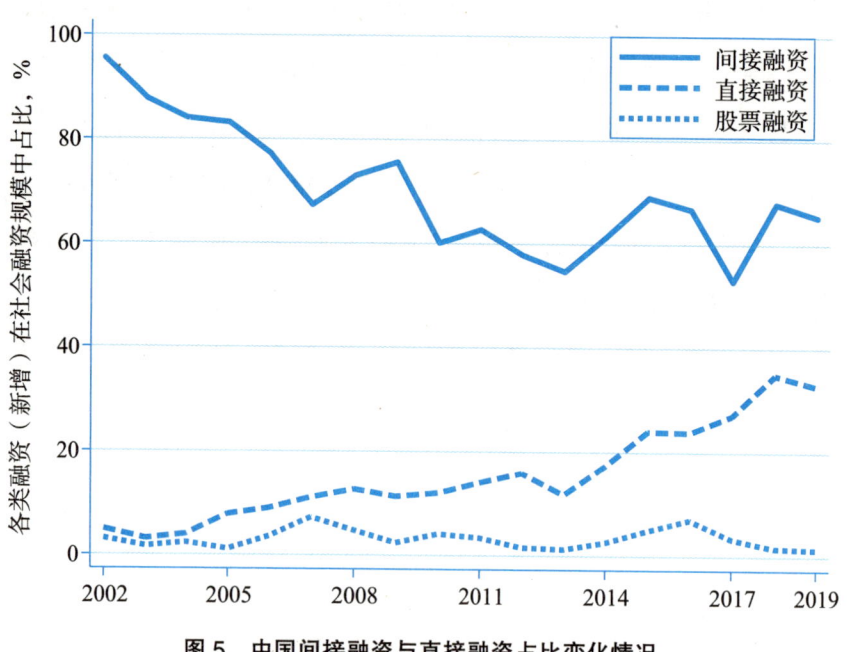

图 5　中国间接融资与直接融资占比变化情况

数据来源：CEIC 数据库，中国人民银行，作者计算

发展资本市场、扩大直接融资可以有效降低中国经济增长对商业银行资金供给的依赖程度，有效分散风险。从国际经济金融发展史看，扩大直接融资是金融深化的必然趋势。为此，在新发展阶段，要想发挥资本市场在支持实体经济、促进创新上的积极作用，股权市场还有非常大的发展空间。

中国的金融体系，也会经常因为宏观调整、产业政策等因素受到政府干预。在银行主导的体系中，当前银行贷款仍然是企业从外部融资的最主要渠道。为了确保向国有企业提供充足的低成本融资支持，民营银行的设立和民营企业上市融资仍需要严格审批。因此，金融抑制在中国的集中表现是，金融体系由国有大型银行主导，资本市场发展相对较为滞后。随着金融市场化改革，全国性大型银行（"四大行"和交通银行）的总资产在银行业总资产中所占比重虽然由2003年的58%下降到2020年的40.2%，但全国性大型银行仍然占据主导地位。同时期的股份制银行和地方性商业银行（包括城商行和农商行）比重分别由10.7%上升至18.1%、由5.4%上升至23.3%。然而，外资银行比重仍保持在1%左右（图6）。多数情况下地方政府和国有企业是城商行和农商行的股东，可以说这种银行业结构更有利于为国有企业提供融资支持。

由于国有企业与政府之间的政治联系，一方面导致金融机构对国有企业的信贷决策并非遵循市场定价；另一方面，政府也可能会对国有企业的融资行为进行直接干预，从而直接扭曲信贷资源配置，造成对私有部门融资的"挤出效应"。因此，金融治理中政府与市场的边界界定并不清晰，这将导致金融资源配置效率降低。信贷资源"过度供给"国有企业的同时对民营企业有效供给不足，也成为经济下行期低效产能过剩、供需结构失衡的重要原因。

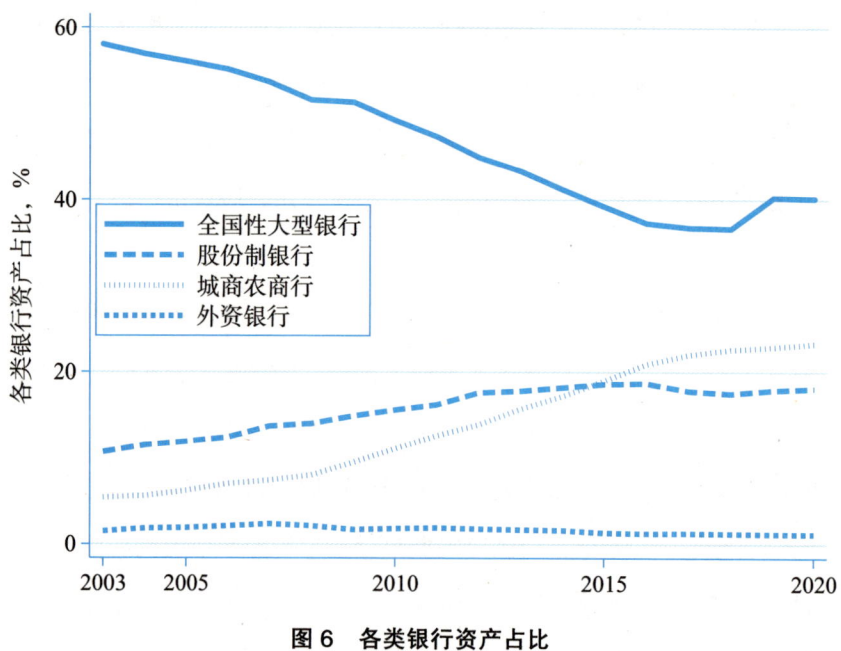

图6 各类银行资产占比

数据来源：CEIC 数据库，作者计算

在金融体系中，不同类型金融机构的话语权和市场地位并不均衡。总体来看，大型金融机构话语权较强，但市场化程度不够；中小微金融机构市场化盈利动机更强，但参与金融治理的能力和话语权偏弱；影子银行、互联网金融业务等是金融有效供给不足情况下推动利率市场化的金融创新，但在监管体系不健全的情况下容易被监管机构以维护金融稳定为由而"一刀切"；行业协会官方色彩仍然偏多，以向主管部门负责为主，对成员的多元利益诉求考虑不够，自律性管理水平有待提高。①

这些事实既有可能破坏金融市场的公平竞争秩序、不利于服务实体经济，也可能由于监管的反应滞后阻碍金融业务创新。目前金融体系面

---

① 黄益平：《强化市场机制 构建现代金融体系——〈2018 径山报告〉综合报告》，《新金融评论》2018 年第 5 期，第 1—30 页。

临的重要问题，是囿于微观机制和融资渠道的缺陷，大量资金滞留在使用效率低、杠杆率过高、会加剧结构性失衡和产能过剩的产业和企业。相反，特别需要支持的一些"三农"、小微、科技、创新企业等国民经济的薄弱环节和重点领域尚未得到充分支持。

造成这一问题的原因主要是金融抑制下，一些借款主体（如一些地方融资平台、国有企业、房地产商）的软预算约束或大而不能倒，对中小金融机构准入限制过严，股票市场融资功能不足等。预算软约束是制约金融机构和企业效率提升的主要因素。预算软约束带来的问题是道德风险，而道德风险则导致金融机构过度冒险、企业的过度投资和对创新的压抑。

金融机构建立严格的财务制度和对资本金的约束，是解决这一问题的有效办法。从企业层面看，大型国有企业在贷款分配中仍占有主导地位，隐性的政府保障扭曲了激励结构，这造成国有企业的融资决策对贷款利率不敏感。相比之下，对贷款利率敏感的民营企业，大部分只能在融资成本较高的民间借贷市场融资，其投资需求受到抑制。因此，这种资源错配影响了经济整体对利率的敏感程度，进一步削弱了数量型货币政策的有效性。由此可见，为提高金融服务实体经济的能力，结构改革与数量改革势在必行，并应当成为下一步改革的重点。

金融机构市场化定价能力涉及存款定价、贷款定价和内部资金转移定价。随着利率市场化进程的深入推进，商业银行在存贷款利率定价机制和内部资金管理方面进行了许多有益的探索，但是，由于存在央行公布的人民币存贷款基准利率与银行间短期市场利率并行的利率体系，且两种利率之间缺乏联动性和相关性，弱化了资金的市场价格从短期向中长期的传导，制约了商业银行内部资金转移定价体系合理配置资源、集中市场风险等功能的发挥，限制了商业银行市场化定价能力的提高。加上政策信号不明确，如银行不确定何时存贷款基准利率会取消，大银行过度接受"稳增长"的政策信号，一些银行还缺乏定价模型，债券市场的流动性和衍生品不足等问题，中国通过债券市场的利率传导效率和通过银行体系的利率传导效率均与美欧等发达国家和经济体存在较大差距。

当下中国多数金融机构通过股份制改造已建立起现代企业制度，尤其是近几年来，银行业和保险业金融机构产权结构基本实现多元化，"三会一层"的公司治理结构已初步形成，但公司治理的内容和质量仍存在明显不足，特别是金控集团、中小银行和保险机构的问题表现较为突出。根据银保监会的数据，2017—2018两年内，共处理金融消费者投诉23.19万件。在整治违法违规金融活动中，共处罚违规经营银行保险机构5969家次，罚没金额56.19亿元，处罚责任人员7217次。被处罚的机构在公司治理方面往往存在缺陷，已成为自身转型升级的短板和阻碍。

中国金融机构公司治理的不足主要表现在：内部治理结构较为复杂，如金控集团存在多重"委托代理"关系，容易出现严重的信息不对称；集团内部交叉持股与任职较为普遍，控股股东利用其支配地位，可将母公司利益置于子公司之上，无视子公司独立法人地位，损害子公司中小股东权益；一些金融机构在股东治理方面存在"一股独大"的现象，股权结构还需进一步实现多元化；"三会一层"边界不清晰、缺乏有效制衡，如监事会未被赋予审计职责难以发挥有效监督职能；信息披露不充分，外部约束较为薄弱，部分企业在高管薪酬、资产风险、关联交易等涉及经营重大事项信息时，并未做到及时、充分、有效披露。

在内控机制不健全、风险管理缺位的情况下，一些金融机构如金控公司的过度创新、跨界创新也会造成子公司的经营风险在控股公司内部快速传染。一些金控公司为获得高收益，其银行、证券、保险等各类金融子公司纷纷涉足影子银行业务，通过交叉嵌套、结构复杂、层层包装的创新工具规避监管，不断加杠杆、拉长融资链条。近几年，互联网金控平台致力于打造的"金融生态圈"，在监管缺失情况下，如果没有合适的风险隔离机制，如仅靠金控平台自律性的内部风险控制，难以规避外部的风险传染。

金融企业内部治理薄弱不仅影响企业自身的经营效率，更重要的是，还会制约金融服务实体经济的质量和水平，引发"脱实向虚"倾向。在经济下行压力下，由于公司治理框架的不完善，会诱使部分金融机构的经营行为极度短期化，盲目追求规模扩张和短期收益，高杠杆和过度风险承担行为盛行，忽视了质量、风险以及长期机制建设。

第三章
金融抑制的动态效果

Dynamic Effects of Financial Repression

Understanding China's Financial System

2016年11月9日下午，北京大学国家发展研究院在朗润园万众楼二楼举办了一场产业政策思辨会，国发院的林毅夫和张维迎两位教授面对面展开了激烈的辩论。如果对两位的观点做一个总结，张教授认为产业政策不能发挥任何积极的作用，而林教授则认为虽然大多数产业政策确实是失败的，但几乎没有一个成功的经济体不实行产业政策，所以作为学者需要深入研究这个问题并提出好的政策建议。三个小时的辩论会，既有冷静、理性的逻辑推理，也有剑拔弩张的言辞交锋。两位教授很好地向现场的几百位听众以及在线的60万听众展示了各自的学术立场，同时也弘扬了国发院和而不同的文化，为学术界理性、坦诚地开展辩论树立了一个好的榜样。

林、张的这场辩论，讨论的是产业政策问题，本质上是20世纪30年代凯恩斯和哈耶克之间辩论的继续。辩论中最根本的问题是政府与市场之间的关系或者说政府在市场中的作用。这个问题其实是现代经济学最本质的话题，几乎在所有的经济领域都存在，金融领域也不例外。过去几十年中国金融体系的演变既是一个从无到有的发展过程，也是一个从计划到市场的转型过程。本书作者多年观察、分析中国金融改革有一个心得，政府对金融体系的干预，即抑制性金融政策的效应是动态的，几乎所有的经济政策既有正面的作用，也有负面的作用。因此，同样的一项政府干预金融的举措，在有的经济体中是以正面效应为主，而在另一些经济体中则是以负面效应为主，甚至在同一个经济体的不同时期，也会显示不同的净效应。这个理念有助于理解抑制性金融政策在中国金融改革期间的动态影响。

一、金融抑制阻碍经济增长了吗?
Financial Repression Inhibit or Facilitate Economic Growth?

改革期间金融政策的演变可以用两点概括,一是金融抑制的程度在不断降低,说明金融市场化的程度确实在不断提高。二是改革的速度比较慢,直到2018年,中国的金融抑制指数在全世界仍然处于较高的水平,这也反映了渐进式改革的特点。令人注目的是,改革期间中国经济实现了快速的经济增长。2010年,中国进入中等偏上收入经济体的行列;也是在同一年,按可比价格计算,中国经济规模超过日本,成为世界第二大经济体。做个简单平均可以发现,从1978年到2019年,中国经济实现了年均9.5%的增长。从全球对比来看,同时期内,高收入国家平均增长2.4%,跟中国处于同等发展水平的中等偏上收入经济体,平均增长4.1%(图1)。没有一个国家或经济体,能在同时期持续这么长时间的快速增长。所以,从这个意义上说改革开放创造了"中国奇迹"并不为过。这起码表明过去的"充满各种问题"的金融体系并没有妨碍中国实现高速增长,当然也没有影响中国维持金融稳定。

但传统的经济增长理论认为,健全的金融体系能够有效地动员储蓄,合理配置稀缺的金融资源,有助于企业家创新,促进经济发展;而受管制、缺乏效率的金融体系则会束缚金融发展,不利于支持创新创业,会阻碍经济增长。这一传统理论的政策含义非常明确:为了促进经济的可持续增长,实施金融抑制政策的发展中国家应该积极推进金融深化,放弃抑制性的金融政策,解除对金融资产价格的不适当管制,实行以市场利率为核心的金融市场化改革。

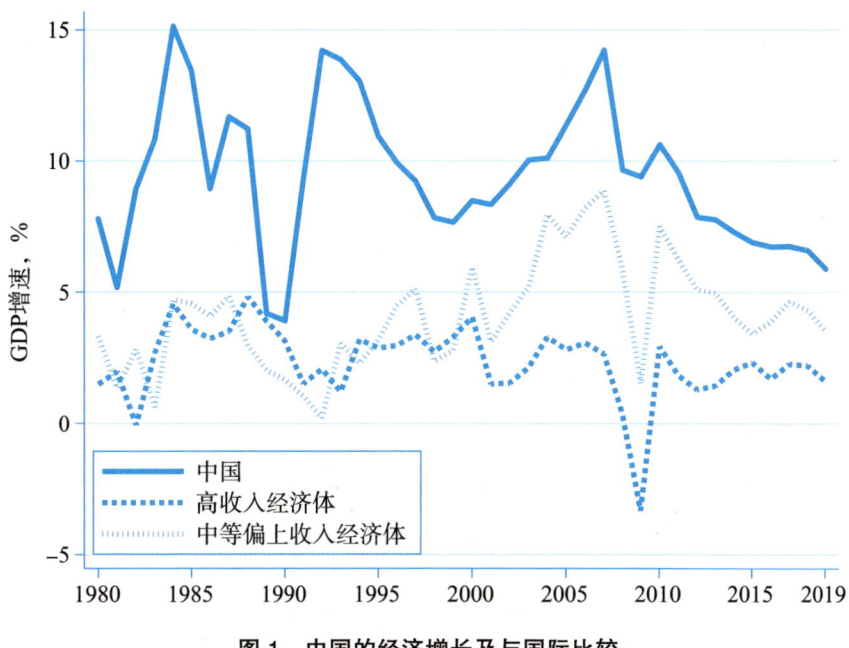

图 1　中国的经济增长及与国际比较

数据来源：世界银行 WDI 数据库，作者计算

如果金融抑制与经济增长是简单的线性关系，那么，在中国的金融体系保持了这么高的金融抑制程度下，又该如何解释改革期间所创造的"经济奇迹"呢？实际上，尝试理解、解释中国实践与传统理论之间这种表面上的矛盾，通过对金融改革展开切合实际的经济学分析，揭示金融改革的"中国故事"所蕴含的基本道理，正是本书最根本的目的。

传统金融理论对金融实践的解释能力不足。20 世纪 70 年代以来一些发展中国家的货币和金融自由化的改革带来了相当严重的经济或金融危机，如 70 年代的阿根廷、智利和乌拉圭，80 年代的菲律宾和土耳其，90 年代的亚洲各国等。诺贝尔经济学奖得主、哥伦比亚大学教授斯蒂格利茨就曾经一针见血地指出，最近几十年来不断出现的金融危机与发展中国家的金融自由化存在密切关系①。因此，需要重新认真地评估金融自由化对新兴市场经济的利弊得失。金融自由化与金融国际化导致金融动荡甚至金融危机，似乎与传统理论不一致。但这并非意味着金融改革不能带来那些预期的益处，比如提高投资回报、降低融资成本、改善风险管理等。但金融改革也可能产生一些副作用，比如金融市场波动、资产价格泡沫、金融结构失衡等。一个国家在实施金融自由化与国际化政策的时候，利益与弊端会同时出现，只是在一些国家是利大于弊，而在另一些国家则是弊大于利。

把这个简单的道理运用到中国的金融改革实践中，再看如何评价改革期间抑制性金融政策的作用：金融抑制究竟是促进了中国的经济成功，还是说只是没有妨碍经济成功？这个问题很重要，因为它不仅关乎如何理解过去，更涉及如何应对未来。就像评价"双轨制"改革一样，有人说中国经济成功是因为市场化，放得好；也有人说是因为保留了计划色彩，管得好。不同的结论会形成不同的政策导向，可能会对金融改革的未来走向产生南辕北辙的效应。

本书作者对金融改革的实证分析表明，改革政策或者金融抑制的作用机制相对复杂，并不能用简单的"放得好"或"管得好"来评判。作者利用改革期间中国的省级数据，分析了金融抑制对经济增长的影响，研究的主要结论是：改革进程中，抑制性的金融政策对经济增长的影响存在由正到负的结构性变化。改革开放前期，也就是20世纪80、90年代，金融抑制对经济增长的影响是正面的，但进入21世纪以后，这个影响发

---

① Stiglitz, J. E., 2000. Capital market liberalization, economic growth and instability, *World Development*, Vol. 28, pp.1075–1086.

生了结构性的变化，金融抑制对经济增长的效应由正面变成了负面[1]。

如果利用这些估算结果做一个简单的反事实测算，也就是说，假定把金融抑制指数降到 0，即彻底消除抑制性金融政策、实现完全的金融市场化，中国的经济增速在不同的时期会发生怎样的变化？结果显示：20 世纪 80 年代中国经济增速会下降 0.8 个百分点，90 年代经济增速会下降 0.3 个百分点，但在 21 世纪的头十年，经济增速反而会提高 0.1 个百分点[2]。这说明，早期的抑制性金融政策能促进经济增长，但后期这种促进作用会转变成遏制作用。所以，现在进一步消除这些抑制性的金融政策，整体的效果是会让中国的经济增长更快一些。

在当前的金融抑制政策中，偏向国有企业的信贷支持政策、资本市场发展限制、利率管制、资本项目管制、频繁调整的准备金政策对经济增长的阻碍效果最明显，这些也应该成为今后金融市场化改革的重要内容。

银行体系向国有部门贷款的比重，对经济增长的影响在 2000 年前后由正变负。这意味着改革开放的前期，国有部门在国民经济中占据主导地位，银行向国有部门贷款即是支持整个经济的增长。近年来，非国有部门在国民经济中的地位和作用越来越重要，非国有部门却始终面临着融资约束。向国有部门贷款比例越多即表明资金配置效率越低。我国金融体系以银行为主导，直接融资市场占比偏低，难以有效满足非国有部门尤其是民营企业研发和创新的融资需求，已成为近十年来阻碍技术进步和经济效率提升的主要因素。

---

[1] Huang Yiping and Wang Xun, 2011. Does Financial Repression Inhibit or Facilitate Economic Growth: A Case Study of China's Reform Experience, *Oxford Bulletin of Economics and Statistics*, 73（6）: 833-855.

[2] Huang Yiping and Ge Tingting, 2019, *Assessing China's financialreform: Changing roles of repressive financial policies,* Cato Journal, Volume 39, No.1(Winter 2019): 65-85.

稳步推进资本账户改革并不意味着全面放开资本账户，应注重在提高效率的同时加强金融稳定。资本账户管制对经济增长的影响在 2000 年之前不显著，而 2000 年之后显著为负。这表明资本管制在经济改革初期并不会显著损害经济增长，而随着经济条件和环境的改善，资本管制逐渐成为产生金融扭曲和金融风险的一个重要原因。大量证据表明我国目前的资本账户管制限制了国内企业和居民利用国际资本市场优化投资收益的能力。因此，在坚定推进资本账户开放的同时，应加快完善跨境资本流动监管，避免因短期资本流动引起金融体系大幅波动。

二、金融抑制的效果为何由正转负？
The Changing Effects of Financial Repression

如何理解抑制性金融政策对经济增长的动态影响？本书作者认为，金融抑制对经济增长的影响取决于经济规模扩张和结构效率损失两方面的净效应。金融抑制通过干预资金配给，支持特定部门或产业的发展，扩大了经济规模。然而，这种干预阻碍了资金及其他生产要素向效率更高的部门流动，扭曲了经济结构，造成了效率损失。

实际上，在理论研究中，确实存在金融抑制对经济增长的正、负两种效应。负面的"麦金农效应"和正面的"斯蒂格利茨效应"。这两种效应是建立在两个竞争性的理论上的。前者的理论基础是罗纳德·麦金农教授和爱德华·肖教授提出的金融深化理论，后者的理论基础是斯蒂格利茨教授及其合作者提出的金融约束理论。

麦金农和肖两位教授是最早开始关注发展中国家普遍存在的金融抑

制现象的学者。① 他们发现，发展中国家的政府普遍实行抑制金融发展的政策，尤其是通过规定存贷款利率和实施通货膨胀人为压低实际利率。其他的金融抑制措施还包括采取信贷配给的方式分配稀缺的信贷资金；对金融机构实施严格的控制，设定较高的法定准备金率；实行资本管制等。人为干预金融体系在很大程度上出于财政动机，即政府希望动用有限的资源积极推动经济发展。但是，人为压低名义利率，造成真实利率不能反映储蓄的稀缺程度，扭曲了资本配置，也削弱了储蓄激励，同时导致银行和货币体系的规模缩小，加剧了银行信贷的配给。

所以，金融深化理论认为，干预或抑制金融体系的措施，并不能有效动员和分配储蓄，结果最终导致金融资源利用效率低下，阻碍金融发展，抑制经济增长。很多学者认同金融抑制政策对效率和增长的负面影响。美国著名的"末日博士"、纽约大学的鲁比尼教授与合作者认为，拉美国家的金融抑制政策在一定程度上造成了这些国家较差的增长绩效。② 澳大利亚国立大学的知名学者麦基宾教授跟合作者的研究发现，金融抑制显著地阻碍了马来西亚的金融发展。③

金融深化理论认为各种金融抑制政策制约了这些国家的经济增长。因此，他们以发达国家的金融体系为参照，提出了金融自由化的政策主张。然而，他们没有深入探讨产生"金融抑制"现象的根源。如果实行

---

① McKinnon, R. I., 1973. *Money and Capital in Economic Development*, The Brookings Institution, Washington DC; Shaw, A. S, 1973. Financial Deepening in Economic Development, Oxford University Press, New York.

② Roubini, N. and Sala-i-Martin, X, 1992. Financial repression and economic growth, *Journal of Development Economics*, Vol. 39, pp.5–30.

③ Ang, J. B. and McKibbin, W.J, 2007. "Financial liberalization, financial sector development and growth: evidence from Malaysia", *Journal of Development Economics*, Vol. 84, pp.215–233.

金融抑制政策是政府由于其他因素而做出的一种内生选择，那么，仅仅改变金融政策并不会消除引起扭曲的根源，单纯的金融自由化改革可能不足以帮助发展中国家摆脱落后面貌。

一些发展中国家并未从本国实际出发，而是简单根据金融深化理论的建议，采取了金融自由化的政策，结果造成了相当严重的经济和金融危机，如20世纪70年代的阿根廷、智利和乌拉圭，80年代的菲律宾和土耳其，90年代末的泰国、印尼和韩国等。针对这些现象，斯蒂格利茨认为不断出现的金融危机与发展中国家的金融自由化存在密切的关系。随着各国金融自由化改革的实践及实际结果的出现，学者们对金融体系的认识也日益加深，尤其是对信息因素在金融体系运行中的重要性有了更为深刻的理解。在此基础上，斯蒂格利茨及其合作者提出了"金融约束"理论[1]。

金融约束理论认为，在金融体系比较落后的经济体中，政府应当在宏观经济稳定尤其通货膨胀率较低等前提条件下，通过存贷款利率控制、市场准入限制等一组金融约束政策为金融部门和生产部门创造获取剩余价值的机会，以缓解金融机构和企业部门由于信息不对称而产生的激励问题，从而推动金融深化和经济发展；政府的这种选择性干预应当是动态的，随着金融深化程度的加深，政府应当逐步放松上述金融约束，以促进经济向市场经济过渡。

综合这两种相互竞争的理论，作者认为，金融抑制对经济增长的影响，在不同的发展阶段效果不同。上述两个效应可能在任何经济体中都同时存

---

[1] Hellmann T., Murdock K., and Stiglitz J., 1997. "Financial restraint: toward a new paradigm", in M. Aoki, H.-K. Kim and M. Okuno-Fujuwara (eds.), *The Role of Government in East Asian Economic Development: Comparative Institutional Analysis*, Clarendon Press, Oxford.

在，只不过在不同的经济体或同一经济体的不同时期，由不同效应占主导：如果市场机制相对健全、监管框架相对成熟，大幅降低金融抑制的程度有利于经济增长与金融稳定；如果金融市场机制、监管框架尚不成熟，完全放开不仅不能带来好处，反而有可能造成灾难性后果。

改革的前二十年，中国通过金融体系的抑制政策，支持了国有企业及工业部门的发展，并为国内创造了稳定的宏观经济环境，促进了经济增长。进入21世纪后，尤其是加入WTO以来，我国融入全球化的进程不断深入和强化，并利用劳动力资源的优势实现了民营部门的较快发展。随着我国市场环境和信息条件的不断成熟，由于金融抑制阻碍了资源从低效部门向高效部门的流动，其造成的效率损失越来越大，超过了经济规模扩大的效果，已经成为显著阻碍经济增长的主要因素。

市场化改革的目的是改善效率，但伴随市场开放而来的还有市场波动和风险增加。例如，很多国家都在开放资本项目，但这经常会带来汇率大起大落和资本大进大出。有的国家有能力承受这样的变化，比如澳大利亚和加拿大，资本大进大出并没有影响金融稳定；而有的新兴市场国家和发展中国家则在资本项目放开以后，很快就发生了严重的金融危机。同样的政策带来的结果不一样，抑制性金融政策的作用机制也是如此。

金融抑制听起来似乎是一个负面的政策安排，但在改革前期却对中国经济增长和金融稳定发挥了正面影响，这可以从两个方面来看：

第一，大多数银行都由国家控制，资金配置和定价也受到政府多方面的干预，这些都会造成效率损失。这样的金融体系把储蓄转化成投资的过程却非常高效，只要有储蓄存到银行，很快就能转化成投资，直接支持经济增长。相反，在一些快速实现金融自由化的国家，因为金融机构与金融市场不能有效运营，不但不能很好地对接资金供需双方，还会容易造成效率损失甚至金融风险。而那些受到政府适度干预的金融体系，虽然确实存在"效率损失"的问题，但资金配置的"有效性"很高，支持低技术的粗放式经济扩张的效果不错，因为技术与市场的不确定性相对较低。

第二，政府干预金融体系，对金融稳定有支持作用。最好的例子是在1997年亚洲金融危机期间，中国银行业的平均不良资产率超过30%，但没有出现挤兑现象，原因就在于政府以国家信用背书，为金融风险兜底。因此，只要政府信用还靠得住，没有人会因为银行资产负债表恶化而去挤兑银行，他们只关心放在银行的存款将来能否拿回来，但这件事情跟银行的不良率关系并不大。这个结论也可以用一个反事实分析来验证，假如中国政府在1978年就完全放开了金融体系，走向彻底的市场化与国际化，过去四十几年会发生什么？比较确定的是，金融体系大概率会发生金融危机。

上述分析并不否认存在抑制性金融政策的"麦金农效应"，只是指出可能同时存在"斯蒂格利茨效应"，而且在一些特定的环境里，"斯蒂格利茨效应"会超过"麦金农效应"。综合起来看，政府对金融体系的适度干预可能是有益的，中国在改革开放的头三十年就处于这样一种状态。关于金融抑制的分析是有一般性意义的。也就是说，任何政策层面的决策都必须考虑客观经济环境，而评估任何政策也必须同时考虑成本和效益两个方面。一些看上去不怎么合理的政策，其实都是有原因的，即便要改变也首先需要充分理解最初设置这些政策的动机。

中国实施抑制性金融政策的初衷，是为了支持"双轨制"改革策略。与此同时，几乎所有政策都同时存在正负两个方面的效应，经济决策往往不是在黑白之间做选择，而是在成本与效益之间做权衡。在相当长的时期内，金融抑制对中国的经济增长与金融稳定发挥了正面影响，所以不应简单地否定。但现在已经产生了负面的影响，也应尽快考虑改变这种抑制性的政策。

作者的量化分析表明，进入21世纪之后，金融抑制对中国的经济增长影响已经从正转负。抑制性金融政策的负面影响，特别是金融效率下降和金融风险上升，在全球金融危机之后表现得越来越突出。导致这个转化最为重要的原因，是中国经济进入了新的发展阶段。2007年全球金融危机的前夜，我国的人均GDP为2600美元，仍然处于中低收入水平。到2019年新冠肺炎疫情暴发前，人均GDP已经超过10000美元，离世界银行确定的高收入经济体的人均GDP门槛只有几步之遥。与收入水平上升同时发生的是成本大幅提高，即低成本优势丧失。低技术的粗放式增长模式难以为继，经济的可持续增长需要更多地依靠技术创新与产业升级。如果不能创新，经济增长就会停滞，这就是所谓的"中等收入陷阱"所描绘的现象。但陷阱既可能发生在中等收入阶段，也可能发生在高收入阶段。事实上，随着经济发展水平的提高，创新的重要性会随之提高，创新的困难度也相应提升。

我国目前这一套"管制多"、银行主导的金融体系在支持创新方面往往显得"力不从心"。创新活动的一个突出特征是很大的不确定性，无论是技术进步，还是产业升级，很难事先划定路线图，即便方向明确，实施过程中也会受很多意想不到因素的影响。这对金融服务提出了非常高的要求，而一个受管制程度较高的金融体系，无论是识别风险的能力还是承受风险的能力，都会有一定的欠缺。同样，商业银行在支持创新方面也存在不足。作为重要的金融中介，银行通常不能参与风险很高的业务，分析技术与市场风险的能力也不强，起码相对于资本市场与直接融资而言是如此。这应该是全球金融危机以来，我国的金融效率持续下降的一个重要原因。

另外，如果说过去政府兜底有利于银行稳定，那么现在可能已经变成一个风险因素。长期实行政府兜底的做法，已经造成政府信用的透支。无论是政府的负债，还是地方融资平台的杠杆，甚至国有企业的借贷，背后的主要支撑就是政府信用。2020年，政府负债规模已经达到GDP的174%，这还没有包括地方平台与国有企业的负债。如果经济、金融形势平稳，高杠杆率也许可以持续。但一旦市场出现风吹草动，政府信用很可能兜不住。同时，过去十年来，"管制多"也催生了不少"金融创新"，比如影子银行和数字金融。有些创新能够提高金融效率，另一些则纯粹是利用监管套利。这些创新业务的繁荣也导致了新的金融风险，一是因为政府不愿意也没能力为这些业务兜底，二是监管也没有做到全覆盖。这就造成了最近几年金融风险层出不穷的现象。

三、金融抑制下结构失衡不断凸显
The Shaping of Structural Imbalances under Financial Repression

除了效率下降与风险上升，结构失衡也是当前的金融体系难以更有效服务实体经济的一个重要表现。过去采取的抑制性金融政策，很好地配合了实体经济领域国有企业和民营企业的"双轨制"改革，实现了快速的经济增长。不过，这种快速的经济增长，是在长期扭曲资源配置的基础上取得的，日积月累自然会产生巨大的代价。事实上，经济高速增长的同时，也出现了不同程度的结构失衡问题，这些问题不断积累，逐渐构成了影响宏观经济稳定、制约长期增长潜力的因素。

经济发展初期，为确保有限的资金支持行业和部门的发展，防止资本外流，政府采取金融抑制的政策，有利于避免外部经济波动对国内经济的冲击，增强了宏观经济的稳定性。然而，随着市场经济的发展，扭曲的要素价格下，资产被错误定价，资源被错配到效率相对较低的部门。要素价格扭曲和资源长期错配，会导致经济中制造业占比过高，经常项目顺差快速积累，收入差距拉大。

产业结构失衡

金融抑制会通过抑制服务业而导致工业部门比重偏高，阻碍正常的经济结构转型[①]。出于发展经济和政治的考虑，发展中国家一般倾向于通过优先发展资本密集型的工业部门（制造业）实现经济增长。而外汇和资金稀缺是困扰经济发展的主要问题。一方面，为实现工业体系的确立和发展，政府需要通过抑制服务业（尤其是金融业）的发展，将有限金融资源分配到工业部门以支持其发展。另一方面，随着一国的对外贸易开放，作为贸易品部门的制造业产品的需求不断增加，制造业有扩张的需求。为吸引外资和技术，政府也往往对流入制造业的外商直接投资（FDI）给予资金、税收、土地等方面的优惠。

因此，政府自然有动机采取金融抑制的政策，一方面通过抑制服务业（尤其是金融业）的发展，将有限的金融资源分配给制造业，以实现吸引外资和促进经济增长的目的。另一方面，在市场化改革进程中，国有企业逐渐聚集在上游产业，而制造业中的民营企业主要集中在下游产业参与国际贸易。采取金融抑制的政策，可以以较低的融资成本向在市场经济条件

---

① 王勋、Anders Johansson：《金融抑制与经济结构转型》，《经济研究》，2013年第1期，第54—67页。

下效率较低的国有部门提供信贷支持，获得更高的企业利润。

经济发展的经验表明，发达国家的结构转型具有类似的路径：农业部门在经济中的比例逐渐下降，工业部门在经济中的比例先上升后下降，服务业的比例会逐渐上升。这样的结构变化也反映了产业之间的内在关系。随着收入水平的提高，人们花在食品上的支出比例会不断下降。农业部门为工业部门提供了基础原材料，附加值更高的工业部门发展更快，农业部门在经济中的占比自然会往下走。工业部门的快速发展，自然对服务业产生了巨大需求，如需要金融业为工业部门投资提供融资支持，需要教育提供人力资源支持，需要科学研究提供技术支持，需要物流和运输产业将工业部门生产的产品运送到世界各地，等等。因此，信息化时代，服务业的占比会不断上升并最终超过工业部门。

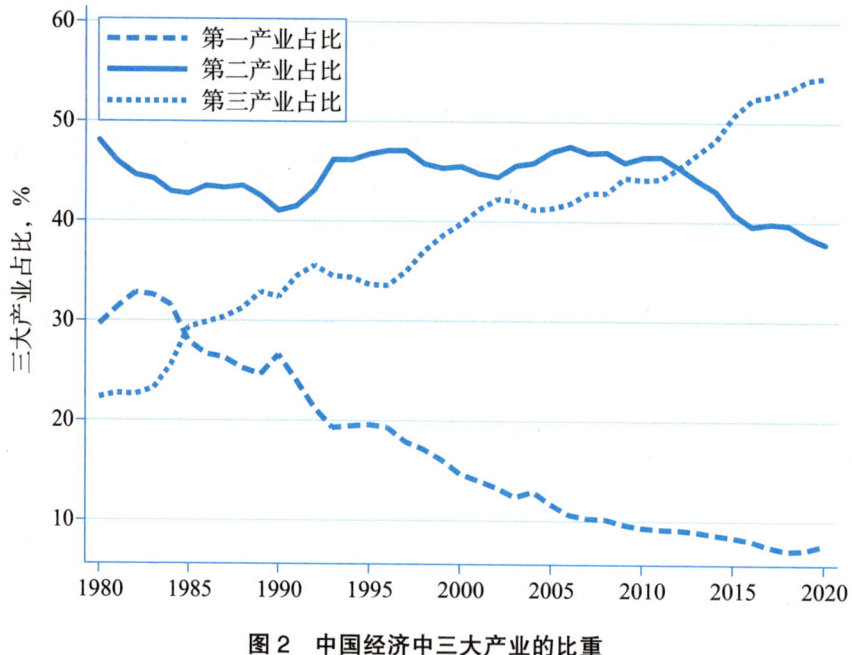

图2 中国经济中三大产业的比重

数据来源：CEIC数据库，作者计算

图 2 显示了中国产业结构在改革期间的动态变化。农业在经济中的占比不断下降，2020 年已经下降至 7.6%。2012 年之前，第二产业比重并没有明显的下降趋势，长期稳定在 45% 左右。改革期间一个比较明显的变化是，第三产业的占比不断上升，2012 年第三产业比重超过第二产业，到 2020 年已经达到 54.5%。不过，与国际比较，第二产业比重长期稳定，导致服务业占比长期偏低，不但远低于发达国家的水平，也低于世界平均水平。因此，放松金融管制，不断推进金融自由化改革，可以使更多资源流入服务业，提高服务业比重，从而有利于产业结构转型，增加经济效率。

外部失衡

如果看外部账户，可以发现在四十几年的改革开放过程中，中国只有在 1985 年、1986 年、1988 年、1989 年和 1993 年出现过经常账户赤字。中国的经济体系可能确实容易产生经常项目盈余。不过，改革的前二十年，盈余占 GDP 的比例还比较小。加入 WTO 后，尤其是 2003 年至 2008 年，经常项目盈余从 459 亿美元增加至 4261 亿美元，增幅超过 800%。经常项目盈余占 GDP 的比例，也从 2003 年的 2.6% 一路上升至 2007 年的 9.9%，金融危机后各国开始进行结构调整，中国经常项目盈余占 GDP 的比例从 2008 年的 9.1% 下降为 2019 年的 0.7%（图 3）。

在这期间，中国的经常账户盈余以及 GDP 的高速增长成了国际经济政策讨论的焦点。一些西方政治家指责，中国经常项目盈余的不断扩大，恶化了中国与存在巨额经常账户赤字的经济体特别是美国的贸易关系，而中国的巨额经常账户盈余源于人民币汇率低估。这种指责的主要目的是要求人民币升值，认为人民币升值可以解决贸易失衡问题。

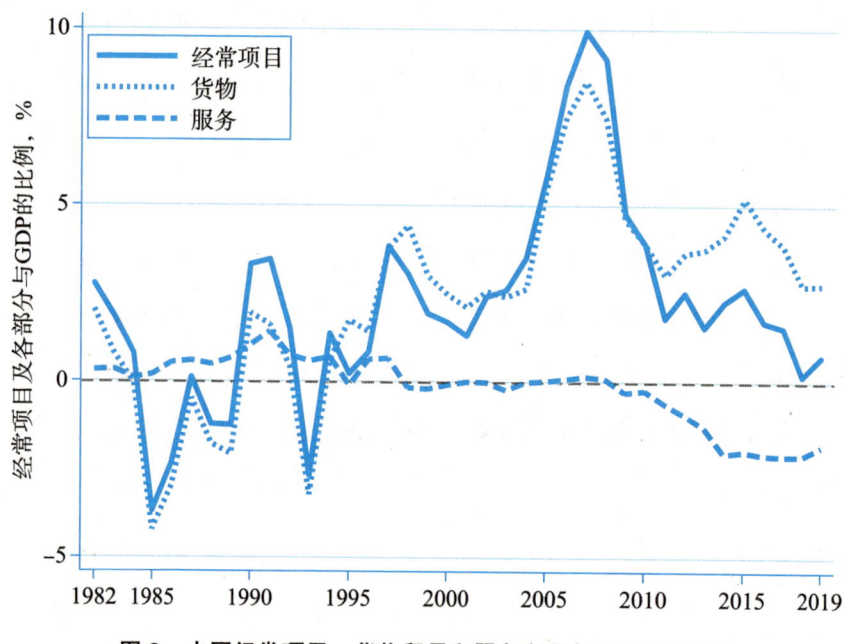

图3 中国经常项目、货物贸易和服务贸易与GDP的比例

数据来源：CEIC数据库，作者计算

国际经济和金融领域两位著名的经济学家，一位是IMF的前首席经济学家奥伯斯特菲尔德，另一位是哈佛大学的教授罗格夫，也曾撰文指出，全球失衡与全球金融危机密切相关，并认为中国的出口和巨额经常账户盈余既刺激了高增长，也增强了目标市场的保护主义情绪。

与此同时，中国的学界和政策界也都对这段快速增长时期产生的外部失衡表示担心。有不少学者提出了失衡扩大对中国有诸多不利的影响，比如，认为持续的经常账户盈余意味着中国作为低收入经济体在向富裕国家输出资本；增加的外部盈余恶化了中国与其主要贸易伙伴的贸易关系；快速增加的外汇储备使中国在面对美元调整时显得很脆弱。

中国的经常项目中，并不是所有的项目都是持续盈余。经常项目盈余主要是商品贸易盈余主导的。1994年后，商品贸易盈余不断扩大。

2009 年之后，商品贸易盈余持续高于经常项目总盈余，而服务贸易持续保持逆差并且逆差不断扩大。更有趣的，加入 WTO 后至全球金融危机前，商品贸易盈余中，加工贸易贡献了 100% 的盈余。一般贸易则在这段时间保持了基本平衡。加工贸易主要基于中国的成本优势，特别是劳动力成本优势。2010 年后，中国盈余的人口红利逐渐消失，劳动力成本不断上升，但商品贸易盈余并没有随之快速萎缩，这在一定程度上说明，在结构转型的过程中，中国的产业在不断升级，出口商品的附加值在不断提升。

服务贸易是经常账户中很重要的内容，尤其是技术密集型的现代服务业已经成为国家竞争力的重要体现。中国的服务贸易赤字在过去 10 年中持续增长。服务贸易数据的细分同样揭示着不同故事。近十年来，出国旅游和运输、知识产权使用、保险和养老金服务等，构成了服务贸易赤字的主要部分。这一方面反映了中国收入水平的提高，另一方面反映了经济进入新阶段后，专有技术在经济中越来越重要，人口老龄化也增加了居民对高质量金融服务的需求。

对中国经常账户盈余持续增长原因的解释可以归为以下几大类：统计错误、储蓄和投资缺口、人口转移、工业迁移、经济刺激政策的副产品、汇率扭曲。作者认为，改革期间，产品和要素的不对称市场化，是中国巨额经常账户盈余形成更为根本性的原因[1]。该理论最初的形成是作者试图解释中国改革期间独特的宏观经济现象：经济快速增长和结构性风险恶化并存。

---

[1] Huang Yiping and Tao Kunyu, 2010. Factor market distortion and the current account surplus in China, Asian Economic Papers, 9（3）: 1-36.

如前面提到的，在改革期间，中国政府关注产品市场改革，包括取消国内市场的政策干预，推行商品和服务贸易的自由化。如今，95%以上的产品价格由市场决定。相反，资本、劳动力、土地、能源和环境等要素市场高度扭曲。比如，利率体系被严格管制，土地价格由政府决定，许多农民工受户口限制未能享受工作地的社会福利。这些扭曲通常会挤压要素价格。因此，生产成本会低于市场环境下的水平。这些成本扭曲相当于生产和投资补贴，人为地增加了生产利润、提高了投资回报。由于资本、劳动力、土地和能源都很便宜，在中国境内的投资具有非常大的吸引力。生产者获得了在其他国家得不到的额外利润。[1]

毫无疑问，中国出口、投资和生产强劲增长的根本原因是改革和开放政策。但成本扭曲，或变相的补助，更进一步地提升了厂商的利润、投资者的回报，以及中国产品在国际上的竞争力。也许这就是中国投资和生产在改革期间，特别是加入WTO后到全球金融危机之前，异常强劲的原因。

同时，这种成本扭曲同样相当于对这些要素的所有者——主要是家庭部门征税，从而减少了家庭收入、压抑了消费支出。刺激投资和压抑消费导致内外部需求失衡。低的要素价格同样导致工业结构出现扭曲，如资本成本过低会导致重工业部门规模过大，增加浪费，导致低效率。

因此，可以比较容易地理解，要素市场的扭曲造成了反常的巨额外部失衡，特别是巨额贸易盈余和经常账户盈余。成本扭曲增加了出口商的利润和在国际市场中的出口竞争力。压抑的消费同样扩大了储蓄和收

---

[1] Huang Yiping, Wang Bijun. Cost distortions and structural imbalances in China [J]. China & World Economy, 2010, 18（4）: 1–17.

入缺口，从而进一步刺激外部盈余。①

收入分配差距拉大

中国不对称的市场化改革，在放开产品市场的同时仍然保持着对要素市场的管制，实际上造成了农业部门补贴工业部门，家庭部门补贴企业和政府部门的具体情况。尤其是劳动力市场的管制，导致城乡居民可支配收入的差距拉大；金融体系中对信贷资源定价和配置的管制，则导致不同性质的企业利润差距拉大。

进入 21 世纪以来，我国在融入全球化的进程中出口得以迅猛增长。利用劳动力成本优势，以民营企业为主的制造业在其中发挥了重要作用。外部需求的扩张提高了民营企业扩大生产能力的投资意愿。然而，由于现行金融体系中存在金融抑制，民营企业难以从外部获得资金支持。因此，要进行投资只能依靠以增加储蓄为主的内源性融资。同时，金融投资渠道较为单一，加上社会保障体系不完善，居民审慎性储蓄较高，降低了消费意愿。这些情况一方面造成了全球金融危机前我国经常账户顺差快速积累，外部失衡不断加剧。另一方面，金融抑制使国有企业垄断利润较高，而民营中小企业必须为投资增加储蓄，导致不同类型企业的员工收入差距拉大，也在一定程度上扩大了收入的不平等程度。②

---

① Wang Xun, 2020. Financial sector policies and Current account imbalances: cross country evidence, *Journal of the Asia Pacific Economy*. Vol.25, No.4, 757–782.

② Anders Johansson, Wang Xun, 2014. Financial Sector Policies and Income Inequality, *China Economic Review*. 31: 367–378.

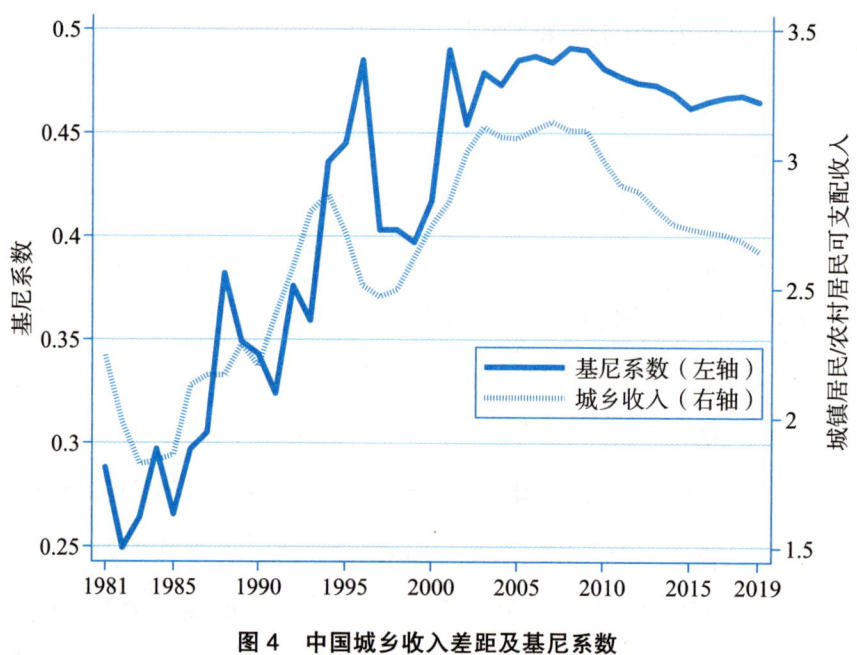

图 4 中国城乡收入差距及基尼系数

数据来源：中国统计年鉴，中经网统计数据库

可以用基尼系数和城乡收入差距来反映改革期间中国的收入不平等情况。如图 4，改革开放后的三十年，经济快速增长的同时，基尼系数在不断上升，城乡居民可支配收入的差距也在不断扩大。2010 年以后，基尼系数和城乡收入差距才开始呈现下降趋势。国际上一般将 0.4 的基尼系数作为收入差距的警戒线。超过 0.4，意味着收入分配不均的程度较大，需要采取措施改善收入分配。1994 年后，我国的基尼系数一直保持在 0.4 以上，虽然 2010 年后开始缓慢下降，但目前仍在 0.465 的水平，说明促进要素合理流动，改善收入分配的任务仍然比较艰巨。现阶段，推进金融自由化改革，有利于金融资源更多支持中小企业的发展，解决中小企业融资难等问题，从而缓解社会矛盾、减少贫困、改善收入分配。

四、新发展阶段呼唤金融模式转型
New Development Stage Needing Financial Transformation

全球金融危机后,我国经济逐渐由高速增长转向中高速增长的新阶段。GDP增速从2010年的10.6%逐渐下降到2019年的6%。与过去的发展相比,未来中国经济的发展将面临一系列新的挑战:随着收入大幅提高,成本也水涨船高,增长模式必须从"要素投入型"转向"创新驱动型";中国正在快速进入老龄化时代,人口红利逐渐消失,据估算未来三十年劳动年龄人口可能会减少1.7亿人,老年抚养比可能将从2020年的17%上升到46%;目前的逆全球化趋势意味着未来中国很难再像过去一样依靠外部市场持续支持经济增长。除此之外,还需要应对其他一些重要的挑战,比如高杠杆率、收入不平等以及环境问题。

未来中国经济能否实现可持续增长,很大程度上取决于能否有效地应对上面的这些新挑战。出路只有一条,就是实现高质量的发展。实现经济高质量发展是一项复杂的系统工程,最根本的决定因素应该是经济的创新能力。在低成本优势丧失之后,唯有通过创新,不断推动产业升级换代,提高生产率,经济才能可持续、高质量地增长。

经济创新,包括技术、产品、业态和模式的创新,是中国经济面临的新挑战,也是保证经济可持续增长的重要支柱。近年来,中国越来越重视研发投入。根据世界银行的数据,1996年至2017年,中国的研发投入占GDP的比例,从0.56%上升到2.12%。但是与美国、日本等创新大国相比,中国的研发投入还存在明显的差距。研发支出占GDP的比例,低于美国0.7个百分点,低于日本1.1个百分点。

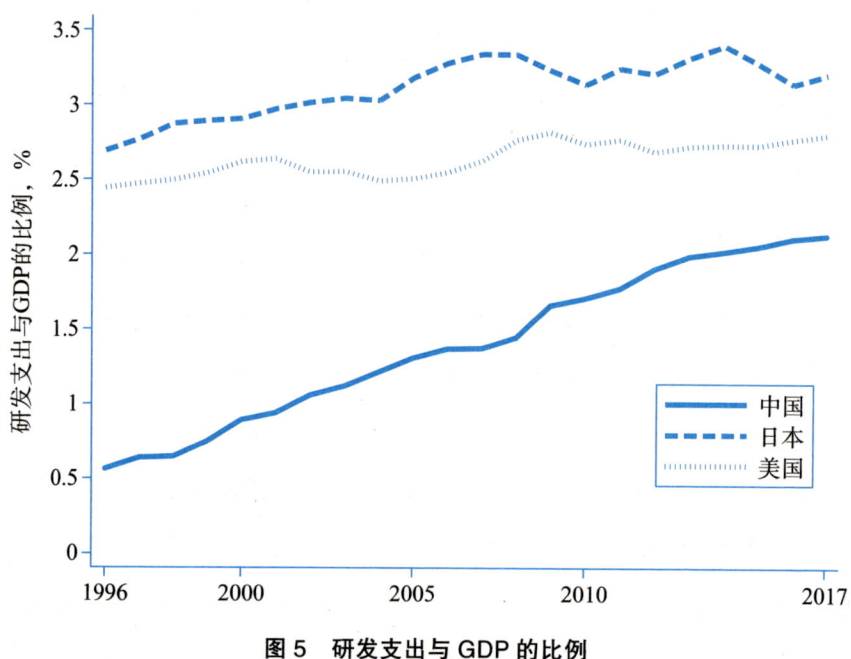

图 5　研发支出与 GDP 的比例

数据来源：世界银行 WDI 数据库，作者计算

这表明，过去中国的金融体系主要是支持固定资本投资，这也是中国金融结构的优势。不过，要让金融体系从支持固定的有形投资转向支持无形的研发投资，需要金融模式的创新。经济创新呼唤金融创新，这是实现经济高质量发展的必要前提。经济创新的本质特征是周期长、不确定性大、失败率高，这与大多数金融投资要求短期化的低风险、高回报之间存在一定的矛盾。金融创新就需要尽可能地克服这个矛盾。

当下，中国经济中各种金融创新已经在层出不穷地涌现，但效果很不一样。判断什么是好的金融创新，具体可以看两个例子。

第一个例子是金融衍生品，包括远期合约、期货期权、资产证券化等。1972 年以后金融衍生品市场大规模发展，原因是布雷顿森林体系的解体，世界各国逐步走向浮动汇率体制。而金融衍生品作为应对市场波动的金融创新工具，首要目的就是帮助避险。但这种金融工具究竟是好的金融创新，还是坏的金融创新，不能一概而论。比如资产证券化，小额贷款公司通过资产证券化开拓融资渠道，支持小微企业发展，是普惠金融发展的重要渠道，可以认为是一种正面的金融工具。但引发美国金融危机的"次贷"，即"次级住房抵押贷款"，也是一种资产证券化产品，它使本不应该获得银行按揭贷款的高风险潜在客户拿到了按揭贷款，并且隐藏了其中存在的风险，这种金融工具具有很大风险并存在严重的后遗症。

第二个例子是数字金融，或者称互联网金融。数字金融的基本特征是用数字技术来支持金融决策与金融交易。数字技术包括有场景的移动终端和大数据分析。前者如淘宝、微信、京东，这些平台移动终端通过"场景"吸附客户的成本，比传统金融机构获客成本低很多；大数据分析可以解决部分风控问题，因为金融交易最大的问题在于信息不对称所带来的逆向选择或者道德风险，而基于人们行为的大数据风险评估，则可以帮助金融决策。数字金融可以解决很多传统金融模式解决不了的问题，但是它也有好的和不好的两个方面。好的方面，最典型的例子是移动支付，如支付宝、微信这样的移动支付工具已经进入经济活动的各个领域，便利了生活、提高了效率。但从不好的方面看，数字金融也会带来各种风险，特别是如果风控缺失，金融监管不到位，就可能演变为非法集资或者庞氏骗局。比如2018年特别火的现金贷，有的就出现了问题。

好的金融创新至少需要同时满足两个条件。第一是能够满足实体经济的合理需求。这里特别强调了合理需求，即不是所有对金融服务的需求都是合理的。举例来说，"次贷"就不是好的金融创新，因为它刺激了不合理的贷款需求，这样风险迟早会暴露；同样的道理，一些现金贷产品将钱贷给了没有偿还能力的个人，这些借款人无职业、无资产、无收入，这种金融需求就超出了合理的范围。第二是风险可控。风险控制是金融交易的核心，如果不能有效控制风险就会很危险。比如前述的"次贷"和现金贷。并不是说这样的产品一定不好，但前提必须是风险可控。一些网络借贷平台没有风控的能力，不仅自身存在极大风险，也破坏了整个金融市场的纪律。这种行为如果泛滥，甚至会对整个金融体系造成冲击。

结合当前实现经济高质量发展的需要，金融支持技术创新应该考虑从以下三个方面入手：第一，资本要有足够的耐心。目前银行的信贷资金以一年期为主，很少有超过三年的，很多固定资产项目的融资都是分拆成几个阶段落实的。最近一二十年发展起来的各种投资基金像天使基金、创投基金、私募基金和产业引导基金等，在这方面有很大改善，但急功近利、立竿见影的偏好依然十分明显。融资期限虽然只是一个时间问题，但期限太短，必然会牵扯企业家很多精力，甚至造成生产经营风险。如果一个企业整天被债权人、投资人追着要回报，如何还能安心从事创新活动？

第二，风险管理要适应创新的特点。金融交易最大的困难就是信息不对称，所以金融服务的基本门槛就是风险评估的能力，无论对银行、保险这样的间接融资渠道，还是对股票、债券这样的直接融资渠道，都是一样的。过去几十年，中国这个看上去比较"非典型"的金融体系能够有效地支持经济增长，就是因为其风控体系能够适应当时经济发展的方式，首先看财务数据，不行再要求抵押资产，再不行还有政府兜底。然而，评估创新企业的风险就存在两个层面的困难：一方面，大多数创新企业都是中小企业、民营企业，它们往往既没有完整规范的财务数据，也缺乏抵押资产；另一方面，创新活动天生具有很大的不确定性。因此，判断这样的企业的风险需要新的评估方法，比如充分利用非财务数据即各种软信息，同时需要专业化的知识判断创新活动的机会与风险。

第三，要在明晰责任的前提下容忍失败。创新的不确定性大，失败率高，金融服务要接受这个现实。目前商业银行对不良贷款的容忍度很低，甚至实行终身负责制，这样很多银行就很难支持创新活动。提高对失败的容忍度，可以考虑从三个层面入手：一是尽量冒有把握的风险。当然，"有把握"也只是相对于"盲目"而言，但起码要知道风险在哪、有什么后果。二是接受失败。对于商业银行，意味着对不良贷款的容忍度需要提高，对于投资基金，意味其也要接受有不成功的项目。三是金融服务成本要覆盖风险。容忍失败的前提是责任要清晰、总回报要有保障。对于投资基金，只要大部分投资项目获得高回报，个别项目失败不是问题。对于商业银行，必须实行市场化的风险定价，行政性地强制要求银行压低对创新型企业的融资成本，这实际是违背金融规律的。

诺贝尔经济学奖获得者、英国著名经济学家希克斯曾说过一句话，"工业革命不得不等待金融革命"。原因是蒸汽机技术在工业革命几十年之前就已经成熟，但直到获得足够的金融支持，有大量的成本比较合理的资金投入其中，蒸汽机才真正变成了纺织业、铁路和航运的动力。因此，金融在推动工业革命当中的作用不可低估。

如果说金融体系在促进投资、支持扩大再生产方面发挥着重要作用，那么，金融体系在支持创新中，更是发挥着不可替代的作用。与机器设备、厂房建筑等实物资产不同，创新的产出是新知识，且具有周期长、不确定性大和失败率高的显著特点。新的颠覆性创新，需要经过漫长、艰苦的实验和试错。创新也具有较大偶然性，创新的成果可能不是最初设定的研发目标，成功在望的设计可能隐藏着巨大的风险，而漫不经心的失误可能带来意想不到的成功。由于研发和创新的长期性和不确定性，企业难以依赖自有资金，需要金融体系提供长期有耐心的外部资金支持研发与创新。

虽然金融体系在支持研发与创新中至关重要，但是不同类型的金融市场在支持研发与创新上，又存在明显的差别。信贷市场和股权市场最主要的区别，在于其对抵押品的要求和对信息的处理上。由于信贷市场提供的是债务合同，为减少债务人违约对银行造成的损失，银行在提供信贷支持时会对债务人有抵押品要求。同时又由于是债务合同，银行获得的收益往往是相对固定的，无法分享债务人研发成功所带来的巨额回报。

创新性的企业多是规模较小、资产较轻、成立时间较短的小企业。由于创新性企业可抵押的有形资产少，记录的财务数据短，现金流通常不稳定，且规模有限，研发投资具有较大不确定性，难以满足银行抵押品和现金流要求。

相对的，股权市场可能在支持创新上更有优势。一是企业在股权市场上融资并没有抵押品要求，股权市场的投资者作为股东，可以按股份比例分享研发成功的收益。相比银行贷款，企业在股权市场融资，也不会增加企业出现财务困境的可能。二是在支持创新方面，股权市场处理信息的功能更加有用。在理性预期假设下，股权市场的一个独特的优势在于，均衡价格有助于投资者从中识别并剥离相关但虚假的信息。三是股权市场中的均衡价格具有反馈效应，可以帮助企业管理者利用有价值的信息进行投资决策。

一些实证研究也表明，股权市场更有利于支持创新，尤其会促进外部融资依赖更高的行业创新，而以银行为主的信贷市场反而会阻碍创新。① 然而，一个典型的事实是，过去几十年中，即使是在由银行主导的金融体系中，也有不少国家的创新走在了世界前列。比较有名的，就是日本和德国。日本和德国的企业，在美国专利局被授予的专利数，明显高于其他国家。在过去10年间，中国发明的专利数也实现了较快的增长。

因此，作者认为，不同类型的金融市场，可能在支持不同类型的创新方面，存在各自的比较优势。简单来说，创新可以分为根本性的创新和渐进式的创新。根本性的创新是指发明颠覆性的技术，生产出全新的产品。而渐进式的创新是指在原有产品和技术基础上进行的边际性的改善。由于是在原有产品和技术上进行改进，风险相对较低，所以，如果企业从事渐进式的创新，可能更容易得到银行的信贷支持。而旨在发明新技术和新产品的根本性的创新，更可能在股权市场更发达的金融体系中得到支持。举个例子，现实中，股权市场发达的美国，更容易出现如航天、苹果、特斯拉等新技术和新产品；而金融体系以银行主导的德国和日本，虽然推出全新技术和产品的可能性小些，但是更容易把现有的产品和技术推向精细化。②

五、商业银行与资本市场支持创新的不同特点
Heterogeneous Effects of Credit Markets and Equity Markets in Supporting Innovation

我国的金融体系中，国有大型银行占据着主导地位。这意味着在相

---

① Brown, J. R., Martinsson, G., Petersen, B. C., 2013. Law, stock markets, and innovation. Journal of Finance 68, 1517–1549; Hsu, P. H., Tian, X., Xu, Y., 2014. Financial development and innovation: cross-country evidence. Journal of Financial Economics 112, 116–135.

② Wang Xun, 2021. Credit Markets, Stock Markets and Heterogeneous Innovations, Unpublished Working Paper.

Understanding China's Financial System
读懂中国金融

当长的一段时期内,资本市场在中国金融体系中占主导地位的可能性不太大。那么,将来服务于经济发展包括创新活动的金融体系,恐怕还是要更多地依靠间接融资渠道,特别是商业银行。经济增长从要素投入型转向创新驱动型,意味着未来高端制造业、战略性新兴产业和现代服务业会变得越来越重要。

相比较而言,商业银行在支持不确定性大、投资周期长且缺乏财务数据、缺乏抵押资产的创新活动方面存在明显的短板。中国一些特殊的政策因素,比如利率管制和对不良贷款率的低容忍度,都会进一步放大这种困难。另外,如果看一些金融结构与中国类似的高收入经济体,比如德国、日本、法国和意大利等,这些国家已经离国际经济技术前沿非常近。这些国家虽然不像美国那么善于推出根本性、颠覆性的创新技术,但这些国家在新技术的精细化方面是有其比较优势的,这也说明这样的金融结构同样成功地支持了创新与产业升级。

美国、欧盟、日本等发达国家和地区的商业银行在服务创新企业与小微企业方面积累了不少好的经验,值得我们认真学习、借鉴。① 具体的措施很多,归纳起来大概有三个方面:一是营造有利于为创投企业、中小企业提供金融服务的良好环境。很多企业不能便利地获得商业银行的融资服务,是因为它们无法达到商业银行信用评估与风险控制的基本门槛,政府可以采取一些措施弥补这些企业的不足,改善它们的融资环境。美国于1953年成立了专门的政策性金融机构——小企业管理局,主要提供担保帮助小企业获得商业贷款。政府还出台了许多市场化的激励手段,引导银行加强对中小企业的金融支持。欧盟国家则在法律基础上形成了

---

① 黄益平:《以金融创新支持经济高质量发展》,新金融评论,2019年第4期,第1—33页。

对中小企业提供金融支持的完整体系，通过加强银政合作，为政府支持的中小企业融资计划提供金融支持。

二是建立起银行与企业长期稳定的关系，注重加强信息的收集、处理与应用能力。日本"主办银行制"的核心是鼓励和倡导企业和一家主办银行保持合作，以便增加银行对企业的信任，降低信息不对称的问题，在放贷时不再拘泥于抵押和担保，从而有效降低融资成本。目前，日本大企业融资多元化，与主办银行关系弱化，但中小企业仍然倾向于与当地的银行保持密切关系。日本一些大型银行也纷纷将目光转向初创期、有前景的中小企业。同样，美国商业银行针对中小企业的贷款也呈现出明显的关系型融资特点。比如，社区银行成为中小企业贷款的主要渠道。

三是用科技手段革新银行服务中小企业的专业能力。欧盟大力推进开放银行的实践，要求商业银行对第三方支付服务商开放用户账户信息权限，提供全部必要的接口权限。美国商业银行则更多地利用发达的信息技术，通过人与系统的配合，不断优化中小企业融资的业务开发与风控。如富国银行，在服务前端重视网银、手机银行等新兴服务渠道的建设，建立专门面向中小企业的服务网站，推出"创业—经营—扩张—商业计划—信贷"的服务链条。在后台管理中建立了内部数据库，对长期积累的小企业客户信息进行大数据分析，为快速高效的授信决策提供支持。

中国的商业银行在支持经济高质量发展方面确实存在一些明显的短板。第一，银行体系的独特结构导致了金融供给与需求的严重不匹配，而且竞争激烈与服务不足并存。虽然中国银行业机构数量庞大，物理网点更是多如繁星，但大银行无论在网点还是在资产方面的占比都非常高，而且银行业务的同质化倾向非常明显，都想把规模做大，都是多元化业务，都想贷款给大户，也都紧盯公司大户和个人高端客户，而科技企业、小微企业、普通居民融资难的问题始终无法得到有效解决。

第二，银行的信贷审批模式与新兴产业、小微企业特点不匹配。商业银行过于重视抵押物的作用，高新技术企业、服务型企业、小微和民营企业等经营主体而言，专利技术、知识产权等"软"无形资产价值较高，"硬"固定资产占比相对较少。无形资产的认定和估值难度较大，致使轻资产企业的融资需求与商业银行重实物的业务方式难以契合。另外，基层信贷员对普惠客户普遍存在"不愿贷、不能贷、不会贷"的思想，依靠大数据控制信贷风险的能力也不足。

第三，银行的信贷供给能力跟不上实体经济的融资需求。我国商业银行资产质量压力不断增大，新增不良贷款维持高位，冲销过程十分缓慢，约束了商业银行支持实体经济的能力。近几年来监管部门着力整治影子银行，迫使一部分表外业务"回表"，但很多商业银行缺乏持续、有效的补充资本金的方式，信贷业务也没法扩张。

不过，最近几年来，随着实体经济的需求变化和政府政策的引导支持，商业银行也在不断改变经营理念、创新服务模式。2017年以来，国内主要商业银行都成立了普惠金融事业部，遵循商业可持续的原则，转变过去在"三农"和小微领域的经营理念和模式。一些银行设立了专门支持创新活动的组织架构，比如科技支行。还有的银行开始提供包括在线会计和报税、在线进存销和订单管理、在线融资等一系列供应链金融服务。历来一直支持科创企业的投贷联动业务也发展出多种模式：一是商业银行与外部风投机构合作，二是商业银行参控股权投资子公司，三是商业银行与其他机构共同发起成立股权投资基金，再凭借股权投资基金平台对外进行股权类投资。

在信贷业务方面逐步形成了依靠业务团队深耕模式、"信贷工厂"模式和基于大数据的数字金融模式。深耕模式的关键是服务网络下沉和充足的客户经理资源，贷前以"人海战术"加上"熟人网络"对小微企业深入了解和密切跟踪，贷中基于丰富信息和业务经验进行评估和决策，贷后管理仍由客户经理负责。深耕模式的代表是浙江台州的三家商业银行——泰隆商业银行、台州银行、民泰商业银行。"信贷工厂"模式起源于新加坡的淡马锡，通过构建专业化的组织架构，形成较为完整的流程体系和相对独立的业务考核单元，这样可以对小微企业实现精确风控和差异定价，模式化、标准化的审批流程提高了放款速度。"信贷工厂"模式的代表是民生银行。大数据模式则是依靠现有大数据和客户源，实现数据采集、拓客、信用评价、放款和汇款全流程自动化。大数据模式的代表是浙商银行、网商银行、微众银行和新网银行。

  商业银行虽然做了不少创新，但在有效支持经济高质量发展方面依然面临许多障碍与困难：一是利率市场化尚未完成最后一步，难以通过创新实现风险与收益的匹配。虽然我国名义上的存贷款利率已经进入市场化定价时代，但央行仍然在利率定价过程中发挥重要的影响。目前银行还无法实现对小微企业的自主浮动定价来对风险进行补偿，所以银行更愿意选择与大型企业、国有企业合作。二是地方政府和国有企业的管理相对规范，信息相对透明，致使银行的风险偏好易形成惯性思维。很多中小企业产权单一、规模较小、业务领域较窄，经营行为往往比较短期化，抵制市场风险的能力弱。一旦发生风险，频繁发生逃避、悬空银行债务的情况。三是信用体系不够完善，担保体系建设不到位。数据缺乏并且不规范，影响中小企业信用档案的建立。截至2017年底，我国企业征信系统共收录2510万户企业及其他组织的信用信息，其中中小企业不足300万户。目前虽然已经形成了政策性、商业性和互助性三类担保机构，但普遍存在筹措资金难度大、资金来源不稳定和银行认可度低等问题。四是商业银行多元化融资的创新空间相对较小。比如，与轻资产企业融资需求更匹配的股权投资领域，商业银行很难进入。银行多采用银证信、银基合作和境外平台绕道等方式，但存在交易链条长、合作管理难度大、业务成本和合规压力大等问题。

讨论金融支持经济创新，一定会首先想到直接融资即资本市场的作用，特别是中国的商业银行对风险的接受能力普遍比较低，并且存贷款利率也还没有完全实现市场化，它们支持创新的能力相对比较弱。事实上，过去十年，中国的影子银行、数字金融十分活跃，在相当程度上也是为了弥补正规银行部门的一些服务不足，特别是支持民营企业、支持创新活动。

更重要的是，各种投资基金特别是天使基金、创投基金、私募基金和产业引导基金非常活跃，为很多创业公司提供融资服务。从经济发展的角度看，资本市场更能适应新兴技术革命，因而资本市场导向的金融体系常常为技术领先国家的标配。商业银行则更能适应成熟技术的大规模推广与传播，因而商业银行导向的金融体系常常是技术后发国家赶超领先国家的秘诀。

跨国实证研究发现，一个国家的资本市场越发达，企业进行根本性创新的能力就越强；与此相对，一个国家的信贷市场越发达，对企业的根本性创新产出的抑制作用就越强。资本市场的优势有很多，主要体现在融资期限较长、投资者专业素养较高和容忍风险能力较强等方面，这些都是传统的商业银行所不具有的，但对于支持创新活动却至关重要。股权融资在这方面的优势尤其突出，因为它的风险和收益共享机制不会给企业造成短期的财务困境。另外，股价的信息含量也能够及时地反馈投资者，引导资金流向更加优质的创新项目，改善资源配置效率。资本市场开放的国际比较可以佐证上述判断。有实证研究发现，在资本市场实现对外开放之后，各经济体的专利总数平均提高13%，专利的平均引用数提高16%。资本市场的开放可以通过融资、风险共享和公司治理三个渠道强化对技术创新的支持。第一，资本市场的发展与开放可以为企业提供更多的资金支持，缓解企业的资金约束。第二，海外投资的放开增强本国投资者与外国投资者的风险共享能力，因此促进企业进行更多高风险的技术创新尝试。第三，资本市场自由化会吸引外国投资者持股，更好地发挥监督职能，进而提升公司治理水平，减少机会主义行为，有助于促进创新活动。

目前，我国已初步形成由主板、中小板、创业板、新三板和区域性股权市场构成的股权融资市场，正以合格机构投资者和场外市场为主发展债券市场，并积极利用信息技术发展金融科技，支持并规范第三方支付、大科技信贷和网络借贷等数字金融发展。不过一个不争的事实是，中国的资本市场虽然经历了将近三十年的发展，在支持经济创新方面的作用仍然十分有限。

归纳起来无非是两个方面的原因：一方面，资本市场的相对规模还比较小，从存量上看，2019年底，银行体系融资占社会融资规模的比重仍高达70%，而非金融企业境内股票和企业债券存量在社会融资规模的比重仅为12%。2000年至2018年，A股市场累计募集资金12.36万亿元，而2018年一年银行新增信贷15.7万亿元。债务融资占比过高的融资结构，导致我国企业面临杠杆高企的负担。在经济下行期，企业现金流受到影响的背景下，企业偿债压力较大，不利于创新型企业长远发展和创新。

有效率的资本市场，除了强大的融资功能外，还应具备给投资人提供合理的投资回报，以及具备价格发现的功能从而帮助实现资源更有效配置的功能。从历史经验看，美国过去200年的市场风险溢价约为6%，欧洲国家为4%~6%。我国股票市场是新兴市场，还处于经济结构与制度变革中，投资者以散户为主，风险相比成熟市场更高，这种情况下，应该有更高的市场风险溢价。然而，2002年至2018年我国股市平均风险溢价仅为1.17%。这说明股票定价机制存在扭曲，扭曲的价格很难起到有效的资源配置效果。

另一方面，现有资本市场的质量还有待提高，市场机制的运行还有许多缺陷。这方面的问题更为根本，中国的资本市场似乎还没有充分发挥应有的功能，这颇有点"橘生淮南则为橘，生于淮北则为枳"的意味。比如，资本市场的功能不健全，导致市场与监管博弈而不是自我博弈。监管部门对证券发行实行核准制，但仍保留合规性和适销性的实质性标准，而且对新股发行的数量、节奏甚至价格有很强的控制力；从上市公司到证券期货经营机构，均以国有产权为主，相关立法不可避免地以维护国有资产保值增值为出发点，忽略了所有者缺位与代理人风险，不能很好地承担完整的股东责任和社会责任。这就造成市场信用机制不发达，过度依赖国家信用，市场信用的约束不足。

缺乏市场化的上市与退市制度，是股市定价扭曲的根源。在股权市场上，一方面上市公司质量不高。受之前投资拉动的增长模式影响，经济高速增长时期，提供生产要素的企业，如金融机构、能源企业等更容易在股市上做大规模。对比而言，美国上市公司的产业背景更加多元化，前几名基本为高科技企业，之后才是金融机构和能源企业。另一方面，上市公司缺乏有效的公司治理机制。运行良好的股票市场，用净资产收益率衡量，均值约10%，且企业分布基本呈正态分布，业绩较差的上市公司会被市场淘汰。而我国股市核准制下，连续两年损失可能就要进入特殊处理程序，面临退市的风险。多数上市公司净资产收益率略高于零，且小于均值的企业数量较少。市场缺少严格的退市制度，难以做到"劣汰"，导致"壳"公司成为竞相购买的紧缺资源。大量上市公司的资本市场运作会偏离价值最大化的长期目标，而围绕着如何保"壳"，甚至通过修饰财务报表，达到保"壳"目的。

注册制、市场化的退市制度和加强上市公司信息披露是建设有效资本市场的重要前提，有助于消除资本市场的寻租空间，使得资本市场能够回归其信息处理和价值发现的基本功能。注册制实施后，围绕"壳"扭曲行为将逐渐减少，其价值会慢慢降低直到消失。此外，反恶意收购条款对于需要长期专注于创新的集成电路企业至关重要。企业要进行长期创新，将会面临很多失败和高昂的试错成本。当企业的短期业绩不佳，又面临外部恶意收购威胁时，企业将无法专注于长期创新。从这个意义上说，可能需要强有力的反制措施，如双层股权结构，即允许企业创始人和高管拥有更多投票权的股票以掌握企业的控制权。

这些问题显然都会限制资本市场支持创新的能力。除了证券发行审核偏好国有企业同时强调资产保值增值，单单对持续盈利条件的要求就可能把大多数创新企业关在门外。散户投资者占很大比重，机构投资者相对较少，也会加剧市场的非理性行为和羊群效应，强化资本市场缺乏耐心、过度追求短期回报的特点。有学术研究发现金融分析师的追踪会显著降低企业的创新数量与质量。一方面，金融分析师追踪越多，越容易吸引过多的短期投资者与投机者，从而给企业造成较大的短期回报压力，可能会导致企业削减长期投资和研发支出，造成创新能力下降。另一方面，金融分析师跟踪越多，公司越可能暴露于被兼并收购的风险之中，使得公司管理层不得不采取防御策略，牺牲企业创新，进行常规的短期投资来提高公司业绩表现。

因此，要让资本市场更好地支持经济创新，一方面需要提升市场的质量。可以从两个方面入手，一是尽量完善市场机制，减少过度的行政干预；二是尽可能地在创新周期长、失败率高的特点与投资回报短期性的要求之间求得一个平衡。具体的做法包括减少政府的管制，提高市场的开放度；增加机构投资者特别是外国机构投资者的数量，减少不理性的市场行为，在明晰责任的同时培养"容忍失败"的政策与市场环境；大力发展企业风险投资基金与衍生品市场，让更多的有耐心的养老基金和保险资金入市，等等。

另一方面，鼓励新的风险投资模式。在股权市场中，风险投资尤其是企业风险投资市场发挥着重要角色。企业风险投资基金（CVC）是非金融类企业设立的风险投资基金，资金来源于母公司，且不以短期财务回报为唯一目标，而是帮助母公司实现上下游产业链或拓展产业边界的战略布局。与传统的独立风险投资基金（IVC）相比，企业风险投资基金有背后母公司雄厚的资金与技术支持，可为创业企业提供长期的耐心资本。同时，对市场非常敏感，能接触到海量的项目，具备传统风险投资基金对于市场和政策的预测能力。已有研究表明企业风险投资基金比传统风险投资基金更能支持企业激励创新。其原因在于企业风险投资基金对失败的容忍率更高，并能够提供相应的技术支持，长期来看对创新成功给予更高额回报。[1]

除了大力提升市场的质量，对于扩大市场的规模，要有一个客观的

---

[1] Thomas Chemmanur, Elena Loutskina, and Xuan Tian, 2014. Corporate Venture Capital, Value Creation, and Innovation, *Review of Financial Studies* 27, 2434–2473.

判断：中国能否大幅提高资本市场在金融交易中的比重，比如明显逼近美国和英国的水平？现在看来，这样的想法可能不太现实。发展多层次的资本市场一直是中国政府的既定方针，也于2013年底被写入了十八届三中全会通过的《中共中央关于全面深化改革若干重大问题的决定》中。但为什么这些年资本市场的发展一直不尽如人意？一个国家的金融体系及其结构是由很多因素决定的，除了政策以外，政治、法制和文化环境同样发挥关键性的作用。否则我们就很难理解，为何德国和日本的金融体系由银行主导，而英国和美国的金融体系则由市场主导。无论看经济发展水平还是看市场经济与民主政治，这两组国家都惊人地相似。但差异也很明显，德国、日本追求集体主义，接受垂直决策；而英国、美国则保护个人权利，推崇分散决策。今天中国资本市场占比确实比较低，但也并不明显地低于德国、日本的水平。按照这个标准看，中国大力发展资本市场的方向应该是放开市场的准入，优化市场的结构，严肃市场的纪律，提高市场的质量。

第四章

金融支持实体经济力度减弱

Attenuating Role of Finance in Supporting Real Economy

Understanding China's Financial System

2018年9月3日,在人民银行召开的一次民营企业家座谈会上,某公司董事长对易纲行长说:"现在民营企业太难了,如果易行长给我批准一个银行,我一定拯救那些企业于血泊之中,一个一个地救。"这段话引得全场哄堂大笑,一个重要的原因是这个思路不符合金融逻辑。商业银行既不是政策性机构,也不是慈善组织,不能因为一些企业很困难,就出手去救它们。做金融就得尊重金融的规律,如果仅从道义出发,为民营企业融资,可能会加剧金融风险。公平与成本因素都很重要,守住金融风险是底线。对银行来说,发放贷款并不难,难的是把贷款的本息收回来,否则银行自身的商业可持续性就会成问题。

相信在座的许多民营企业家对那位董事长表达的焦虑是感同身受的。全球金融危机以来,民营企业融资难的矛盾变得越来越突出。自2013年起,中国政府连续出台缓解民营企业融资难的政策,虽然起到了一定的作用,但大的局面并未改善。尤其是在2016年政府实行"去杠杆"的政策,控制高杠杆的风险,在2017年又开始整治影子银行,特别是理财产品业务。客观地说,这几项政策本身并不是直接对准民营企业的,但实际上却令民营企业的融资环境变得更加困难。一方面,在经济下行的大背景下,民营经济的不确定性大幅上升,"去杠杆"政策的重点落在民营企业,这也算是合理的反应。另一方面,许多影子银行脱离资产负债表,就是为了规避监管甚至管制,包括对利率的管制,相当于变相地实现了利率市场化,这样才提高了为民营企业融资的可能性。理财产品市场规模压缩,民营企业融资便首先受到了冲击。央行的民营企业家座谈会正是在这样的背景下召开的。①

民营企业融资难是近年来金融支持实体经济力度减弱的一个突出表现。自全球金融危机以后，中国金融体系的有效性显著降低。金融体系的矛盾具体反映在两个方面，一是金融支持实体经济力度减弱，二是系统性金融风险上升。反映经济效率下降的一个重要指标是增量资本产出率（ICOR），它反映的是每生产一个新单位的GDP，需要几个新单位的资本投入。这个指数越高，说明金融效率越低。中国增量资本产出率在1990年为4.6，但随后开始稳步下降至1996年的3.2，这应该是20世纪90年代中一波市场化改革的直接结果。1997年亚洲金融危机爆发，国内金融体系也受到了一定程度的冲击，增量资本产出率不断提升，区间最高点是2002年的4.3。随后又一路下行，直到全球金融危机爆发前夜的2007年，增量资本产出率回落到3.5，与这一阶段性改善同时发生的是，2001年底中国加入世界贸易组织，实施了一系列的对内、对外开放政策。2008年全球金融危机以来，增量资本产出率不断上升，到新冠肺炎疫情暴发之前的2019年，已经达到历史高峰值的6.5。2007年至2019年期间，每生产一个新单位的GDP所需要的新的资本投入的单位数几乎翻了一番，说明金融效率确实下降了，金融支持实体经济增长的力度明显减弱。这个趋势如果不能及时得到遏制，最糟糕的情形是不管增加多少资本投入，GDP产出都不会再增加，经济就会停滞。这也充分说明了深化金融改革、推动金融转型、提升金融效率的紧迫性。

---

① 就在同一时期，国内舆论中出现了"民营经济退场论"（吴小平：私营经济已完成协助公有经济发展应逐渐离场。见 https://cj.sina.com.cn/articles/view/5115326071/130e5ae7702000e9x1?from=finance）。当然，决策层很快明确地否定了这个政策导向。

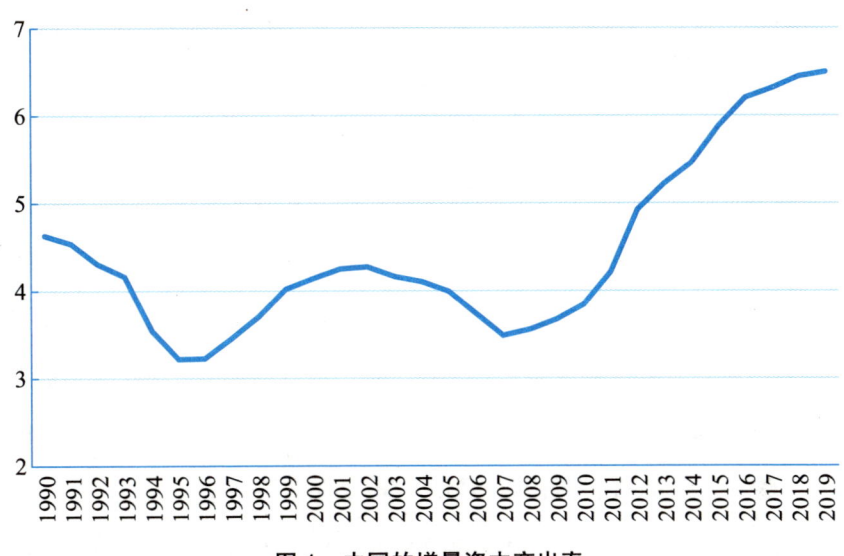

图1 中国的增量资本产出率

数据来源：作者根据国家统计局数据估算

为什么金融效率下降会突出地表现为民营企业融资难？从根本上来说这跟经济发展阶段有关，经济转型要求金融转型，金融如果不能及时转型成功，金融效率就会下降。全球金融危机以后，中国经济由高速增长转向中高速增长。人均GDP从2007年的3600美元上升到2019年的1.02万美元。预计在"十四五"时期，中国将进入高收入国家行列。那么，中国面临的主要任务是，成功地跨越"中等收入陷阱"。所谓成功，就是通过可持续的增长，经济长期稳定地保持在高收入经济体行列。目前中国老龄化进程加快，低成本优势迅速丧失，要实现经济可持续增长，只能通过产业升级和技术创新保持竞争力。

目前在中国经济中，产业升级和技术创新的主要推动者恰恰是民营企业。技术创新和新产品研发中，民营企业占比已超过70%。民营企业在创新方面具有天然的优势，体制机制灵活，更贴近市场，对实际需求高度敏感而且反应敏捷。然而，中国当前的金融体系中国有银行占主导、资本市场发展相对滞后，这样的金融体系适合支持大企业，不擅长服务小企业；适合支持制造业，不擅长服务服务业；适合支持粗放式发展，不擅长服务创新型增长。中国的特殊情况在于，正规金融部门利率被压得很低，金融机构就更加无法为风险相对较高的民营企业服务。抑制性金融政策直接造成了民营企业融资难，而大部分民营企业无法从正规金融部门获得金融服务，被挤到了非正规市场，进一步抬高了非正规市场的融资成本。简单地说，金融抑制加剧了正规市场的融资难问题，而"融资难"又进一步加剧了非正规市场的"融资贵"。

因此，民营企业融资难其实是金融改革滞后于实体经济发展要求的具体表现。一方面，经济发展进入新阶段，迫切需要民营企业主导创新活动，支持可持续增长。另一方面，由于存在产权歧视、市场化风险定价缺失以及风控创新能力不足等问题，金融部门无法很好地为日益重要的民营企业提供融资服务。从这个角度看，民营企业融资难，并非简单的企业发展问题，而是决定中国经济未来走向的大问题。

一、经济发展新阶段对金融提出了新要求
New Requirements for Financial System in New Development Stage

全球金融危机以后，中国经济的内部和外部发展环境，已发生根本性的变化。这些变化也促使中国经济从原来的依靠投资和出口为主，转向以创新和消费驱动为主的新发展模式。也就是说，经济已进入以国内大循环为主、国内和国际双循环相互促进的新发展格局。

中国经济面临的外部市场与国际环境，也发生了明显变化。[①]四十多年前，中国开始实行改革开放的时候，世界经济正在走向全球化，国际贸易、跨国投资和技术合作等活动不断加强。外部市场给中国提供了一个非常友好的国际发展环境和非常难得的发展机遇，无论是产品的出口还是投资的引进，对中国经济支持力度都非常大。特别是，2001年中国加入世界贸易组织（WTO）后，依靠外部市场的发展，通过投资和出口，实现了国内经济的快速增长。中国在2010年后经济总量超过日本，成为世界第二大经济体。然而，这样的增长模式，在世界经济下行、外部市场发展受阻的情况下，是比较难持续的。尤其是新冠肺炎疫情在全球蔓延，让原本还未恢复的世界经济增加了更多不确定性。在经济下行压力下，世界主要国家的经济发展政策，尤其是贸易政策开始转向，贸易保护主义时有抬头之势。中美之间的贸易摩擦开始向科技领域蔓延，为世界经济增添了更多不确定性。

中国国内经济本身也在发生变化。中国经济已经从过去的"小国经济"成长为现在的"大国经济"。这个变化的一个很重要的差异就是，过去作为国际市场的"小国"，中国进出口不会对国际市场价格产生明显的影响。但是，现在就不太一样了，中国完整的工业体系大幅提升了国内的生产能力，同时不断改善的居民收入又显著增加了国内消费需求。作为世界第二大经济体，在国际市场上便会出现中国"卖什么都便宜，买什么都贵"的情况，这样中国在国际市场上的影响力就变得很大。当中国经济逐渐向国际市场扩张时，很容易对其他国家经济结构造成压力，

---

① 黄益平：《中国经济进入新发展阶段，金融支持实体经济要做好普惠金融发展》，《清华金融评论》2020年，第31—33。

在一定程度上就会使一个简单的经济问题演化为政治和经济问题。举例来说，当中国某个行业扩张速度过快，便可能会对其他国家的相关产业带来结构调整的变化，这样就会导致一些政治上的反应。所以，作为"经济大国"，目前已经无法持续地像过去那样依靠国际市场上的需求来促进国内经济的发展，从而使国内经济的增长也不可持续，目前中国国内自身经济就发生了这样的变化。

当前中国的经济模式已经变成了"大国经济"，超大市场经济规模为国内的经济发展提供了良好的机会。市场规模不仅意味着需求能力，也影响着生产成本。市场规模越大，需求能力也就越强。市场规模更会产生规模经济的效果，从而降低生产的平均成本，增加中国参与国际循环的竞争优势。同时，较大的市场规模，有利于生产链的延伸和产业链的扩大，从而有利于产业升级和技术创新。

随着国内市场规模的扩大，中国未来可能拥有着世界级的经济机会。中国过去四十几年的经济改革创造了两个世界级的经济奇迹：一是中国的劳动密集型制造业产品，如服装鞋帽、纺织产品等，这些产品使中国一度在国际市场上占了很大的份额，形成了对全球的巨大影响力。近十年来这些产品的成本逐渐上升，相关产业逐渐转移到越南等地，而中国自己的产业也相应升级。二是大宗商品的进口，即中国的投资很强劲，大宗商品进口非常强劲，一度助推了像澳大利亚、拉美等一些出口大宗商品的国家和地区的持续经济繁荣，但目前这个支持可能会逐步放缓，因为中国自己的经济增长在减速，中国的投资率也在相应下降。虽然在国际大宗商品市场上，中国仍然是最重要的国家之一，但是相对而言，其重要性相比过去可能会减弱。

未来中国经济增长的重要支撑很可能是中国老百姓的消费市场，即随着中国14亿人口的消费开始增长，中国将来会成为一个对全世界更具影响力的市场。不仅是高收入家庭的消费，二、三线城市的消费也有望进一步崛起。过去，中国高收入家庭的消费开支，在国际上已经很有影响力，尤其在奢侈品方面，中国消费者在许多高端奢侈品市场的份额高达四分之一甚至三分之一。现在，中国的中产阶级和普通老百姓的收入也在增长，尽管短期内还存在收入分配、社会保障、户口制度等问题和约束，但增长潜力是巨大的。根据国家统计局的数据，2020年中国社会消费品零售总额达到39.2万亿元（约合6.01万亿美元），马上超越美国，成为全世界最大的零售市场。因此，即使中国市场的增长速度将来可能会有所放缓，但仍然有可能是一个在全世界最快速增长也最令人兴奋的消费品市场。

综合这几个因素来看，未来中国的经济增长中，国内需求可以发挥更大的作用。实际上，"三驾马车"中，国内消费已经成为拉动中国经济增长最重要的因素。2010—2019年间，经济增长的贡献率，平均而言，最终消费达到58.8%，投资（资本形成总额）达到42.5%，而净出口的贡献为-1.3%。最终消费中，居民消费占比达到70%。可见，未来国内需求要看消费，而消费又主要取决于居民消费。居民消费的持续增长取决于居民可支配收入的不断改善。

当然需求只是国内经济大循环的一半，另一半则是供给。供给侧的最大变化是中国经济增长模式从要素投入型向创新驱动型转变。中国在改革开放初期，人均收入很低，低成本优势非常突出。当时生产的大多是劳动密集型制造品，技术含量、附加值都不高，但因为生产成本足够低，生产出来的产品具有很强的国际竞争力。这促成了持续多年的出口高增长，而大量的外国直接投资进来，看重的也是我国的低成本优势和生产能力。要素投入型增长的一个基本特征是不需要很强的技术原创性，因为生产的都是已经成熟的产品，所以主要是学习、模仿先进国家的生产技术和营销手段，不确定性相对较低。

现在转向创新驱动型增长，技术创新、产业升级和效率提升就成为考验竞争力的关键因素。创新的重要性提升的一个重要原因，在于我国的成本已经大幅上升，人均 GDP 很快就会跨越世界银行确定的高收入经济体的收入门槛，这就意味着彻底丧失低成本优势。在高成本的基础上要保持竞争力，只有提高产品质量一条道路。另外，数字技术时代的来临，也使创新在经济发展中的作用变得更加突出。过去一个产品可以生产五十年甚至更长时间，现在许多产品每一两年就得提升一次，在智能手机市场，一个品牌如果一年不推出新的型号，就很难保持原有的市场份额。经济学讨论中有一个"中等收入陷阱"的概念，说的就是很多发展中国家都有能力从低收入提升到中等收入，但绝大部分中等收入国家却迈不过高收入门槛，原因就在于缺乏创新能力。但其实这样的"陷阱"并不仅仅存在于中等收入国家，低收入国家和高收入国家存在同样的问题。

创新成为构建国内经济大循环的重要一环，对金融体系提出了新的要求。第一，在整个改革期间，民营企业一直是中国经济增长的重要推动力量，特别是在轻工业、外贸和部分服务行业。但在一些时期、一些行业，民营企业的作用可能是辅助性的。今天这个格局已经改变，民营企业贡献了中国 GDP 的 60%、创新活动的 70% 和城镇就业的 80%。毫不夸张地说，民营企业是中国经济最重要的经济力量。民营企业如果发展不顺利，经济增长将很难持续。第二，创新型增长与粗放式增长的最大区别是不确定性水平不同。对金融行业来说，这就意味着金融服务的方式需要改变，既要改善对民营企业的金融服务，也要学习如何支持经济创新。在很多情况下，上述两方面的服务对象是重叠的，因为民营企业本身就是经济创新的主体。但目前的金融体系能否担当起这个历史使命呢？

二、传统金融体系转型滞后
Transformation of Traditional Financial System Lagging Behind

民营企业关于"融资难"的抱怨在整个改革期间从来就没有停止过，但在最近10年，这个问题有愈演愈烈的趋势。当然，金融体系中还有另一个同样严重但受关注相对少一些的问题，就是普通老百姓"投资难"。过去几十年，中国家庭已经积累了大量财富，但70%以上的财富都是房地产，只有10%左右是金融资产，而且在金融资产中，银行存款占到70%以上。老百姓有可投资的资金，却缺乏多样化的投资渠道。"融资难"和"投资难"两个问题不解决，不仅金融体系的效率和竞争力会受到较大影响，经济增长也会遭遇很大困难，出现金融支持实体经济力度减弱的现象也就毫不奇怪。

导致这些问题的一个关键性因素，在于经济增长模式已经发生转变，但金融模式还没有转过来。改革开放之初，中国的人均GDP只有200美元左右。在当时的情况下，经济的生产成本极低，劳动密集型产业迅速扩张，大批剩余劳动力从农村进入城市，推动了制造业快速增长。产品也因为成本低而具有价格优势，在国际市场上有绝对竞争力，"中国制造"的品牌推动中国完成向世界工厂的转型。可以说，过去四十多年中，中国经济增长在一定程度上是在借鉴其他国家成熟技术、成熟管理、成熟产品的生产经验，实现了粗放式的增长，依靠要素投入型增长从低收入国家发展为中等收入国家。2007年，中国人均GDP达到了2600美元，进入中等偏下收入水平经济体行列，2010年，中国进入中等偏上收入水平经济体行列，2019年人均GDP已经超过1万美元。按照世界银行标准，高收入经济体是人均GDP超过12600美元。这意味着，即使中国按5%的速度增长，也会在"十四五"期间进入高收入经济体行列。

加入WTO后，人民群众生活的改善是毫无疑问的。但是从另一方面来说，中国的生产成本也提高了，人均工资提高尤其是农民工工资报酬水平提高了。要消化这些成本，不能再继续依靠生产低端的劳动密集型产品，需要通过产业升级生产高技术含量、高附加值的产品，要通过加大创新来真正跨越"中等收入陷阱"。中国自2001年加入世界贸易组织之后，制造业在全球快速扩张，但客观而言，中低端产品较多，在全球市场面临替代性竞争。同时，在贸易摩擦日益加剧的全球市场环境下，低端制造业增长日益疲软，也需要通过产业升级来实现竞争力的提升。因此，世界工厂需要从"中国制造"转向"中国创造"。

根据世界银行数据显示，按现价美元测算，2010年中国制造业增加值首次超过美国，成为全球制造业第一大国。目前，中国拥有41个工业大类、191个中类和525个小类，是全世界唯一拥有联合国产业分类中全部工业门类的国家。中国形成了一个举世无双、行业齐全的工业体系，能够生产从服装鞋袜到航空航天、从原料矿产到工业母机的多数工业产品。这成为中国竞争力的重要源泉，也是产业进一步升级所必需的基础和动力。

但是，从另一方面可以看到，中国工业在全球格局中整体呈现"大而不强"的局面，这与中国改革开放四十多年的粗放式发展不无关系。

进入"十四五"时期，要实现经济高质量发展与更高水平开放，更好地参与全球竞争与合作，产业升级便迫在眉睫。因此，中国需要大力发展战略性新兴产业，提升产业创新能力；筑牢产业链的安全体系、以破解产业链发展中"卡脖子"问题为核心，集中资源开展重大科研攻关，打造世界级产业集群，引导互联网、大数据、人工智能、区块链等新兴技术与实体经济相互融合。

这些对金融业而言，就意味着金融服务模式、风险管理模式的转型。如何更好地支持经济转型和产业升级，便成为金融业发展面临的主要问题。正因为如此，目前在经济增长从要素投入性增长向创新驱动型增长转变的过程中，也因为金融服务惯性而出现金融不能很好支持实体经济的情况。因此，金融业需要因时因势迎接经济环境改变带来的挑战，改变传统服务模式，支持经济可持续增长。金融业如何更好地支持创新，完成好自身供给侧结构性改革的时代课题，也迫在眉睫。

一方面，目前在以银行为主的间接融资金融体系下，中国非金融企业外部融资中银行信贷和影子银行类信贷占比为80%左右，资本市场融资大约为15%。这样的金融结构服务传统企业行之有效，但是当经济需要创新驱动的时候，可能产生的不确定性和风险大幅增加，而风险和回报成正比，因此，金融资源的投入需要相对更高的回报来覆盖其所承担的风险。

在这方面，资本市场支持创新的能力更强，直接融资可以更为专业化地识别风险，甚至在股票市场上实现投资家和企业家的风险共担。这就对金融体系提出了创新的要求。近年来中国也在不断推进直接融资市场的发展。对比发达国家的金融体系，美英是以资本市场主导的直接融资体系为主，而德国和日本则是以银行间接融资为主导。对于目前的中国而言，资本市场能在多大程度、多快速度上支持中国经济创新增长，如何借鉴两种金融体系的经验和优势，都需要做好衡量。总体而言，德国和日本的金融模式更可能是我们学习的对象。

另一方面，虽然大型集团创新研发较有实力，但更普遍的创新通常如星星之火散落在中小微企业之中。同时，扩大国内市场的战略也需要推动国内服务业尤其是生产性服务业大力发展。服务业企业也大多数为民营和中小微企业。传统银行业风控体系制约了其对中小微企业等长尾用户的精准风险定价和服务，融资贵、融资难问题一直困扰着中小微企业发展。而且，中国的贷款利率还没有完全市场化，银行如果不能把贷款利率提高到足够高，能够覆盖为民营企业贷款的风险的话，商业银行提供这样的贷款的意愿是不高的。在这种情况下，盲目要求商业银行扩大贷款覆盖面，鼓励金融机构多发放贷款，提升企业贷款可得性，就会有更大风险。

现有金融体系难以满足家庭、企业、政府三个部门的新需求。第一，对于家庭部门，居民对资产性收入的需求增长没有得到正规市场的满足。由于银行存款收益率太低，很多居民选择取出银行存款进行投资，然而大量资金没有投向资本市场等正规部门，而是进入了"影子银行"业务。第二，对于企业部门，随着中国经济转型，未来增长点是高成本、高附加值、高技术的服务业，这类产业由创新驱动，对资本市场提出了更高要求。过去粗放式增长依靠银行就能满足融资需求。但大量创新型民企、中小微企业的融资需求无法通过银行解决。第三，对于政府，很多地方政府融资现在面临"后门堵上、前门没开"的困难，无法从正规资本市场融资，财政紧张，不得不增强征税力度。要解决这一问题，还需要为地方政府提供正规融资渠道。

总之，金融抑制的成本在显著增加。尽管金融管制政策在过去有助于经济金融稳定，但是现在却日益成为不稳定的根源。尤其是经济由高速增长转向中高速增长以来，扭曲性的金融抑制政策造成的金融风险已显著增加。金融危机期间中国的资本市场承受了地方政府大规模的债券和商业银行大规模的贷款。金融抑制造成的金融有效供给不足催生了影子银行和互联网金融的无序扩张。这些很可能会增加将来的财政和金融风险。更重要的是，金融抑制政策的负面效果已经开始延续，试图继续通过管制资金的价格与配置来稳定金融的努力，不但会降低效率，同时还会增加风险。金融抑制政策已经成为其他重要政策目标的障碍。例如，扭曲的资金价格和金融结构造成了国有企业杠杆率上升而民企杠杆率下降；资本项目管制也是政府推进金融开放和将上海打造成国际金融中心的主要障碍。因此，进一步推进金融市场化改革和开放，已成为当前政府面临的重要任务。

三、民营企业贡献大与融资难并存
Private Enterprises: Significant Contribution and Insufficient Access to Finance

不同发展阶段中民营企业的作用

民营企业为中国经济增长做出了巨大贡献。关于民营企业在经济中的作用，通常有"五六七八九"的说法：民营企业贡献了全国50%以上的税收、60%以上的GDP、70%以上的创新、80%以上的城镇就业和90%以上的企业数量。1978年以来民营企业从无到有，今天在中国经济中已经远远不止半壁江山。改革的四十多年间中国关键的变化是从中央计划体制走向市场经济。核心的机制是两条，一个是资源配置由计划机制转向市场机制，另一个是激励机制由平均主义的"一大二公"变成努力与回报直接挂钩。而民营企业的发展正是市场化经济发展最重要的体现。

回顾四十多年的改革历程，最初实行"双轨制"的改革策略，一方面继续支持国有企业的持续运行，另一方面为非公企业的快速成长创造了良好的环境。这个政策的目的是在保持经济稳定的同时实现较快的经济增长。比较一下国内经济中的三大类企业，可以发现，国有企业一直受到政府的各种支持，外资企业也一度享受了许多优惠政策，唯有民营企业基本上是在"夹缝中求生存"，能够取得目前这样的成就，得益于市场机制的引入和竞争环境的改善。当然，在这四十余年间，国有企业发挥了重要作用，起到了支持改革平稳过渡与稳定经济增长的作用，使得中国没有发生像实行"休克疗法"的转型国家那样的严重失业与经济衰退。

然而，国有企业的低效率曾经在20世纪90年代造成了三大宏观危机：第一是国有企业全行业亏损，当时的说法是"三分之一明亏，三分之一暗亏，三分之一持平"；第二是财政体系几乎崩盘，财政收入占GDP的比重，从1978年的36%下降到1996年的11%，很多地方连吃饭财政都难以保证；第三是1997年前后银行的不良率高达30%~40%。财政与银行问题的根源也在于国有企业的低效率。随后政府实行了"抓大放小"的改革措施，在战略性行业保留少量大型的国有企业，而竞争性行业的几十万中小国有企业全部退出。

以2008年为界，可以把中国经济的改革历程分为两个阶段。2008年之前，经济增长速度非常强劲，经济结构失衡的矛盾非常突出，而金融体系相对比较稳定。2008年之后，经济增速持续下行，经济结构已经变得相对平衡，但系统性金融风险已成为当前最大的问题之一。2008年前后的主要变化之一，是中国经济从低收入水平提升到了中等偏上收入水平。如果说2008年之前的经济增长主要是靠要素推动，那么2008年之后经济要想保持长期可持续的增长，就需要依靠创新驱动。所以，中国经济能否成功跨越中等收入陷阱，关键取决于能否通过创新推动技术进步、实现产业升级换代。

从这个意义上，民营经济对中国经济的未来而言变得更加重要，因为中国经济的创新主要就是靠民营企业。北京大学国家发展研究院的张晓波教授和哥伦比亚大学的魏尚进教授的合作研究显示[①]，国家的创新补贴大部分流向了国有企业，但国内大部分的创新成果却都是由民营企业贡献的。以专利的数量为例，其中大概有70%是民营企业创造的，25%是外资企业创造的，只有约5%是国有企业创造的。所以说，中国经济能否跨越中等收入陷阱，走上中国创造的道路，关键就要看民营企业的表现。

某种意义上民营企业好，中国经济才会好。但与此同时，民营企业的发展遇到越来越多的挑战与困难。有不少学者发现，全球金融危机以来中国经济中出现了"国进民退"的现象，但其实更加容易观察到的是杠杆率的分化。最近各级政府努力攻打"三大攻坚战"，却在无意中对民营企业产生了较大影响，运动式的环保督查令许多民营企业关门，处置金融风险的措施则直接关闭了许多民营企业的融资渠道。一方面民营企

---

① Wei Shangjin, Xie Zhuang, Zhang Xiaobo, 2017. From "Made in China" to "Innovated in China": necessity, Prospect and Challenges, Journal of Economic Perspective, 31(1): 49-70.

业对中国经济的贡献越来越大，另一方面民营企业的经营却越来越困难，这就是当前中国经济面临的"民企悖论"。

值得一提的是，近十年来中国经济领域最主要的创新——数字经济和数字金融，这个领域的创新，主要是民营企业推动和发展起来的。多数学界和业界人士把 2013 年余额宝（支付宝平台上推出的线上货币市场共同基金）的推出看作数字金融在中国开始快速发展的起点。在短短几年时间里，新兴的数字金融业态不但已与居民日常生活密不可分，甚至在移动支付、大科技信贷等领域已经走到世界前列。[①]

虽然金融科技的概念最初是在美国提出，但无论从广度还是深度，金融科技在中国的发展比其他大多数国家都要快得多。在移动支付领域，支付宝和微信支付 2020 年第二季度市场份额分别达到 55.6% 和 38.8%，为数亿用户提供了支付、转账、投资等金融服务。支付宝的活跃用户数已经超过 9 亿，是全球著名支付商 PayPal 全球用户数的三倍。中国移动支付运营商不但覆盖更多客户，而且更加依赖移动技术。根据中国人民银行 2019 年支付体系运行总体情况报告，银行和第三方提供的移动支付笔数增长率高达 67.57%，金额年增长率达到 25.13%，远高于 PayPal 支付交易的增长率。在财富管理领域，超过 6 亿的账户投资于余额宝，管理资产总额超过 1600 亿美元，而世界知名的财富管理企业 Wealthfront 管理的资产也只有 113 亿美元。在融资领域，截至 2019 年底，蚂蚁集团已向超过 1656 万中小微企业提供了超过 1.7 万亿元人民币的融资支持，平均不良率只有 1.3%。

---

① 黄益平、黄卓：《我国的数字金融发展：现在与未来》，《经济学（季刊）》2018 年第 17 卷第 4 期，第 1489—1502 页。

除了较为宽松的监管环境和快速发展的数字技术外，至少还有两个因素推动了中国金融科技的快速进步。[①] 一是由于传统的金融部门普惠性和包容性相对较低，导致中国在利用金融科技改善金融服务的普惠性方面空间很大。中国经济的发展模式长期由投资驱动。因此，国有银行主导的传统金融体系更倾向于为国有企业和大型企业提供信贷及其他金融服务。二是中小企业和居民家庭对支付、转账、财富管理、保险、融资和征信等金融服务的需求仍面临较大缺口。为有金融服务需求且可负担成本的所有社会阶层和群体提供有效的金融服务是普惠金融发展的目标，因此，对于低收入群体和中小微企业而言，普惠金融在中国仍有巨大的需求和发展空间。

近年来，快速发展的金融科技和实际生活场景在中国得到了更好地融合。中国经济增长模式由投资驱动向消费和创新驱动转型过程中，向居民家庭和中小微企业提供更好的金融服务至关重要。数字普惠金融的跨越式发展，使得数字技术可以更有效地满足居民家庭和中小微民营企业的金融服务需求。

目前，中国的金融科技已经处于全球领先地位。2019年全球金融科技100强中，美国占15家，英国占11家，中国占10家。移动支付、互联网银行以及大科技公司全方位的金融服务已经具有全球影响力。中国金融科技公司相对领先的一个重要原因是传统金融领域供给不足的矛盾相对突出，尤其在普惠金融方面。数字技术的最大贡献恰恰是帮助降低信息不对称的程度，尤其是对那些传统金融机构难以触达、难以提供

---

① Huang Yiping, Wang Xue, Wang Xun, 2020. Mobile Payment in China: Practice and its Effects, Asian Economic Papers, 19（3）: 1–18.

服务的中小微企业和低收入人群。中国数字金融创新在解决普惠金融发展中普遍存在的"获客难""融资难"问题方面,提供了一条可能的路径。

民营企业融资难是世界性难题

民营企业或者小微企业融资难是一个世界性的难题。2005年联合国提出,要发展普惠金融,号召各国政府想办法提高或者改善对小微企业和低收入人群的服务。即使是在金融体系发达的美国和英国,同样存在小微企业融资难度较大的问题。传统金融领域往往遵循所谓的"二八法则",就是说,20%的客户享受了80%的金融服务。相比较而言,中小微企业虽然是资金需求的长尾群体,却长期被传统金融机构忽略。这是因为,金融机构的主要利润来自这20%的优质客户,服务好这20%的优质客户,就保证了主要的利润。虽然中小微企业普遍存在融资需求,加总起来的融资需求甚至远高于前端20%的客户,但由于相对分散,服务成本较高,导致传统金融机构为中小微企业提供融资服务的意愿相对较低。

企业经营、发展过程中需要外部融资时,面临的最主要问题是信息不对称。企业到银行申请贷款,银行首先需要对企业进行信用评估,也就是说,是否可以给企业提供信贷支持,如果可以,提供多少是合适的。影响银行信贷决策的,主要有两个要素,一个是企业的历史财务数据,另一个是企业的抵押资产。通过分析企业的财务数据,银行可以了解企业的经营业绩和经营风险。企业资产越多,说明企业违约时银行遭受损失的可能性就越小。如果企业到资本市场上融资,由于对企业的资质要求、信息披露的要求更高,门槛可能更高。

民营企业或者小微企业面临的信息不对称问题更严重。民营企业的基本特征就是规模小、历时短、不稳定，缺乏规范的财务数据和抵押资产。所以对于金融机构来说，对民营企业进行融资最大的困难就是"获客难"和"风控难"。

"获客难"有两层含义。一层含义是不容易找到潜在的客户。银行要给中小微企业和民营企业提供服务，首先得找到这些潜在的客户在什么地方、有什么样的需求。大企业跟银行打交道比较多，相对来说比较容易了解。绝大部分民营企业是中小微企业，数量大、规模小，相对来说比较分散，找到并识别这些企业其实是很不容易的。另一层含义是，服务这些企业的边际成本高。这就是经常说的"获客难"。小微企业融资往往缺乏足以匹配信用风险的担保品。在现代社会，小微企业的经营范围并不仅仅局限于当地，多数情况下会跨地区跨部门经营。企业所在地的银行难以清晰看到其物流、信息流、资金流等状况，难以准确理解其商业模式。在传统风控模式下，服务小微企业的边际成本与大型企业相近。

对民营企业进行有效的风险评估和风险控制，难度也比较大。这就是我们说的"风控难"。银行对客户提供贷款之前需要做信用评估，基于信用评估做出信贷决策。信用评估一般有三种：一是看历史财务数据；二是看抵押资产；三是看企业的社会关系。如果企业所在行业符合中央和地方政府支持的产业，有政府的隐性担保或其他社会关系，银行也会进行信贷支持。无论是财务数据、抵押财产还是政府关系，与国有企业相比，民营企业都不太有比较优势。银行为中小微企业提供信贷支持后，风险控制起来可能更难，这些企业由于信息不对称带来的道德风险问题，可能更高。在资金使用环节，小微企业更有可能将借贷资金用于高风险项目的动机，甚至通过虚假项目进行融资骗贷。近年来虽然政府出台多项政策要求金融机构为中小微企业、民营企业提供融资，但由于缺乏有效的风控手段,实际上推进起来难度是比较大的。

民营企业融资难在中国更加严重

中国经济中一个比较独特的现象是,非金融企业杠杆率很高与民营企业(大部分为小微企业)融资很难同时并存。根据国际清算银行的数据,2019年末,中国非金融企业杠杆率(非金融企业信贷与GDP的比例)为150.9%,远高于发达国家(90.4%)和新兴市场经济体(91.6%)。[①]在国际金融危机之后,中国的高杠杆率已经成为中国经济甚至世界经济的重大风险之一。

与此同时,民营企业融资难、融资贵的问题一直很突出,虽然政府很重视这个问题,也采取了许多措施,但问题没有得到根本性的缓解,在2018年甚至变得更加突出。理论上民营企业融资难问题是长期存在的,为什么在近几年严重恶化,直接影响金融支持实体经济与货币政策调控经济的效果?要理解这个矛盾及其变化,可能要从了解中国金融体系的基本特点入手。

近年来中国民营企业融资环境恶化,部分原因是因为防范系统性金融风险所采取的一些措施。但客观地说,这些措施确实都是必要的。措施主要包括"去杠杆"和"强监管"。企业债务水平要降低、金融交易要实现监管全覆盖,这些政策导致的直接结果就是正规部门和非正规部门金融交易萎缩。据统计,仅2018年上半年影子银行的交易就减少了2万亿元。很容易想象,如果银行要收紧信贷,降低杠杆,首先会收紧风险比较高、不稳定性比较大、缺乏抵押资产的客户。所以,"去杠杆"政

---

① 具体数据见国际清算银行数据库: Credit to the non-financial sector (bis.org)。

策和监管全覆盖的要求，对民营企业造成了更大的影响。虽然这些政策措施对于防范系统性金融风险，确实是十分必要的，政策初衷也并非针对民营企业，但在实施过程中会在事实上对民营企业融资带来很大影响。

民营企业融资环境恶化，跟短期政策调控有关，但更主要的原因，还是在于金融体系的政策扭曲的效果在经济下行期的集中体现。金融体制政策扭曲的表现形式是金融双轨制。在金融领域，提供金融服务可以分为两类部门，一类是正规部门，比如商业银行；另一类是非正规部门，比如说民间借贷、影子银行和数字金融。假定这两类市场参与者之间没有本质性的差异。如果这两类部门之间不存在扭曲，那么融资的价格和数量都是由市场供求决定的，这两个市场的利率最后应该是相同的。如果价格不一致，套利机制就会起作用，最后推动两个市场的利率趋同。

但是这个假设在中国显然是不成立的，因为，我们抑制性的金融政策把正规市场的贷款利率直接人为压低了，导致了两个结果：需求增长和供给减少。那么正规市场上就出现了供求缺口，有相当一部分的市场需求没有得到满足，这就要求监管部门、银行进行信贷配给。正规部门信贷配给下，如果只有一部分企业能融到资，肯定存在另外一部分企业融不到资。银行总会偏好大企业和国有企业。所以低利率和信贷配给的政策下，民营企业和中小微企业就被挤出了正规市场。

计划经济年代，资金价格与资金分配都是由政策决定的。改革开放以后，中国的金融市场逐步建立与发展，但依然存在若干扭曲。比如，正规系统利率被人为压低，导致资金供不应求，这些资金被优先配置给国有企业或其他大型企业，而民营企业特别是中小民营企业却被挤出正规金融市场。可以说，价格（利率）扭曲必然导致数量（信贷）扭曲——中国的商业银行贷款利率低于多数同等发展水平的新兴市场经济，因此信贷配给在所难免，很多有融资需求的企业被挤到非正规市场，接受很高的民间借贷利率。这就是典型的"金融双轨制"。

政策压低利率，可能是为了支持经济增长。但还有一个重要理由，是支持效率相对比较低的国有企业。也就是说，金融双轨制是支持国有与民营企业之间双轨制的一个重要制度安排。通过价格和数量的双重管制，政府保障了国有金融机构和国有企业的垄断地位。国有商业银行在巨大存贷差"租金"（贷款利率不高，存款利率更低）的激励下不断扩大规模，而发展相对迟缓的债券市场、股票市场以及国际资本流动管制又限制了居民的储蓄替代渠道，国有商业银行吸纳的资金在国内金融机构中占绝对主导地位。现在经常讨论的"融资难、融资贵"的问题，其实应该区分开来说，中小企业在正规市场是融资难，如果能融到，并不贵；但在非正规市场是融资贵，资金供应却很充足。

1978年以来，中国逐步推进利率市场化，总体战略是渐进式的价格改革，即在保持较低基准利率的同时，逐渐增加利率浮动空间。2013年以来，央行逐渐加速了利率市场化的进程，2013年7月彻底取消贷款利率管制，2015年10月，彻底取消了对存款利率上限的管制。从理论上讲，对利率的直接管制不复存在，商业银行拥有了自主定价的能力。因此政策讨论中有不少"利率市场化已完成"的论断。

如果利率市场化取得突破性的进展，我们应该看到正规与非正规市场利率出现趋同的现象。但这个现象尚未出现。一是从存贷款利率的实际浮动空间看，商业银行的利率设定在改革前后变化不大，依然围绕着基准利率进行，而非自主决定存贷利率。二是从非正规市场利率走势看，下降幅度不明显。2015年10月24日后，央行的基准贷款利率仅为4.35%，民间借贷综合利率指数则一直保持在10%以上。央行连续的改革措施，并没有减轻正规与非正规市场的割裂程度；央行同时进行的降息降准，也没有降低非正规金融市场的融资成本。金融市场双轨并行的现状并未改变，资本错配依然存在，货币政策传导也不畅通。

可见，民营企业融资难，在相当程度上是正规部门的政策抑制加剧了这个问题。被挤出去的民营企业还是需要融资、发展，怎么办？于是，民间借贷、影子银行、互联网金融等非正规部门相继出现且规模随着民营企业融资需求不断扩大。正规部门利率的抑制导致更多的民营企业不能从正规部门获得融资，且非正规部门的融资成本会非常高。对于大部分民营企业来说，首先是融资难的问题。如果能从正规市场融到资，即使是利率上浮其实也不是那么贵。但是从正规市场融不到资，到非正规市场，融资成本就很高。之所以正规部门的融资难和非正规部门的融资贵合在了一起，在相当程度上是我们的政策抑制加剧了这个问题。

当前，抑制性金融政策明显地歧视民企，形成了两方面后果，一方面，民企确实面临在正规部门融资难、在非正规部门融资贵的问题。对多数企业而言，如果能从正规金融部门获得融资，利率成本并不高。但多数民营企业和小微企业由于金融抑制的存在被挤出了正规部门的融资市场。正规部门的利率压得越低，民企融资就越难，非正规部门的利率也就越高。另一方面，非正规金融其实就是抑制性金融政策的产物。很多企业和家户无法从正规金融部门获得合适的金融服务，催生了诸如民间借贷、影子银行甚至金融科技那样的"非正规金融部门"。这些金融业务缺乏有效监管存在风险，但因其形成与发展是政策扭曲导致的，也反映了实体经济发展的需要。

四、影子银行用"错误的方式做正确的事"
Shadow Banking: Doing Right in Wrong Ways

熟悉金融体系的读者都知道,金融具有顺周期性。经济上行期,实体经济盈利能力上升,低利率刺激信贷扩张。而经济下行期,经济不确定性上升,企业融资成本由于风险溢价而上升。在当前中国实体经济投资回报率持续下滑,金融、房地产业保持较高收益率背景下,部分产业集团积极筹建金控集团,将金融业列入集团转型战略与核心业务。由于多数产业资本及主要股东设立金融平台缺乏专业管理能力,盲目追求金融规模扩张,并通过高位套现、投机收购等谋取高额利润,偏离或忽视实体主营业务,导致经济"脱实向虚",减少了投向实体经济的创新资源,抑制了实体经济的创新能力。一些金融子公司利用业务协同与内部交易,比如以"明股实债"规避"去杠杆"政策要求,导致资金在金融体系内空转循环与自我实现,跨产品、跨机构、跨市场、跨行业风险不断集聚,加剧了金融体系脆弱性。

十年来影子银行业务快速发展的一个重要背景,就是转型中的实体经济的许多需求没有得到很好的满足。所以创投企业融资、家户投资理财和地方政府筹集建设资金,往往都需要依靠影子银行,这实际上是正规金融部门特别是资本市场和商业银行金融服务功能不健全所导致的。因此,证监会原主席肖钢在其研究中明确提出,"影子银行是用错误的方法做了一件正确的事情"[①]。一方面,它实实在在地为实体经济提供了金融

[①] 肖钢等:《中国影子银行的治理与创新》,见黄益平等《中国金融创新再出发》,中信出版社,2020年。

服务，弥补了正规金融部门服务的不足。另一方面，影子银行规避监管，一些交易中人为地放大了金融风险，确实给金融稳定造成较大隐患。分析中国的影子银行，要两个方面放在一起看。

根据中国人民银行的定义，中国的影子银行是指从事金融中介活动，具有与传统银行类似的信用、期限或流动性转换功能，但未受到严格审慎监管，容易导致监管套利和系统性风险的实体或准实体。影子银行的定义可以包含三个层次，第一个层次为狭义口径，以是否接受监管为依据进行界定，主要包含非金融牌照业务下的小额贷款、融资担保、P2P网络贷款、无备案私募股权基金、第三方理财及民间借贷等；第二个层次为中等口径，既包含狭义口径下的产品，又包含金融牌照业务下的信托、理财、货币市场基金、资产管理、资产证券化、股票融资、债券融资等；第三个层次为广义口径，既包含中等口径的产品，又包含银行表外非传统信贷业务（银行承兑汇票、信用证、应付代付款项、贷款承诺等）和银行表内非传统信贷业务（标准化及非标准化投资、同业、非生息资产、存放央行款项等）。

国外的影子银行主要以非银行金融机构为主，而中国的影子银行则是由银行发挥主导作用，因此被称为"银行的影子"。第一，资金主要来源于银行，资金主体仍是储户的储蓄资金。过去储蓄都放在银行，但银行的存款利率非常低，经常跑不赢通胀。银行理财产品的吸引力就很大，特别是在刚性兑付打破以前。因此相当一部分银行资金通过银行理财产品、信托基金、民间借贷等方式进入了影子银行。第二，资金主要投放于银行的客户。受制于监管部门的严格控制，包括行业管制、月度信贷额度监管、资本充足率监管甚至利率管制等，银行无法很好地服务实体经济。而银行表外业务的开展既可扩展贷款规模，又可满足监管要求，实现了银行降低风险资产、提高资本充足率的目标，于是具有一定瑕疵、不能完全满足商业银行信贷要求的企业也融到了资金。第三，银行发挥主导作用，券商、信托等公司仅发挥通道的功能。这主要是因为商业银行在中国的金融体系中一枝独大，在资金规模、分支机构、客户资源方面具有绝对的优势。

影子银行对实体经济的支持，集中在两个方面，一是企业的融资需求，二是家户的投资需求。实体经济中的民营企业尤其是中小微企业、产业政策限制投资的行业、地方基建项目等领域都有较大的融资需求，而传统的间接融资和直接融资市场均无法满足这些需求，影子银行资金通过各种渠道流入这些行业，满足了这些融资需求、支持了实体经济发展。与此同时，理财产品能提供比储蓄存款更高的收益水平，而且流动性好，投资者的资金可以在活期账户与投资理财账户之间频繁快速转换。这种居民存款"理财化"不但满足了居民的投资需求，一定程度上也推进了存款利率市场化的进程。

影子银行确实造成了不少风险，包括资源错配风险、资金空转风险、期限错配风险和刚性兑付风险等。大量的资金流向了地方融资平台、房地产企业以及"两高一剩"行业，助长了盲目投资和产能过剩现象。为了规避监管，理财产品往往"多层嵌套""层层包装"，甚至"脱实向虚"，增加了系统性金融风险。理财产品多以资金池的方式运作，负债端一般以一年期以内的产品为主，资产端的期限则往往为3~4年，容易造成潜在风险。刚性兑付不仅助长投机心理，还抹杀不同项目之间的风险差异，最后放大了银行体系的风险。

正因为如此，2017年以来，出台了资管新规及一系列的金融严监管政策，其目的也是化解金融风险。目前看这些政策已经初步见效。2018

年末银行非保本理财产品的余额为22.04万亿元，与2017年末的22.17万亿元和2016年末的23.11万亿元相比，稳中有降。影子银行资金的回表，一方面规范了过去影子银行资金体外循环、脱实向虚、逃避监管等问题，另一方面也加大了正规金融渠道对实体经济的支持力度。同业理财资金规模从2016年末的5.99万亿元下降到2018年末的1.1万亿元，缓解了"资金空转"的现象。2018年共发行净值型理财产品4481个，同比增长278.8%，而保本理财产品则持续萎缩。总结起来看，影子银行正在经历一个重要的转型过程，一是产品转型，从预期收益型产品转向净值型产品，减少保本理财产品。二是风控转型，全面重塑资管业务的风险管理体系，六大国有银行理财子公司纷纷组建，股份制银行和城商行也陆续跟进。三是销售转型，加快培育合格投资者，夯实客户基础。

影子银行的整治也造成了一些新的问题。关键是"一刀切"的做法，没有很好地将影子银行规避监管、诱发风险的属性与服务实体经济、弥补正规融资渠道不足的属性区别开来。比如从2017年到2018年，影子银行交易减少了6.5万亿元，银行信贷增加了2.9万亿元，两者一综合，实体经济的融资规模净减少了3.6万亿元。由此造成了民营企业融资环境急剧恶化、固定资产投资增速断崖式下跌等情况，进而拖累了GDP增长。更重要的是企业融资成本显著上升，2018年金融机构贷款利率上浮的比例明显提高、维持基准利率和下浮的比例明显下降。银行贷款和债券发行更加偏好评级更高、风险更小的国有企业和政府平台，加剧了民营企业融资难、融资贵的问题，同时也加剧了金融市场的不稳定：在债券市场上，民营企业债券违约增多，新债发行困难，信用危机显现；在股票市场上，大量民营企业进行了股票质押，而股市持续下跌使得质押风险暴露。

五、政府不断出台措施支持民营企业发展
Government Implementing Measures to Support Private Enterprises

政府充分理解民营企业的重要性及融资问题。从中央到地方政府都采取了多项政策。2018年以来，国务院召开多次常务会议，研究支持民营企业发展，缓解民营企业、中小企业融资难、融资贵的问题。我们也看到了一些举措。

这些政策举措包括：从银行的角度来说，定向降准，使更多的流动性流向民营企业、小微企业。最近推出了民营企业债券融资的支持工具，希望能对一些本来资质还不错、短期有流动性困难的企业提供一些融资支持；财政部和其他几家金融机构共同建立了国家融资担保基金，希望为小微企业、民营企业的融资提供一些政策性的支持；银保监会宣布新的政策，要求商业银行在新增的公司类贷款中，大型银行对民营企业的贷款不低于1/3，中小型银行不低于2/3。争取三年后到2021年，对民营企业的融资比例要占总的新增融资一半以上。

从这些政策可以看出，政府确实很关注这个事情。民营企业的发展关系到中国经济的发展，对增长、就业、税收、生产率和创新都有举足轻重的影响。所以，支持民营企业发展，从政策和决策者意愿的角度来说，是非常清晰的。问题是，这些政策是不是可以从根本上解决现在民营企业融资难的问题？

毫无疑问这些政策都很重要，在短期内会缓解民营企业融资难的问题。但要从根本上解决这个问题，可能还需要更系统的策略。真正要解决民营企业融资难的问题，首先要靠市场化的手段，而不是单纯的行政

手段，让市场配置金融资源。在现在的体制下，行政性地要求银行贷多少（给民营企业），是能执行的，但所有银行做的都是最好的商业决策吗？不同的银行擅长做的业务也不同，关键看其自身的能力。

更重要的是，现在利率不能市场化，这在一定意义上加剧了民营企业融资难的问题。如果要求所有的贷款利率都在基准贷款利率附近浮动，那么多数金融机构给民营企业、小微企业贷款应该是没有收益的。这是因为，金融行业商业可持续的重要规则在于成本要覆盖风险。民营企业本身就具有规模小、不确定性大、风险较高等特征，银行要给这类企业提供金融服务，价格中理应包含更高的风险溢价。这就要求，双轨制利率要转为市场化利率，利率市场化可以增加正规部门对民营企业的服务。人为地把利率压低，不仅可能减少对民营企业的服务，也可能会给金融机构下一步造成新的风险。所以，真正要解决民营企业融资难的问题，首先要从市场化的思路入手，让市场来配置金融资源。

为民企提供政策支持的主要责任应及时交给政府，而不应该交给商业化运行的金融机构。在市场化利率无法完全实现，尤其是当前由各种因素造成的经济下行压力下，许多本来经营发展很不错的企业，短期内出现了流动性等问题，可以对这样的企业提供或短期或长期的政策支持，既有利于帮助企业渡过暂时的难关，也有利于整个社会的稳定与创新。长期来看，有利于降低宏观经济的波动对长期经济发展潜力的影响。不过，要注意的是，对民营企业提供融资和其他政策性支持责任主要应该交给政府。人民银行、财政部已经采取了很多措施，如担保基金、融资支持工具、贴息等都可以进一步推广，也可以考虑让政策性金融机构积极发挥作用。

总结来看，要真正解决民营企业融资难的问题，首先需要放弃一些行政性思维，行政性的手段在短期是可用的，但不是解决根本性问题的办法。根本性的思路应该是市场化的策略，尤其是利率市场化和市场化的风险定价，为民营企业提供公平竞争的环境。对于个别企业在特定时期出现的问题，政府可以通过财政和政策性金融手段给予扶持。在数字时代，金融机构在解决民营企业融资获客难、风控难方面已经积累了宝贵的经验。简单来说是，线下靠软信息，线上靠大数据。在帮助解决民营企业融资难这个问题时，数字金融可以发挥很重要的作用。

六、金融支持经济增长要做好普惠金融发展
Inclusive financial Development needed for Economic Growth

在很多国家，发展普惠金融，主要可能是出于公平的考虑，比如低收入人群、中小微企业、农村的企业这样的群体，应同样有获得金融服务的权利。但金融机构为它们提供的金融服务却严重不足，因此，发展普惠金融是一个全球性的挑战。但在中国，发展普惠金融的意义更加突出也更加重大[①]。中国如果不能解决中小微企业融资难的问题，不仅关乎公平，更关乎发展全局。原因在于，以中小微企业为主的民营企业，目前在中国经济当中的比重已经非常高。官方数据显示，民营企业贡献了经济 50% 以上的税收，贡献了 GDP 增长的 60% 以上、创新的 70% 以上和城镇就业的 80% 以上。也就是说，如果中国中小微企业的融资问题不能获得有效解决，中国将来经济的可持续增长会遇到很大困难。

---

① 黄益平：《"十四五"：金融支持实体经济重在做好普惠》，《中国经济报告》，第 5 期，22—28。

中国正在制订新的普惠金融发展规划。过去中国在普惠金融的发展，尤其是中小微企业融资方面，还是取得了很多大的成绩，政府也花了很大的精力来推动解决中小微企业融资难的问题。中国目前有很多小贷公司，也有很多商业银行设立了普惠金融部，新增的小微企业贷款速度是很快的，取得了很好的成绩。

但这里可能存在一个问题，中国在解决融资难的问题时，同时希望解决融资贵的问题，所以监管部门一直在要求金融机构不断压低贷款利率，压低贷款利率的动机是很好的，但有可能在实际效果上事倍功半，甚至是适得其反。因为中小微企业本来就是风险大的企业，为它们提供金融服务，按道理来说融资成本就应该比较高，这是金融的基本规律。但在监管部门每年的要求下，金融机构不断地往下压贷款利率，这让金融机构很难开展业务。如果不往下压贷款利率，则没有完成监管的要求；如果往下压，将来出了风险又只能自己承担。这些问题没有解决，所以中国的金融机构要么是硬着头皮在做普惠金融，要么弄虚作假，应付监管部门。

在数字技术快速发展的时代，传统金融机构也应该积极创新风控手段，接纳新的风控做法。比如利用线下软信息和线上大数据的方法，对中小微企业做信用评估，从而缓减企业财务数据与抵押资产不足的矛盾。"线下软信息"就是指那些关系型贷款。例如，浙江台州有三家小银行，它们就是通过线下关系了解企业家的人品，了解他的社会关系等，它们的中小微企业发放贷款做得不错。一般情况下，中小微企业缺乏财务数据、历史数据、抵押资产等"硬信息"，这些都是传统商业银行进行风险评估所需要的基本要素。但是，如果银行掌握这些企业的"软信息"，也可以为银行提供充分了解企业的材料，进而做出比较有效的贷款决策。目前江浙一带已经有不少这样的中小银行，这些银行的基本做法是，银行的职员要对企业做到全方位的了解，包括财务状况、知识水平、信用状况等，这种全方位的了解，使银行在对其做信用评估时，可能会比财务数据还靠谱。

我们现在把线上大数据称为"大科技信贷"。为了更好地服务于创新创业和中小微企业，同时填补传统银行业服务上的空白，国内有了新的探索。到目前，中国监管部门已经批准了几家新型互联网银行，如微众银行、网商银行和新网银行。微众银行在很短的时间内发放1万多亿元的贷款，不良率非常低。网商银行在杭州一个办公室一共377个人，一年服务了500万家的小微企业，也积累了一些经验。从他们的实践来看，通过大数据服务中小微企业，是可以做的。微众银行、网商银行分别基于腾讯的社交平台、阿里巴巴的网商平台等各自已经建立起来的生态，发展了网络贷款业务。新网银行并没有微信、淘宝这样的生态，但通过跟今日头条、美团等其他平台合作，以大数据的分析，使其网络贷款业务也获得了快速的发展。

新型互联网银行都没有实体营业部，完全基于线上服务为客户提供贷款。总体而言，其特点在于，一是大型科技平台实现网上贷款。网络平台依靠其C端获客优势，可以很好地覆盖中小微、个人等长尾人群，且平台获客的边际成本几乎为零。二是广泛的用户数字"足迹"生成用户画像。互联网银行用户社交、支付、浏览等行为大数据在中台计算之后，反过来反映用户信用条件和业务状况。三是大数据技术与机器学习技术相互融合，依用户信用条件实现大数据风控和预警。这些信用贷款目前看来做得还不错，但这个模式是否能持续推广还需要进一步探索。

北大数字金融研究中心和国际货币基金组织联合做了一个研究[①]，把

[①] Huang Y., Zhang L., Li Z., Qiu H., Sun T., Wang X., & Berger H., Fintech Credit Risk Assessment for SMEs: Evidence from China, IMF Working Papers, 2020（193）.

利用网商银行后台金融科技和非传统数据构建的风控模型与传统银行依赖于财务数据和打分卡的风控模型进行比较,结果显示,对于小微企业而言,前者更为有效。原因在于:第一,互联网实时数据与行为数据动态化和交互性更强,比有滞后性的传统财务数据更具优势;第二,机器学习模型可以抓住很多非线性关系和变量之间的交互作用,最后生成的对违约的预测比传统银行更准确。

因此,当前在经济转向高质量发展阶段,要迈过中等收入陷阱,我们直面的问题是金融系统如何支持创新和支持中小企业。在具体做法上,一方面,需要大力发展资本市场,促进直接融资市场在支持创新和小微方面发挥更大作用;另一方面,传统金融业需要加大金融创新力度,需要"两条腿走路",一条腿是线下中小银行利用软信息,一条腿是线上新型互联网银行利用大数据。目前,中国金融科技已经在一定程度上实现了引领性发展,普惠金融发展成就举世瞩目。这方面的经验可以继续推广,同时需要进一步提高风险管控能力。

2020 年以来,突如其来的新冠肺炎疫情给实体经济和金融体系带来很大挑战,企业资产负债表迅速恶化。但同时也倒逼金融机构加大数字化布局,促进金融资源通过科技手段普惠到更基层领域。为了应对疫情,中国出台一系列金融、财政措施,一方面,货币政策上多次降准以确保资金流动性,在前期推出 3000 亿元抗疫专项再贷款和 1.5 万亿元普惠性再贷款再贴现的基础上,进一步创设了普惠小微企业信用贷款延期支持工具和普惠小微企业信用贷款支持计划这两个直达实体经济的货币政策创新工具;另一方面,财政资金给予利息补助,在"六保""六稳"格局下推动第二季度 GDP 实现正增长。一般而言,在危机情况下,政府对小微企业的救助包括提供补贴、失业救济与直接发钱,这也是本次疫情期间很多发达国家和发展中国家实施最多的三大财政政策。而中国的政策不太一样,一是固定资产投资,二是减免税收,三是增加公共卫生开支。这三项都很重要,但是差异在于把钱直接送到中小企业和老百姓手上的渠道不多。因此,财政政策目前创设直达基层的手段,主要在保基层运转上下功夫。但推动疫后经济发展,最主要的还是靠金融业在政策扶持下更好地推行普惠金融,下沉金融服务,促进经济内生动力的迸发和消费的转型升级。

值得注意的是,虽然数据显示,从 2020 年 3 月开始,个体经营户的业务开始复苏,但是复苏到 80% 左右就不能提升更高,这意味着,要消除本次疫情的影响,恢复经济发展,是一个很缓慢的过程,而且仍有很多不确定性。新冠肺炎疫情还在全球蔓延,对金融机构而言,这就意味着不确定性和不良贷款上升的风险。前期在货币政策和财政政策的配合下,我们扩大了金融机构对受疫情影响的企业的支持,今后,在战"疫"保供、复产复工的基础上,需要金融机构、央行与财政一起为中小微企业提供多部门合作的风险处理预案。而在落实相关财政金融支持政策方面,金融科技将大有所为,如精准支持、增强时效性、降低成本、大数据风险管控等。数字金融的大发展,对全世界而言都将是一场创新性革命。一定要做好风险管控和必要预案,需要提前明确对不良贷款如何分配承担。

实际上,理解可持续的普惠金融的含义,必须建立在市场化风险定价的基础上,这个问题中国一直没有解决,应该得到重视。降低融资成本的渠道很多,比如宽松的货币政策、降低金融成本、增加金融竞争,或者改善风险定价,这样才能把融资成本真正降下来,而不应该是行政性的命令。行政性的命令会出现比较大的问题,政策层面针对企业融资难的措施已经推动了很长时间,但一直没能解决,这是未来需要解决的。

总之,解决中小微企业融资难题,不仅是一个公平问题,而且事关经济发展,事关科学技术创新和产业升级,是关乎未来中国经济可持续增长的大问题。将来中国能布局怎样的产业链,在很大程度上取决于能否在离开低端的产业基础后,解决技术问题,让经济的发展持续向前。

第五章
数字普惠金融创新及其风险

Innovation and Risks of Digital Inclusive Finance

Understanding China's Financial System

2003年上半年，"非典"疫情冲击刚刚过去，阿里巴巴便上线了面向消费者的电商平台：淘宝。不过由于当时缺乏合适的支付工具，开展线上零售业务并不容易，交易双方都是陌生人，相互之间缺乏信任。所以当时有相当一部分业务是同城交易，线上看好货、谈好价格，然后约定时间、地点，一手交钱一手交货。但这样的业务显然没有充分发挥网络能力。2003年10月，淘宝开始提供担保交易服务，担保交易部门在收到买方的货款之后，通知卖方发货，等到买方确认货物收到之后，再将货款拨给卖方。这个流程确实既麻烦也耗时，但解决了买卖双方缺乏信任的问题。2003年10月18日，第一笔担保交易发生，其过程充满戏剧性，在日本横滨的一位中国留学生决定转让一架富士二手相机，西安的一位大学生愿意购买，商定价格为750元。大学生首先将货款转给淘宝，淘宝的一位客服兴冲冲地跑到担保交易部门的办公室，宣布第一笔交易已经开始，并请担保交易部门的同事赶快确认收款。几分钟以后，客服再次回到担保交易部门的办公室，沮丧地告诉大家大学生反悔了，要求把钱打回去。后来客户花了很长的时间说服大学生继续完成这笔交易，甚至将自己的工号告诉大学生，承诺如果交易出现问题，自己从工资里扣钱赔偿大学生。后来在2004年12月，阿里巴巴在电商平台推出了以贝宝（PayPal）为蓝本的在线支付工具支付宝，并且提出"你敢付、我敢赔"的承诺。2010年又推出利用智能手机的移动支付。今天支付宝已经有约10亿的活跃用户，成为大多数中国老百姓日常生活离不开的支付工具之一。但从担保交易到在线支付到移动支付，从根本上来说就是要增加便利与建立信任。

支付问题解决之后，网购业务就开始发展起来了，一些电商在经营过程中出现了融资需求，有的电商主要需要资金维持日常的经营活动，比如进货，也有的电商需要做投资扩大业务。但这些电商既没有固定的实体门店，也缺乏有价值的固定资产，业务状况记录都很不完整，更不用说系统的财务数据。阿里巴巴就向一家大型国有商业银行提出了合作的建议，平台基于对电商业务的了解，筛选出一批资质比较好的店家，推荐给银行，银行再对其中符合银行风控要求的电商提供信贷服务。可惜的是，这项业务没有做成，因为银行拒绝了阿里巴巴推荐的几乎所有电商公司。于是，阿里巴巴决定自己尝试为电商提供信贷服务，2009年正式成立阿里小贷业务部门，2010年发放第一笔线上贷款，并由此开创了今天被称为"大科技信贷"的创新业务模式。利用所谓的大数据做信用风险评估，开始的时候并不容易，一方面，当时的数据还比较少；另一方面，也没有现成的风控模型可以借鉴。因此，早期的风控方法可能比较接近传统小额信贷公司的做法，只是阿里小贷业务的大部分流程是在线上完成的。到2015年，大数据风控的这一套做法才开始逐步成形、成熟，业务部门还提炼出"3-1-0"模式的概念，即电商只需要花三分钟时间在线上填贷款申请表，一旦获批，贷款资金可以在一秒钟内到账，整个过程实现零人工干预。从阿里小贷演变而来的网商银行，现在每年可以发放1000万笔以上的贷款，服务小微企业，而且基本上都能把不良率控制在2%左右。

从阿里巴巴到蚂蚁集团到网商银行的这段经历，反映了中国的数字金融创新和发展的过程。中国数字金融高速发展，一个大的背景就是以"规模大、管制多、监管弱"为主要特征的传统金融体系结构性服务供给不足，在普惠金融领域即在服务低收入人群、中小微企业和农村经济主体的市场，供给不足的矛盾尤其突出。数字金融的许多业务其实就是填补了正规部门的服务空白，也正是因为这个原因，中国的数字金融发展具有很强的"普惠"特点。因此，数字金融发展其实也是金融改革的"中国故事"的一个重要篇章：抑制性的金融政策在一定程度上限制了为普惠金融客户的服务，而数字金融创新却很好地满足了这方面的需求，说明市场机制还是在起作用的。

一、数字技术帮助解决信息不对称问题
Digital Technology Helping to Solve Information Asymmetry

数字金融是指将互联网、大数据、人工智能（AI）和云计算等数字技术应用于金融产品、业务流程和商业模式，它既包括一些新型科技公司利用技术来提供金融的技术解决方案，也包括一些传统金融机构用数字技术改善服务。科技公司和金融机构在数字金融创新中同样重要，一般的经验是，在发展早期，科技公司更为活跃一些，但经过一定阶段以后，金融机构也许会成为数字技术在金融领域应用的主力军。数字金融业务有时也被称为金融科技（Fintech）或互联网金融，前者是国际金融稳定理事会所采用的官方概念：[1]

---

[1] Financial Stability Board（FSB），"Financial stability implications from Fintech: Supervisory and regulatory issues that merit authorities' attention"，27 June 2017（https://www.fsb.org/wp-content/uploads/R270617.pdf）.

通过技术手段推动金融创新，形成对金融市场、机构及金融服务产生重大影响的商业模式、技术应用、业务流程和创新产品。

而后者则是中国政府一开始所使用的名词：①

互联网金融是传统金融机构与互联网企业利用互联网技术和信息通信技术实现资金融通、支付、投资和信息中介服务的新型金融业务模式。

比较这两个概念的基本含义与本书所用的"数字金融"是一致的。但在日常讨论的语境中，金融科技与互联网金融比较容易让人想到科技公司从事金融业务，而不是金融机构利用数字技术。因此，数字金融这个概念在涵盖科技公司和金融机构这两个方面显得更加平衡一些。况且数字经济已经是被广泛接受的概念，数字金融其实就是数字经济的一个重要部分。

金融领域的技术进步一直在发生，比如自动取款机、电子手段等，数字技术也一样。那为什么数字金融成了如此普遍的一个现象，甚至带来了许多意想不到的变革？要理解这个问题，首先要退一步从理解金融的本质开始。金融一般是市场主体利用金融工具使资金从资金盈余方流向资金稀缺方的经济活动。所以说金融的核心功能是资金的融通，日常生活中接触到的货币、银行、股市都是金融体系的重要部分。资金融通的渠道可以分为以银行为主的间接融资和以市场为主的直接融资。比如，

---

① 《中国人民银行等十部委发布〈关于促进互联网金融健康发展的指导意见〉》，2015年12月14日，中国政府网，http://www.gov.cn/zhuanti/2015-12/14/content_5023806.htm。

人们把钱存到银行，银行再把钱贷给潜在客户，贷款的风险对存款人的影响非常小，这是间接关联。人们在资本市场上购买股票、债券，自己决定买什么并获得所有的回报，出了风险也完全由自己承担，这是直接关联。这样就可以理解间接融资和直接融资的风险差异。

具体而言，金融中介所做的工作就是各种转换，包括期限、风险和规模的转换。比如，老百姓把钱存到银行，存五千或五万，当银行为大项目贷款时，银行所做的是规模转换，将多笔存款集合成上亿的投资项目，从期限上来说同样如此。个人短期存款，最多不超过一年，但很多投资项目时间更长。另外，银行存款承受风险的能力相对较低，但发放贷款面对的风险会高一些。金融中介在这中间所发挥的作用就是通过组合各种转换，合理管理风险，既让出资人获得回报，又让融资人获得资金。

金融是人类发明的最重要的经济工具之一，本书已经讨论过金融革命对工业革命的关键性作用。一般性地看，金融的最大作用就是支持劳动分工、实现规模经济。金融出现以前，基本上都是自给自足，交换非常少见，因为交易成本太高了。而金融的引入，则可以大大加快经济发展的步伐。但金融有个致命的困难，就是信息不对称。交易双方如果缺乏了解，要么交易很难发生，要么很容易出现违约。前面提到的西安的大学生在把相机的款项打给阿里巴巴的担保交易部门之后，又想把钱要回去，其实也是信息不对称导致的结果。虽然在今天看来，如果阿里巴巴提供了担保，那么交易风险应该比较小。但把时间往前拉近二十年，当时的阿里巴巴显然没有今天这样的"商誉"，西安大学生产生不信任感，其实非常正常。信息不对称容易引发两类问题，一是交易发生前的逆向选择，二是交易发生后的道德风险。逆向选择指的是很难找到最合适的交易对手，道德风险是指交易发生之后，交易对手是否会按照承诺还本付息。

目前在金融体系中看到的各种安排，包括像商业银行那样的机构、像评级机构那样的市场机制以及像信息披露要求那样的监管政策，一个很重要的目的就是缓解、管理信息不对称的矛盾。比如，银行的一个作用就是帮助存款人去了解、分析借款人的信用风险，一方面，银行可以代表很多存款人去做尽职调查，利用规模效应、降低平均成本。另一方面，银行可以请专业人士去做这项工作，效率也会更高。

数字金融能够快速发展，一个重要原因是数字技术有助于解决金融交易中信息不对称的问题。数字技术一般是指互联网、大数据、人工智能、云计算和区块链等，它们也正是第四次工业革命的主要技术因素。这些技术手段运用到金融领域，可以促成五个方面的改变，简称"三升两降"，即扩大规模、提高效率、改善体验、降低成本、控制风险。这些技术的运用，甚至有可能改变原有的一些金融规律。以互联网的大科技平台为例，蚂蚁、微信、京东、抖音、美团等都是典型的大科技平台，虽然它们专攻的业务领域不太一样，从社交到网购，从金融到短视频，从外卖到搜索，可以说是五花八门。但这些大平台有一个共同的特性，就是具有长尾效应。一旦大平台建立起来，服务再多的用户也没有问题，边际成本几乎为零，因此上面这些平台的用户规模都是动辄数千万、上亿甚至十几亿。这对传统的金融业来说是一个革命性的变化，过去金融机构需要通过实体分支机构触达客户，现在一个大平台就可以覆盖大部分国人。普惠金融服务经常遭遇的一个困难是"获客难"，数字技术提供了一种解决方案。

再比如大数据和云计算，可以帮助提供速度快、规模大、个性化、体验好的金融服务。平台上的用户无论做网购、社交或其他，都会留下数字足迹，积累起来就形成大数据。这些大数据包括社会关系、个人行为及财务状况等，可以用来帮助分析一个人及其企业的性格特征、行为方式、信用程度等。大科技信贷就是借用这类非传统数据做信用风险评估，为个人或企业提供信用贷款。相当于用另类数据帮助降低金融信息不对称的程度，为那些经常被银行拒之门外的客户提供融资服务。这样的业务传统金融机构没法做或者不愿做，但数字金融机构提供的业务具有重要的普惠价值。云计算能提供巨大的储存能力和极快速的分析能力，为人们制定金融决策分析判断提供技术支持。

数字金融的业务非常广泛，涉及几乎所有的金融业务，具体可以分为五大类：一是基础设施，包括智能合约、大数据、云计算、数字身份识别；二是支付清算，包括移动支付、数字货币；三是融资筹资，包括众筹、网络贷款，比如大科技信贷、数字供应链金融以及开放银行等；四是投资管理，包括线上财富管理、智能投顾；五是保险，包括数字化的保险产品。在国内，这些业务的发展水平参差不齐，差异比较大。最早的数字金融业务是移动支付，到目前为止移动支付也是普及率最高的数字金融产品，虽然移动支付的金额还只有总支付额的 10% 左右，但移动支付的笔数已经能占到大约 80%。其次是一些线上投资的产品，2013 年 6 月阿里巴巴的货币基金余额宝上线，迅即掀起了一场数字金融的热潮，2013 年也因此被誉为"互联网金融元年"。智能投顾未来拥有非常大的发展空间，可以帮助解决普通家户"投资难"的问题。从 2007 年到 2020 年，P2P 完成了一个完整的周期，最热闹时平台数量超过 6000 个，但现在已经全部清零。中国的大科技信贷开始比较早，目前的信贷规模也在全球居于领先地位。另外，央行从 2014 年开始研究、开发 DC/EP，现在已经进入测试阶段。如果在不远的将来顺利铺开，也将是全世界最早发行数字主权货币的央行之一。

二、中国数字金融发展的推动力量
Driving Forces for China's Digital Finance Development

今天，中国是世界上三大最具活力的数字金融市场之一，另外两个是美国和英国。业内有一个流行的说法，三大数字金融市场的优势分别是"美国的技术、英国的模式、中国的市场"。到目前为止，中国在一些数字金融领域的业务规模已经领先全球，但基本上不具有突出的技术优势。另外，在英美等发达经济体，金融科技（或数字金融）一词通常指区块链技术、加密货币、跨境支付和央行数字货币（CBDC）等。但在中国，数字金融（或金融科技）一词则大多与向大众市场提供支付、贷款、保险和投资服务有关。中国数字金融也因此具有普惠金融的特征。根据中国"北京大学数字普惠金融指数（PKUDFII）"[①]，2011年，数字金融业务主要集中在东南沿海少数城市；到2020年，东南沿海依然领先，但东西差距、南北差距明显缩小，这意味着落后地区在那些年里正在迅速追赶。这正是"普惠"的含义。

今天在中国的任何地方，只要一个个人或者一个小微企业主拥有一部智能手机并能够连接移动信号，他或她就能够享受不受地域限制的金融服务，这样就突破了过去依赖实体网络的传统方式，金融服务的普惠性得到了革命性的提升。在中国的经济地理研究中有一条著名的"胡焕庸线"，

---

① 郭峰、王靖一、王芳、孔涛、张勋、程志云：《测度中国数字普惠金融发展：指数编制与空间特征》，《经济学季刊》2020年第19卷第4期。

是胡焕庸于1935年提出来的。① 他发现如果将黑龙江的黑河和云南的腾冲连成一条线,将中国分成东西两个部分,两边的国土面积大致差不多,但西部的人口只占到全国的4%。说明在20世纪30年代中国经济的地区差异非常大,现在西部地区人口占比可能略有上升,但地区差异现象并未从根本上转变。这也同样反映在金融服务水平的差异上,因为西部地区地广人稀,开办分支行成本高、回报低。北大数字普惠金融指数显示,在2011—2020年间,数字金融服务正在快速地跨越胡焕庸线,推进到西部地区。虽然西部地区的数字普惠金融发展水平仍然落后于东部地区,但东西部差异已经在明显缩小。这个变化可以称得上是历史性的。

促进金融普惠性是一项全球性挑战。联合国曾将2005年定为"小额信贷年",呼吁成员国认真努力,为弱势客户提供基于市场和商业可持续的金融服务。中国政府为此做出了各种政策努力,例如创建小额信贷公司和设立与金融机构建立专门的业务部门。但总的来说,进展是有限的。金融界有一个广为人知的"20-80"规则,它指的是,通常情况下,前20%的客户,包括最赚钱的公司和最富有的家庭,贡献了金融行业80%的收入。为其余80%的客户(主要是低收入家庭和中小企业)提供服务实际上更加困难,而且在财务上的利润也较低。促进普惠金融的主要困难在于接触潜在客户并评估他们的金融风险。

2016年,中国政府发布了2016年至2020年促进普惠金融五年规划。这五年来,中国在普惠金融方面取得了令人瞩目的进展。其中大部分进展发生在数字金融行业,但这并不是"五年规划"事先计划的。普惠金融取得惊人成功的秘诀在于数字技术,其中包括大科技平台、大数

---

① 胡焕庸:《中国人口之分布》,《地理学报》1935年第3卷第2期。

据、人工智能、区块链和云计算，如果应用得当，金融服务可以扩大业务规模、提高效率、改善用户体验、降低成本和控制风险。数字技术的一个重要优势是服务"长尾"客户，当其与大数据、人工智能、云计算结合，数字金融机构能够以极快的速度为大众市场提供个性化的金融服务。利用规模经济和范围经济的优势，大科技平台可以覆盖非常广泛的市场。

移动支付提供了一个非常好的案例。移动支付最主要的影响是改变了人们的支付习惯，降低了人们的交易成本。移动支付的出现，使人们支付时无须再准备零钱，出门不再需要携带现金，降低了观念丢失和被盗窃的风险，还可以方便快捷地进行远距离的转账，极大地提高了交易的便利性。2013年之后，余额宝和微信支付相继推出，移动支付在我国得到了迅速普及与快速发展。目前，移动支付已成为我国居民消费最主要的支付方式。以居民消费的金额衡量，2015年，移动支付金融超过了现金消费金额；2016年，移动支付金融又超过了银行卡支付金额（图1）。移动支付提高了支付效率、降低了交易成本，不仅改变了居民的日常支付习惯，也正在改变金融市场尤其是支付体系的市场格局。

数字技术也有助于为中低收入群体等长尾客户提供普惠金融服务。长期以来，我国传统金融机构在对低收入群体和农村地区居民提供金融支持方面，存在较大缺口。一方面，我国长期的增长模式以投资拉动为主，有限的金融资源优先支持了企业部门尤其是国有企业和大型企业的融资需求。另一方面，我国征信体系建设相对落后，多数低收入群体和农村地区居民并没有征信记录，且工作与收入不稳定，往往不是银行等传统金融机构青睐的服务客户。

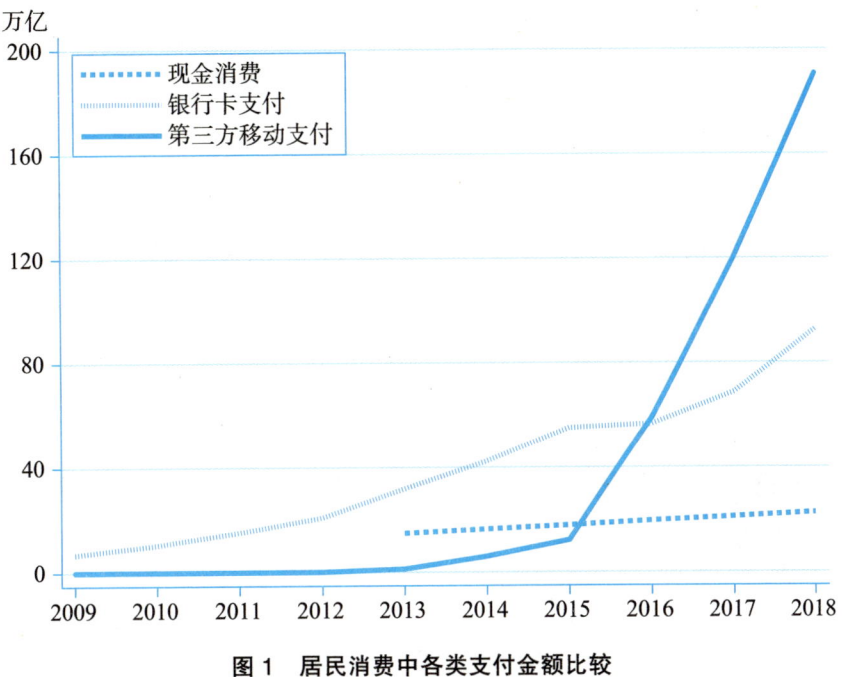

图1 居民消费中各类支付金额比较

数据来源：WIND数据库

近年来，我国快速发展的数字普惠金融为居民家庭，特别是低收入和农村地区居民家庭，提供了有效的规避和平滑风险的渠道。高收入人群是传统金融机构服务的主要客户。虽然这部分客户数量占比相对较小，但对金融产品的需求较大，且重复购买的次数较多。因此，对传统商业银行利润贡献也较大，在客户群体中占据重要的地位。与传统银行的主要区别在于，数字金融公司主要的目标群体为传统银行服务最薄弱的长尾客户。研究发现，以移动支付为代表的数字金融的发展，显著提升了居民家庭，尤其是低收入和农村家庭平滑风险的能力。这是因为，移动支付可以实现低成本的快速实时转账，提高了居民利用社会关系网络进行风险分担的能力，同时，移动支付平台还提供了具有高流动性同时产生收益的互联网理财产品（如余额宝），居民通过持有更多的互联网理财产品提高了自身的自我保险能力。因此，当居民面临暂时性的负向收入冲击时，这两方面因素共同提升了居民风险平滑的能力。

移动支付还有助于促进居民创业从而增加家庭收入。对于没有固定工作、只从事农业生产的家庭，由于移动支付带来了交易便利性和安全性，只需要提供收款码就可以顺利完成支付，从而可以提高这类家庭开始从事个体经营的概率。对于已经从事个体经营的家庭，相比银行卡支付，移动支付的交易成本更低且节约了交易时间，同时在消费需求增加的情况下，从降低交易成本和提高销售规模两方面也会增加这类家庭的收入。

综合来看，起码有三大因素推动了中国数字金融行业的快速崛起，分别是数字技术、市场需求和监管政策。

第一个因素是数字技术的快速发展和广泛应用。如果没有数字技术，就不会有数字金融。2013年之前支付宝没有被广泛使用的原因之一，是在台式电脑上使用支付宝相当不方便，智能手机和3G、4G移动网络的普及改变了这一点。而且数字技术本身的发展速度非常快，芯片行业有一个摩尔定律，指每一美元所能买到的电脑性能，将每隔18~24个月翻一倍以上。英特尔一位工程师把摩尔定律类比传统产业，如汽车业。假如1971年的大众汽车在随后的四五十年间以摩尔定律的速度进步，这辆车今天的时速应该达到48万公里/每小时。虽然这并不现实，但能很直观地说明数字技术惊人的进步速度。中国数字技术能力的快速发展是政府和私营部门共同努力的结果。政府在全国范围内对数字基础设施进行了大量投资，数字技术渗透率显著提高。数字基础设施使个人和企业几乎在任何地方都能连接到大科技平台。私营部门也发挥了作用。2011年，支付宝每秒只能处理约 300 笔交易。到 2019 年，这个数字已经远高于 30 万。2020 年新冠肺炎疫情暴发以来，中国政府又将"新基建"投资作为重要的政策，支持物联网、6G、人工智能等技术的开发与建设，相信会对数字普惠金融发展产生持续性的影响。

第二个影响因素是大量未满足的市场需求。由于客户触达和风险管理方面的问题，为低收入家庭、中小企业和农村经济主体提供金融服务很困难。在中国，由于金融抑制问题比较严重，即政府对金融体系的干预相对广泛，这个困难就显得尤其突出。正是因为正规金融体系对低收入家庭、中小企业和农村经济主体的服务供给不足，非正规金融活动和数字金融业务便充满了活力。这些业务的产生其实就是为了填补正规市场上的供给不足或者服务空白。由于大多数中国人除了现金之外没有任何支付方式，移动支付服务诞生了，并受到了市场的热烈欢迎。布鲁金斯学会高级研究员 Aaron Klein 的研究发现，中国的移动支付创新做得非常好，在方便程度、覆盖率、安全性和似乎不用研究就能发现成本等方面，都极为出色。但他同时也认为，移动支付能在中国生根开花，主要是依靠银行卡、银行账户的传统支付手段十分落后。也正是由于这个原因，美国可能不需要这样的移动支付工具，因为传统支付手段已经非常发达。[①] 同样，因为只有大约 20% 的中小企业能够从银行借款，未来大数据和大科技平台的数字信贷对那些没有银行账户的低收入家庭、中小企业和农村经济主体便具有很高的价值。许多在线投资产品特别是货币基金和线上保险产品的惊人发展，也都是这个原因。客观地说，金融

---

① Aaron Klein, "China's payment system leaves cards and banks behind: Is this the future?", in David Dollar and Yiping Huang（eds.）, The Digital Financial Revolution in China, Brookings Institution Press, Washington DC, 2022.

服务供给不足或者正规金融市场存在服务空白，其实是一个正常现象。这个问题在发展中国家尤其突出，这也是为什么发展中国家发展普惠金融的任务尤其艰巨。但这个矛盾在中国更为严重，"管制多"或者政府对金融体系保留了普遍而严重的干预，比如在资金配置中仍然存在对民营企业的歧视，确定贷款利率尚不能真正做到市场化的风险定价，这就造成了普惠金融市场更大的缺口。数字普惠金融发展歧视就是市场的一种自发反应。

第三个因素是相对宽松的监管环境。事实上，很长一段时间以来，许多数字金融业务都缺乏有效的监管。支付宝于2004年底开始营业，直到2011年才获得正式牌照，当然央行对支付业务还是有监管的。但在其他一些领域，这个问题就变得非常突出，比如第一个P2P平台拍拍贷于2007年上线，监管机构于2016年年中才公布了第一个监管政策框架，在整整九年间，P2P既没有准入门槛，也缺乏经营规则，基本上是野蛮生长。监管机构之所以不急于将这些企业置于监管之下，可能有两个原因。一方面，许多政府官员看到了数字金融业务中普惠金融的价值，因此不愿破坏此类创新活动，当然，更有可能是监管者其实也不清楚怎么监管才合适。另一方面，中国的金融监管框架是按行业划分的，该制度的工作规则是"谁发证，谁监管"。在某种程度上，使数字金融公司陷入了空白区域，没有特定的监管机构对此负责。但是，监管"宽容"是一把双刃剑，它可以让行业不受约束的快速增长，同时也导致金融风险的快速积累。自2015年底起，监管部门不断地整治、规范数字金融领域，在相当大程度上就是清理之前野蛮生长时期遗留下的问题。

三、数字信贷的三种模式
Three Businesses Regarding Digital Credit

我国的数字金融业务发展并不平衡。第一，最成功的业务是移动支付。两家领先的移动支付服务提供商均拥有约10亿在线用户。从2017年开始，他们还推出了快速响应（QR）码支付，覆盖了近1亿家线下商店和街边小贩。围绕它们构建的生态系统，在当前大多数移动支付服务用户的日常生活中不可或缺。第二，另一项相当成功的业务是数字借贷，尽管该领域内的故事也各不相同：P2P借贷已经失败，大科技信贷迄今为止却取得了巨大成功，而DSC（Digital Supply Chain，DSC，数字供应链金融）正在兴起且前景广阔，银行也在迅速将交易转移到线上。第三，保险、投资等其他业务未见重大突破，但也存在较大差异。余额宝等在线投资工具在推出那一刻便取得了巨大成功，吸引了大量散户投资者的小额资金。智能投顾业务虽然前景广阔，但目前并未取得重大进展。第四，中国人民银行在世界主要央行中，可能将是第一家发行数字主权货币（CBDC）的央行。

下面以数字信贷为例来说明数字普惠金融的创新与风险。数字信贷是指利用大科技（Bigtech）平台、大数据、人工智能（AI）、云计算等数字技术提供的贷款业务。这些技术工具可以帮助银行在提供贷款过程中的获客和风险评估。例如，数字平台的长尾特征意味着平台建立之后获客的边际成本接近于零，大数据分析则提供了一种新的评估信用风险的方法。通过这些技术，数字信贷可以迅速覆盖大量借款人。这在人类历史上是前所未有的，使得普惠金融的实现成为可能。2020年新冠肺炎疫情暴发期间，由于数字信贷无接触的特点，中国的几家互联网银行可以持续不间断地向中小企业提供贷款，不仅在困难时期支持了中小企业，还成为宏观经济的重要"稳定器"。

中国的数字信贷至少有三种不同的商业模式：P2P借贷、大科技信贷和数字供应链金融。P2P借贷是指个人通过数字平台直接向他人借钱，没有金融机构作为中介。[①②] 大科技信贷是指大型科技公司基于大科技平台的生态系统和大数据风控模型提供信贷服务。[③④] 数字供应链金融则是基于企业在供应链上的生产和销售，通过数字技术为企业提供贷款。[⑤⑥]

中国这三种数字贷款模式连成了一个有意思的故事——P2P贷款已经失败，大科技信贷发展成熟，数字供应链金融正在兴起。大科技信贷已为超过10亿人提供融资的实践非常成功，对推进普惠金融也非常重要。但大科技贷款的规模通常很小，期限也很短。虽然大科技信贷已经服务了大量的中小企业，但在信用风险评估中关注企业家的软信息和行为信息主要源于消费贷款的商业逻辑。而数字供应链金融受限于只能触及与生产或销售过程相关的中小企业，其可触达的客户数量远小于大科技信

---

① Bachmann A., A. Becker, D. Buerckner and M. Hilker, 2011, "Online peer-to-peer lending: A literature review", *Journal of Internet Bank and Commerce*, 16（2）: 2–18.

② 黄益平、沈艳、王靖一：《对互联网金融及其监管框架的分析与思考：以个体网络借贷为例》，《比较》，2016年第83卷第2期。

③ Cornelli G., J. Frost, L. Gambacorta, R. Lau, R. Wardrop and T. Ziegler, 2020, "Fintech and big tech credit: a new database", *BIS Working Paper #887*, Bank of International Settlement, Basel.

④ Huang Y., L. Zhang, Z. Li, H. Qiu, T. Sun and X. Wang, 2020, "Fintech credit risk assessment for SMEs: Evidence from China", *IMF Working Paper WP*/20/193, International Monetary Fund, Washington DC.

⑤ 白燕飞、翟冬雪、吴德林、林熹：《基于区块链的供应链金融平台优化策略研究》，《金融经济学研究》，2020年第35卷第4期，第119—132。

⑥ 宋华：《数字平台赋能的供应链金融模式创新》，《金融会计》，2020年第4卷第8期，第55—63页。

贷。然而，通过持有动产抵押或交叉验证交易的真实性，数字供应链金融能够为服务业和制造业的中小企业提供单笔金额更大的贷款。

P2P 借贷的失败

2007 年，孟加拉格莱珉银行创始人穆罕默德·尤努斯获得诺贝尔和平奖。当时在微软担任技术经理的顾少丰听说了这个消息，想知道这种小额信贷模式在中国是否适用。于是在当年，他与上海交通大学的另外两名校友一起创建了拍拍贷（PPDai），这是中国第一家 P2P 借贷公司。与 2005 年在英国成立的 Zopa 和 2006 年在美国成立的 Prosper 相比，拍拍贷也是全球该领域的先驱之一。十年后，拍拍贷在纽交所上市，但它的故事并不止于此。在 2007 年之后的几年里，P2P 借贷仍然是一项非常小的业务。从 2013 年政府开始强调金融创新的重要性起，P2P 被公认为是推行普惠金融的重要模式。由于个人可以直接向其他人借款，无须金融中介，因此应该更高效、更普惠。许多未被银行贷款业务覆盖的个人现在可以从该平台借款，而其他人则可以通过投资少量资金而获得较高的回报。这种模式使得全国各地的 P2P 借贷平台如雨后春笋般涌现，运营平台数量从 2012 年的 150 家增加到 2015 年的 3433 家。

然而，这项新的贷款业务存在一个悬而未决的问题：如何进行信用风险管理？P2P 借贷的定义是纯粹的信息中介，而不是银行。这意味着平台不能提供包括担保在内的任何金融中介服务。因此，借款人和贷方在很大程度上可以独自在此类平台上做出自己的决定。Prosper 使用 FICO 分数来减轻逆向选择和道德风险问题，但中国 P2P 借贷平台无法访问中国人民银行的征信系统。由于贷款人没有任何有效的信用风险评估手段，这种贷款模式最终在中国以失败告终。更糟糕的是，如果借款人拒不还钱，贷方对此毫无应对能力。有一种极端现象被称为"反向挤兑"：一些人故意在实力较弱的平台借款，希望以后如果平台倒闭，他们就不需要偿还贷款。①

为了生存和业务扩张，P2P平台运营商开始承担金融中介职能。成立于2009年，专门从事大额交易的红岭创投首先开始为贷款人提供担保，其他公司也开始进行投资担保、募资、汽车招标等业务。随后，P2P借贷行业迅速发展，2015年贷款余额已超过1万亿元。尽管几乎所有平台都从事金融中介业务，但是没有一家被监管。随之而来的问题在2015年开始暴露，当时有1000多个平台倒闭。2015年底，最大的P2P借贷公司之一的e租宝倒闭，影响了近100万的贷方/投资者。一些实证分析发现，具有以下特征的平台往往很难生存：信息缺失、历史较短、注册资本较少、产品种类较少、利率极端和提供担保。这项研究虽然没有提供平台失败的全部原因，但它确实揭示了许多平台的创立和运营是存在问题的，这是市场参与者和监管层应该认真思考的。

2015年P2P借贷行业的风险暴露非常迅速，中国银保监会于当年12月发布了监管政策草案，随后于2016年8月发布了暂行监管框架。监管框架中最重要的一点是，明确了P2P借贷平台只能作为信息中介。实际上，这直接关上了中国P2P借贷行业的大门。然而，由于担心金融风险和社会稳定问题，监管机构没有立马终结P2P借贷业务，而是给予了一段缓冲期。在这期间，各平台运营商尝试了各种方式进行业务转型。2020年底，P2P网贷平台实现清零。

总体来看，中国P2P行业的兴起和衰落是一次失败的实践，很多人多年的储蓄随P2P平台消逝。但这段惨痛的经历至少提供了两个重要的

---

① 张皓星、黄益平：《情绪、违约率与反向挤兑——来自某互金企业的证据》，《经济学（季刊）》，2018年第17卷第4期，第1503—1524页。

教训。第一，不能妥善管理金融风险的金融交易是不应该存在的。仅仅把钱借给无法从银行借款的人是远远不够的，控制好违约率才是关键。如果没有任何有效的评估信用风险的方式，那么该笔贷款就不是"负责任的贷款"。显然，在 P2P 平台成立之初，投资者无法获取借款人的征信记录，几乎没有任何有效的信用风险评估，从这个意义上讲，中国就不应该存在 P2P 借贷。

第二，造成 P2P 借贷行业混乱的主要因素是缺乏金融监管。2007—2016 年其实是监管真空期，因为业务性质尚不明确等问题，监管部门很难在发展初期果断采取行动。因而，监管的态度在总体上倾向于放开而不是"控制"，且当时监管分工不明确。这造成的结果是，一段时间以来，没有监管机构伸手，因此也没有相应的行业规则，甚至最终对 P2P 行业的"清理"也是由执法机构而非监管机构进行的。

大科技信贷的兴起

国内的大科技信贷始于本章开头已经介绍过的阿里小贷。起码那是现在所谓的"大科技信贷"的起点，即大型科技公司利用其大科技平台和基于平台的生态系统以及大数据技术，来支持信用风险评估从而提供贷款。[1][2] 虽然大科技信贷模式目前已被全球许多大科技公司采用，包括美国的 Amazon Lending、阿根廷的 Mercado Credito、印度的 Paytm 等。但根据 BIS 的一项研究估计，中国仍是最大的大科技信贷市场。腾讯旗下的微众银行和蚂蚁集团旗下的网商银行是两家领先的大科技信贷提供

---

[1] J. Frost, L. Gambacorta, Y. Huang, H. Shin, P. Zbinden, 2019, "Bigtech and the changing structure of financial intermediation", *BIS Working Paper #779*, Bank for International Settlements, Basel.

[2] 黄益平、邱晗：《大科技信贷：一个新的信用风险管理框架》，《管理世界》，2021 年第 37 卷第 2 期，12—21。

者，目前各自拥有 2000~3000 名员工，每年可以发放超过 1000 万笔贷款。在 2020 年的新冠肺炎疫情期间，减少人员流动和适度封城是阻止病毒蔓延的唯一有效政策措施，此时这些大科技信贷贷方凭借其无接触优势继续向个人和中小企业提供贷款，充当了经济活动的稳定器。这是历史上第一次，普惠金融真正成为现实，大科技信贷贷方可以以惊人的速度同时向大量客户提供贷款。期间，微众银行和网商银行的平均不良贷款率均低于 2%，远低于商业银行中小企业贷款的不良贷款率。

与 P2P 借贷不同，大科技信贷采用了一个新的信用风险管理框架，其中包含两个重要支柱：大科技平台及其生态系统，以及大数据支持的信用风险评估模型（图 2）。简而言之，平台帮助获取客户和积累数据，而模型则试图识别具有偿还贷款能力和意愿的借款人。

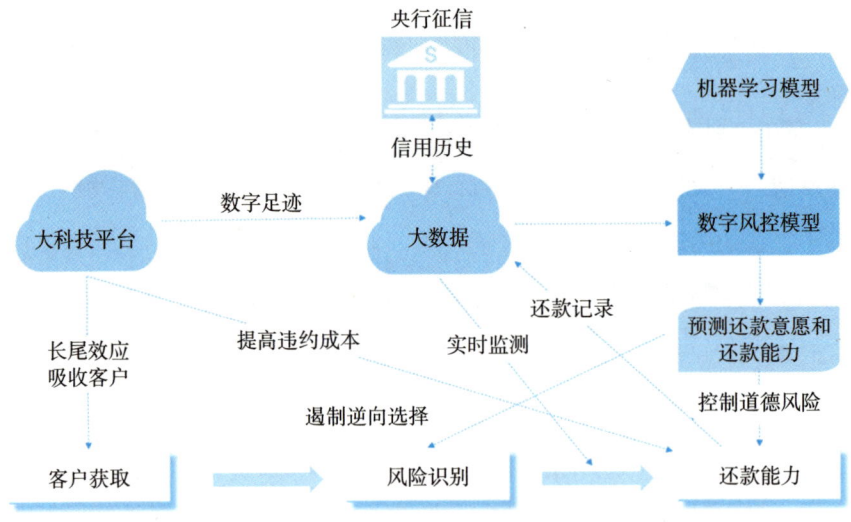

图 2　大科技信用风险管理框架

资料来源：黄益平、邱晗：《大科技信贷：一个新的信用风险管理框架》，《管理世界》，2021 年第 37 卷第 2 期，第 12—21 页

腾讯和阿里巴巴（或蚂蚁）等大科技平台如腾讯的社交APP微信和蚂蚁的移动支付APP支付宝都有超过10亿的用户。此外，他们围绕其应用程序建立了全面的生态系统——几乎可以覆盖用户日常生活的方方面面，例如购买机票、叫出租车、预订酒店房间、订外卖、支付水电费和预约医生等。平台及其生态系统不仅确保大量用户加入该"俱乐部"，并且用户能够留在平台上。因此，触达个人和中小企业客户不再存在不可逾越的障碍。

大科技平台及其生态系统的第二个功能是积累数据。用户在使用社交媒体、电子商务或搜索等功能时会在平台上留下数字足迹，累积的数字足迹将成为大数据的一部分。大数据可用于监测借款人的活动和行为。大科技平台拥有的实时数据对管理信用风险非常有价值，因为它允许大科技信贷提供者及时调整其贷款决策。这对商业银行来说几乎是不可能实现的，因为它们的数据获取在时间上通常较为滞后。除了实时监测风险之外，更重要的是，大数据还可用于信用风险评估。

大科技平台及其生态系统的第三个功能是帮助贷后管理。由于所有借款人都在大科技公司的系统上运作，因此平台可以通过设计激励机制来鼓励还款并阻止违约来减少道德风险问题。

大科技信用风险管理框架的第二个支柱是大数据信用风险评估模型。应用非财务数据分析信用风险的方式起初并未立即得到重视，但最近几年学术界在这方面取得了一些突破性的进展。[1]我主持一项北京大学数字金融研究中心与国际货币基金组织的合作研究，使用一家头部数字金融

---

[1] T. Berg, V. Burg, A. Gombović and M. Puri, 2019, "On the Rise of FinTechs: Credit Scoring Using Digital Footprints", *Review of Financial Studies*, 33: 2845–97.

机构的逐笔贷款数据，将利用大数据和机器学习方法的大数据风控模型与利用传统数据和评分卡模型的传统风控模型进行对比。[1] 研究发现大数据模型相对于传统银行模型的良好表现可能源于数据优势和方法优势，虽然数据和方法的相对贡献程度的大小可能受样本影响，但是与评分卡方法相比，机器学习能够更好地捕捉大量变量之间的相互作用。并且与传统数据相比，大数据包含了两类独特的信息：实时数据和行为数据。实时数据可以更好地监测企业的最新状况，获取更新的数据，这样就可以改善对还款能力的预测。而行为数据可以反映企业主的品行，通常不会轻易改变，可以改善对还款意愿的预测。

大数据信用风险管理的一个重要贡献是可以在控制贷款质量的前提下，为大量从未被银行服务覆盖过的"白户"提供服务。这就是普惠金融的巨大进步。事实上，新型互联网银行的平均不良率低于传统商业银行的同类贷款，也说明其风控手段是有效的。不过，大科技信用管理框架也有其局限性，总体来看管理小额、短期的贷款有效性比较高，一旦额度增加，效果就会受影响。可能也是因为这个原因，目前大科技信贷提供者与传统银行之间的直接竞争非常有限。大多数大科技信贷客户的业务和贷款规模都小得多，通常并不会被银行业务所覆盖。因此，至少就目前而言，大科技信贷贷方和传统银行是互补的。最近这几年，大科技公司与银行展开合作，实行诸如助贷或联合贷款的模式，一般认为主要是利用银行的资金优势，但要扩大贷款规模时，除了大数据应用，其实银行的传统数据往往也是风控的重要因素。

---

[1] Huang Y., L. Zhang, Z. Li, H. Qiu, T. Sun and X. Wang, 2020, "Fintech credit risk assessment for SMEs: Evidence from China", *IMF Working Paper WP*/20/193, International Monetary Fund, Washington DC.

数字供应链金融的希望

数字供应链金融的核心是利用数字技术将供应链上的货物流、数据流和资金流整合,构成信用风险管理的一种新模式。数字供应链金融也是普惠金融的一种重要形式,尤其是对中小企业的贷款。这些中小企业既缺乏财务数据,又缺乏抵押资产,无法满足银行对信用风险评估的要求。但它们作为供应链的重要组成部分,提供了创新风控的可能性。中小企业供应商与核心企业之间的货物流、数据流和资金流信息可以发挥多种作用:一是帮助银行触达潜在借款人;二是支持使用大数据进行信用风险评估,预测贷款违约;三是精准确定资金流向和时间,促进资金的有效使用,从而降低资金成本;四是有利于还款管理。

近年来,蚂蚁集团、京东数科等多家大科技龙头企业纷纷尝试利用数字化技术发展数字供应链融资业务。新兴的普洛斯金融提供了一个有意思的案例,普洛斯是物流、房地产、基础设施、金融和相关技术领域的全球领先的投资管理和基础建设公司。它通过在自己的平台上直接接入供应链,为普洛斯金融在提供数字供应链金融服务上奠定了领先优势。实际上,通过一些适当的调整,该做法可以移植到其他供应链中。目前,普洛斯已经可以提供动产抵押融资、应付账款和应收账款融资、设备融资租赁等一系列数字供应链金融服务(图3)。

供应链融资的主要痛点是确认动产和交易的真实性。如果没有有效的方法来保证信息的准确性和可靠性,从事借贷业务可能会面临极大的风险。贷款人声称的交易真的发生了吗?报道准确吗?能否可靠地监控动产?

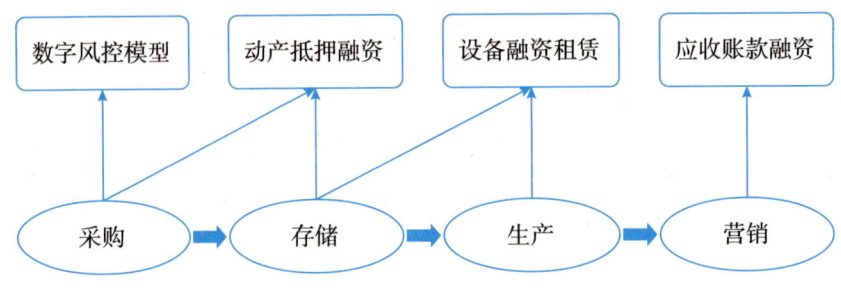

图 3　不同的数字供应链金融模式

资料来源：作者整理

可持续的数字供应链金融服务的一个重要条件是客户的商业可持续性，这也是任何信用风险评估的共同底线。数字供应链金融利用区块链等数字技术，实时监控商业流量（货物流、数据流和现金流）对其进行风险评估，并通过建立现金流闭环以确保还款。这种商业模式能够帮助那些有良好会计数据的盈利的中小企业利用外部资金扩大业务。即使中小企业没有全面完善的会计数据，但如果有盈利的单一业务，数字供应链金融仍然能发挥作用。对这些中小企业来说，银行通常不会向它们提供贷款。但是，只要交易本身是有盈利的，交易的真实性可以得到验证，现金流在闭环内受到管理，利用数字供应链金融就可以向其提供信用支持。

数字供应链金融试图通过利用三个关键的数字技术工具来减少这些问题：物联网、区块链和大数据。首先，物联网就像大科技信用中的大科技平台一样，通过链接贸易交易、生产过程、仓储活动和运输网络等线上和线下经济活动的各个方面来提供数字基础设施。理想状态是所有活动都受到实时监控，所有信息都记录在互联网系统上。当有事件发生时，系统会有相应的记录。其次，区块链技术应用于被称为"节点"的计算机或服务器的对等网络，这些计算机或服务器同时参与和监控信息和资产的传输。每次转移都记录在每个节点上,基于账本的几个相同副本生成一个信任平台。区块链技术最重要的价值是保证信息的真实性,要求任何条目都经过多方验证,任何一方都不能伪造记录。一些动产一旦用作抵押,就不能再作其他用途。最后,结合外部数据源,记录在系统上的数字足迹可以形成大数据,用于信用价值分析和贷款违约预测。

三种模式的评估和对比

中国的三种数字信贷模式都经历了非常艰难的发展历程,有两个关键因素同时促进了这些业务的发展。一方面,金融服务缺口较大,尤其是中小企业和低收入家庭的金融服务缺口较大。以上三种数字信贷模式,无论是P2P借贷、大科技信贷或数字供应链金融,最初都是为了填补传统金融市场的空白。三种业务模式起初都像是革命性的变化,它们将金融服务拓展到传统金融机构几乎无法触达的个人和中小企业。因而三种模式一出现在市场上,就受到了参与方的欢迎。监管部门在初期也采取了较为宽容的立场,认可其对普惠金融的价值。

另一方面,数字技术变不可能为可能。在大科技平台、大数据、人工智能和云计算出现之前,很难想象金融机构能够以如此快的速度发放如此大量的个人和中小企业贷款,同时还能保持良好的贷款质量。如果没有数字技术,这些新的贷款模式就不会发生。

三类数字信贷业务的发展轨迹截然不同(图4)。P2P借贷最初被视为一种"社会主义"金融,因为它为个人借款人和个人贷款人提供了新的机会。如果双方能够在没有任何金融中介的情况下成功完成交易,那么双方的效率都会得到提高。以新平台的数量来衡量,2007年至2012年是P2P的初始发展阶段,P2P借贷平台在此后的三年中突然激增。政府于2016年宣布该行业的监管框架后，该行业开始经历整顿，并在2020年完全消失。

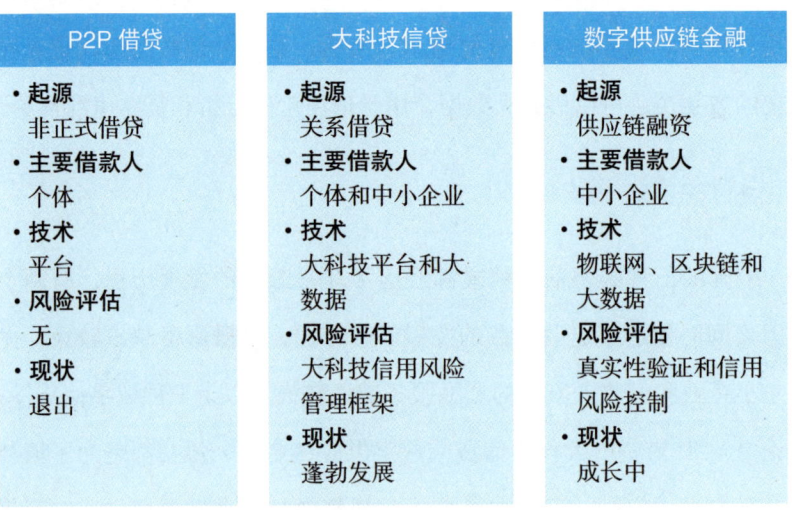

图4 三种数字信贷商业模式的比较

资料来源：作者整理

P2P借贷中最重要的一个教训是，从未有过可行的信用风险评估框架。P2P借贷并不是全新的金融模式，在某种程度上，尽管不依赖数字技术，非正式借贷或场外交易市场也可以看作P2P借贷。在许多情况下，非正式贷款效果很好，因为非正式信用风险评估是有效的。中国P2P借贷业务的问题在于大量借款人和贷方转移到一个大型平台上。借贷交易的双方以前从未见过面，将来也可能永远不会见面。如果没有任何其他风险评估手段的支持，那么这个业务是无法持续生存的。

可以肯定的是，P2P借贷不会成为中国的主流借贷业务，但也不一定要迅速全部退出。至少在两种情况下，一些P2P借贷平台还是可以生存的。一种情况是允许P2P资金提供方访问中国人民银行的征信系统，这可以帮助贷方确定合适的借款人并确保贷款可以收回。在某种程度上，这就是美国发薪日贷的运作方式。另一种情况是大科技平台提供基于大数据的信用评分，以帮助个人贷方做出决策。当然，现实是这两种情况最终都没有发生。

截至目前，大科技信贷是三种模式中最成功的。依靠平台和大数据，大科技信贷提供者触达的借款人规模在人类历史上可谓前所未有。大科技信用风险管理框架是一项重大的金融创新，这使贷款提供者可以利用大数据进行信用风险评估，而不必依赖金融数据或抵押资产。虽然是一种全新的风险评估方式，但实际上，它在某种程度上类似于传统银行的关系银行业务。在关系银行中，银行的信贷员通过密切监控借款人来关注软信息。而在大科技平台，部分大数据可以看作数字化的软信息。

然而，数字技术在推动大科技信贷业务的同时也可能产生复杂的影响。一方面，大科技信贷业务使得实现普惠金融成为可能。中国的几家大科技公司拥有超过10亿的用户，这意味着金融服务通过智能手机和电信信号几乎可以覆盖任何人。另一方面，"责任金融"的重要性也凸显出来。向任何想借钱的人提供贷款并不是目的，贷款给真正有需求、有还贷能力的人，才是"负责任的金融"。目前，大多数大科技信贷借款人是个人。虽然大科技贷款人提供者也向中小企业提供贷款，但这些中小企业大多是家族企业，其贷款决策还是更多地依赖于中小企业的企业主个人，而不是整个企业。此外，一个敏感的业务领域是消费贷款。消费贷款是普惠金融的一种重要形式，尤其是针对低收入家庭的消费贷款。但是，如果以"不负责任"的方式持续扩张，可能会导致家庭积累高杠杆和高违约率的重大风险。归根结底，唯一可持续的消费驱动力是收入，而不是银行贷款。

如今，许多大科技信贷提供者所面临的一项重要挑战是其资产负债表的规模受限。数字技术使这些贷方能够触达大量借款人，但贷方资金难以跟上。受限于不允许远程开立银行账户的监管约束，大科技信贷提供者无法吸收存款。这是目前造成大科技信贷业务模式出现监管争议的最重要原因。大科技信贷提供者通常使用资产支持证券（ABS）市场来筹集资金，但这容易推升其杠杆率。他们也与其他银行合作发放贷款，但依然受出资比例需达到 30% 的要求。这些监管政策是有道理的，但目前大科技信贷所面临的问题需要以更加系统的方式解决，简单地强迫大科技贷方降低杠杆率并增加自己的资本贡献只会导致其业务萎缩。

尽管供应链融资已经存在很长时间了，数字供应链金融仍然是一项年轻的业务。建立供应链网络也相对更耗费资源和时间。以淘宝或微信为例，平台一旦搭建起来，就可以供大量用户使用，但数字供应链平台则不同。尽管一些关键部分比较容易移植，仍需要针对不同的核心企业或生态系统搭建数字供应链平台，这意味着数字供应链融资业务的发展依然需要更多时间，同时，可能无法达到大科技信贷的规模。

当然，数字供应链融资也有明显优势。一方面，通过数字供应链融资的借款人都是直接参与供应和生产过程的中小企业，其中很多是制造企业。而大科技信贷的中小企业借款人大多来自服务业。由于贷款决策基于真实的业务活动或交易，因此数字供应链融资方式的贷款规模可能比大科技信贷大得多。另一方面，出于同样的原因，如果风控逻辑执行得好，数字供应链融资的信用风险管理框架可能也更可靠。

四、数字金融的经济影响
Economic Effects of Digital Inclusive Finance

已经有大量研究，特别是中文文献，研究了数字金融创新的经济影响，其中有相当多数量的研究都应用了北京大学数字普惠金融指数（PKUDFII）。总体上，研究结果和对数字金融创新的积极影响的预期是一致的，由于数字金融是普惠金融的一种模式，其经济效益不言而喻。例如，研究发现使用移动支付会增加农民成为收入更高的非正规企业主的可能性。在这种情况下，移动支付不仅是一种支付手段，也是连接外部市场的纽带。同时，文献中也有证据表明，在面临冲击时，使用移动支付可以平滑消费。其他研究表明，数字金融业务促进创新、创造就业、改善收入分配和支持经济增长。比如说，研究发现大科技信贷对借款人的业务增长产生了积极的影响。

关于数字金融的经济影响，一个有争议的问题是数据不平等问题。虽然数字金融行业使广大群众受益，但它也使那些没有获得数字技术连接的人处于不利地位。由于中国大多数人使用数字金融工具来安排他们的日常生活，对于那些不使用数字设备的人来说，日常生活变得非常不方便甚至困难。有媒体报道称，老年人因不能使用移动支付服务而无法乘坐地铁或缴纳社保费。另外，一些研究也发现了数字金融发展具有涓滴效应。因此，处理数据不平等问题需要双轨策略。一方面，应采取具体政策保护无法获得数字金融服务的个人的利益。而另一方面，更积极的支持数字金融发展的政策也可以加强涓滴效应，减少数据不平等的负面影响。

数字金融影响的另一个维度是传统金融业的转型。商业银行通过将数字化转型作为一项重要的业务战，改造数字基础设施和建立专门的数字金融业务部门，迅速加大了其数字化力度。目前，已经有超过90%的银行交易发生在线上。初步研究已经发现，这种转型有利于控制风险和增加收益。

现有研究最欠缺的部分是数字金融对金融稳定的影响。从积极的方面来看，移动支付服务的欺诈率明显低于其他支付服务的欺诈率；大科技信贷贷方的平均不良贷款率也远低于商业银行同类贷款。还有证据表明，大科技信贷通过关注数据而非抵押品来削弱"金融加速器"，从而提高金融稳定性。[1] 有趣的是，居民消费价格指数（CPI）的波动性较2013年大幅下降，这在一定程度上可能是因为近年来移动支付、电子商务和物流的快速发展，使得全国市场的不同部分更加紧密地融合在一起。不利的一面是，整个P2P借贷行业崩溃了。虽然未偿还贷款的整体规模不大，但涉及大量缺乏经验的投资者，社会后果严重。数字技术在金融交易中的应用可能会影响金融风险的布局，然而，目前我们尚未完全了解这是如何影响金融稳定的。

五、数字金融监管重构
Restructuring Supervision of Digital Inclusive Finance

2020年11月3日晚，在数字金融巨头蚂蚁集团（Ant）计划首次公开募股（IPO）前的大约36小时，上交所宣布暂停其上市计划。随后，蚂蚁金服还迅速暂停了在香港联交所的双重上市，原因是监管的变化会给未来蚂蚁金服的财务表现带来新的不确定性。在IPO之前暂停上市，确实是一件非同寻常的事情，更何况这是有史以来最大的IPO。国内、国外的投资者也都在努力理解这个变化的深刻含义。尽管数字金融行业监管框架的变化还在进行过程当中，可以确定的是，这个行业的监管环境将发生翻天覆地的变化。

这反映了当下中国数字金融行业的尴尬境地——虽然中国在移动支

---

[1] Gambacorta L., Y. Huang, Z. Li, H. Qiu and S. Chen, 2020, "Data vs Collateral", *BIS Working Paper #881*, Bank of International Settlement, Basel.

付、在线投资和数字信贷等多个业务领域已经处于全球领先地位，但监管框架尚未完善。第一，监管机构最初对数字金融创新采取了友好的立场，因为他们看到了这些新业务存在普惠金融的价值。第二，目前的监管框架在不同监管部门间是隔离的——谁颁发许可证就应该负责监管。目前尚不清楚哪个监管机构应该监管数字金融机构。第三，由于数字金融行业应用先进的数字技术，传统的现场、非现场检查等监管手段可能不足以检测风险。此外，金融监管机构是政府的一部分，监管政策的制定和实施往往受政治决策的驱动，这通常会导致运动式监管：在完全不采取监管行动和同时采取所有行动之间剧烈摇摆。

数字金融行业新监管框架的重构至少应遵循两大原则。一方面，数字金融行业与传统金融行业一样，应全面纳入金融监管，以降低金融风险，包括过度套利导致的金融风险。而另一方面，在监管标准一致的情况下，监管者也应积极寻求数字金融监管的创新，以平衡效率和稳定性。

详细的监管计划仍在制定中。一些悬而未决的问题可以相对较快地解决，而另一些则难以解决。首先，整个数字金融行业都应遵守相同的监管政策，最好有一个牵头监管机构。由于金融交易的最大问题是信息不对称，因此金融业是监管最严格的经济部门，数字金融也不应例外。同样重要的是，传统金融行业和数字金融行业的监管应该统一，否则可能会导致严重的套利行为。监管缺失或"监管适度"均不利于数字金融行业的健康发展。鉴于不同数字金融业务之间存在相互联系，能够通过共享平台、大数据和现金流相互影响，政策协调比传统行业更重要。中国人民银行自然是统一协调监管者的候选人，但其制定和实施监管政策的职能仍需加强，且有待制度化。

其次，为了跟上数字金融创新的步伐，监管创新也是必要的。由于数字金融线上交易规模庞大、速度惊人，传统的监管方法在管理金融风险方面已经严重不足，更不用说解决金融风险了。监管机构应通过应用数字技术来履行监管职能，从而提升其技术能力。当监管机构看到一些创新的好处但不确定其风险和后果时，他们可以采用"监管沙盒"等新做法，在监管机构的监督下进行有条件的实验。中国人民银行已于2019年底启动了中文版"金融科技创新监管工具"，监管部门也应积极推进监管创新，支持数字金融业快速健康发展。例如，大科技信贷模式非常有效，因为其借款人众多，获得贷款速度非常快，贷款质量高。然而，大科技信贷的贷方往往面临一个重要的制约因素：资金供应不足。监管机构可以通过允许远程开设银行账户，促进大科技信贷的贷方从银行间货币市场或资本市场借款以及鼓励大科技信贷的贷方与传统银行之间的合作，来帮助缓解这种限制。

　　再次，中国迫切需要制定一套完整的数据政策。大多数数字金融业务都是大数据驱动的。过去，政府颁布了许多关于数据的法律或法规，例如保护个人隐私，然而，它们中的大多数要么不够充分，要么没有正确实施。数据滥用在中国非常普遍，包括在数字金融行业。最近，中国政府决定将数据视为一种生产要素，与劳动力、资本和土地一样。换言之，数据可能进入生产函数以促进经济增长。为了实现这一目标，政策制定者需要在许多领域制定明确的规则。第一，谁拥有数据，个人用户还是平台？如果两者在大数据积累中都有一定的权利和投入，那么决策权和利益应该如何分配？第二，可接受的数据交换方式有哪些？与劳动力或资本不同，数据可以被多方拥有和使用，理想的交换方式应该能够保护原始数据所有者的权利。第三，统一的数据标准是数据交换的重要条件，但谁来负责制定数据标准，政府还是私营部门？第四，数据的定价机制是什么？如果不有效解决这些问题，数据就很难作为新的生产要素正常发挥作用，也很难指望数字金融行业持续健康发展。

复次，迫切需要针对包括数字金融行业在内的数字经济相关行业制定新的反垄断政策。最近，中国监管机构开始调查垄断问题，例如在移动支付领域。然而，与传统经济不同，市场份额可能不是判断垄断的最可靠指标。由于数字技术具有规模经济和范围经济的特点，大科技平台自然而然地成了市场上的大玩家。事实上，这是数字金融行业实现普惠金融的技术基础。判断垄断地位的一个更合适的标准是"可竞争性"——新玩家是否仍然可以进入，并与现有玩家竞争。在中国数字经济领域，可竞争性非常明显。在电子商务领域，淘宝是第一个领先的平台，京东紧随其后。而在最近几年，一个新平台拼多多迅速出现并超越了淘宝。在社交媒体方面，虽然微信仍然占据主导地位，但它一直面临着来自微博的竞争，同时其市场份额也正在不断地被字节跳动蚕食。鉴于数字经济领域的动态，特别是商业模式的快速演变，很难相信主导地位和市场力量会持续存在。在这个阶段，监管政策应该更多地关注公平竞争和消费者保护，而不是狭义的反垄断。

最后，从长远来看，当局需要制定数字金融监管的国际战略。尽管一些领先机构开始"走出去"，但中国大多数成功的数字金融业务都在国内。鉴于中国当前正处于一些数字金融创新领域的前沿，国际战略至关重要。随着时间的推移，在边境对数字金融交易实施限制将变得越来越昂贵，甚至不可能。国际战略可能包括交流有关数字金融创新的经验和知识，监管政策的跨国协调，甚至国际数字金融市场的整合。金融监管机构或许没有能力完全掌握中国数字金融国际化的进程，但将中国数字金融行业与世界其他地区永久隔离本来就不是可取的做法。因此，促进监管者和从业者与国外的同行互动，从而寻求有效的知识共享和业务合作方式，非常重要且必要。

六、数字金融发展新阶段
New Stage of Digital Finance Development

过去十年，中国数字金融行业经历了飞速的发展。虽然大多数数字金融业务模式最初始于美国或英国，但中国现在在多个领域——至少在客户群和交易量方面——处于领先地位。中国人民银行（PBC）可能是世界主要央行中，第一个发行自己的主权数字货币（CBDC）的央行。中国数字金融快速发展的一个重要原因是传统金融市场的不完善——大多数低收入家庭和中小企业的金融服务不足。中国应用数字金融的核心之一——应用数字技术辅助风险管理——促进了"普惠金融"的发展，从而弥补了中国金融市场的不完善。

数字技术为金融部门带来了创新。理论上，基于传统经济学中广泛接受的"规模报酬递减"假设，同时接触大量的需求及特征各异的"长尾"客户的成本很高。如今，数字金融降低了这一成本：每个领先的移动支付服务提供商都拥有大约10亿用户；人工智能和云计算以前所未有的规模和速度处理金融模型，从而实现及时的个性化服务；由大型科技公司发明的大数据支持的信用风险评估模型不仅在预测贷款违约方面更可靠，而且还能够向没有银行账户的大众提供贷款。目前，贷方每年可以向数千万的低收入家庭和中小企业借款人发放贷款，大科技信贷的不良贷款率普遍低于传统银行发放的同类贷款。

更广泛地说，数字金融可能会改变金融和宏观经济格局。例如，数字金融中介的出现降低了银行实体分支机构的价值，从2016年开始，银行分行总数已经在稳步下降，大多数大型银行也开始裁员。量化指标显示，数字金融服务的区域差距大幅缩小。多项研究发现，数字金融能够支持创新、就业和收入，尤其是低收入家庭和村民的收入。大科技信贷采用大数据支持的信用风险评估方法，弱化资产价格与银行贷款的联动性，即所谓的"金融加速器"。大科技信贷的货币政策传导普遍快于银行贷款。而且，数字金融还可以使区域市场更加紧密，例如移动支付促进了电子商务和物流，从而提高了宏观经济稳定性，包括价格稳定性。以上是数字金融对宏观经济和宏观金融影响的一些例子，完整的图景仍在绘制中。

金融监管在中国数字金融发展中究竟扮演什么角色，是一个有争议的话题。从积极的方面来看，监管机构对数字金融创新采取了更宽容的态度。然而，这是因为监管机构看到了金融创新产生的金融普惠性的价值，还是因为他们无法决定如何应对这一创新，这一点尚不清楚。无论如何，数字金融机构有足够的空间和时间来尝试新的金融产品和流程，否则，大科技公司将很难启动和发展支付和贷款业务（这二者目前都是成功的案例）。不利的一面是，监管的缺失也导致了"野蛮增长"，在某些情况下，还会积累重大的金融和社会风险。例如，P2P借贷在经历了短暂的大幅上涨后突然崩盘，留下了重大的金融和社会风险。

蚂蚁金服突然暂停上市，可能标志着数字金融监管的转折点已经到来。监管机构现在正在努力为数字金融行业构建一个全面的监管框架。2015年，以中国人民银行为首的10个政府部门发布了一份文件，概述了数字金融发展和监管的官方立场；监管部门随后出台了一系列数字金融业务政策，包括2015年非银行移动支付、2016年P2P借贷、2020

年互联网银行贷款等。但仍有一些棘手的问题有待解决。第一，如何将数字金融业务置于统一的监管框架下，避免过度套利行为，同时又留有足够的创新空间？第二，传统的政策手段和工具可能不足以监管数字金融行业，如何应用数字技术辅助监管？第三，如何对数字金融控股公司进行监管，尤其是在其内部不同业务之间建立数字中国墙？第四，所有权、权利、标准、定价和交换的最佳数据策略是什么？第五，判断垄断的最佳标准是什么，数字金融行业反垄断政策的重点是什么？这些问题的答案均有助于塑造未来的数字金融监管框架。

中国数字金融革命仍是现在进行时，但它已经产生了重要的全球影响。第一，为促进普惠金融提供了有效模式。借助数字技术，金融机构有史以来第一次能够以惊人的速度为海量客户提供金融服务。第二，数字技术正在迅速改变全球金融格局。中国的经验为理解数字金融创新，尤其是新兴数字金融参与者与传统金融机构之间的动态互动提供了重要案例，这些机构也正在经历重大的数字化转型。第三，目前全球数字金融市场可能分为三个：美国、中国和世界其他地区。一个很大的挑战是如何在业务和监管层面上整合这三个市场，或者至少形成某种合作。

可以预期的是，中国的数字金融发展也将进入新的阶段。如果说过去的数字金融主要是野蛮生长，现在要开始进入监管全覆盖的阶段。如果说过去数字金融创新的主角是科技公司，未来传统金融机构包括商业银行可能将成为创新的主力。如果说过去最为活跃的业务主要是移动支付与数字信贷，智能投顾、跨境交易将成为值得期待的新领域，而央行数字货币也已经呼之欲出。如果说过去主要是依托消费互联网创新金融服务，在下一个阶段包括产业互联网在内的各种物联网将成为数字金融创新的主要载体。

第六章
金融监管从"形式"走向"实质"

Financial Regulation: from Formal to Substantive

Understanding China's Financial System

2019年5月24日，中国人民银行和中国银保监会共同发布公告称，鉴于包商银行出现严重信用风险，为保护存款人和其他客户合法权益，对包商银行实行接管。[①]之后成立了新的蒙商银行承接包商银行的资产与负债，蒙商银行的主要股东单位包括内蒙古自治区财政厅、当地的一些地方国企、存款保险基金及徽商银行。2020年11月23日，银保监会批准包商银行执行破产程序。之后，对包商银行的处置才算告一段落。不过包商银行被接管实际是揭开了中国中小银行风险问题的盖子，锦州银行和其他一些中小银行信用风险也随之暴露。

虽然经过多方努力，中小银行的信用风险没有进一步的提升，但这个事件提出了两个值得思考的问题。第一，包括包商银行在内的一批中小银行的信用风险其实已经存在比较长时间，但为什么一直没有被发现？后来对这些"问题银行"的考察确实发现了不少"乱来"的行为，其中有很多做法是早就被明令禁止的，但却普遍存在。第二，一旦发现风险因素，应该用什么机制来处置？亚洲金融危机期间我国一批银行发生较大的信用风险，最后由政府兜底化解，央行冲在了第一线。按说我国已经在2015年5月建立了存款保险基金，可以通过市场化的手段化解银行风险，存保基金确实也在处置包商银行问题的过程中发挥了作用。但目前还很难指望以存保基金来处置大部分中小银行的问题。

[①]《中国人民银行、中国银行保险监督管理委员会关于接管包商银行股份有限公司的公告》，https://www.cbirc.gov.cn/cn/view/pages/ItemDetail.html?docId=219413&itemId=925&generaltype=0。

这些问题的背后有一个根本的问题：我国应该依靠什么手段识别并化解金融风险？过去几十年一直靠政府兜底，但这肯定无法长期持续。更为市场化的手段应该是靠金融监管。当然，这并不意味着从此政府不需再管，即便再成熟的市场经济体，政府也是维护金融稳定的重要力量。比如在全球金融危机期间，各国政府不仅实行积极的财政政策，与货币政策一起携手支持经济与金融稳定，政府还直接出资为重要金融机构注资。事实上，理想的做法是由央行、财政与监管一起共同构建国家金融安全网。但从劳动分工的角度来看，金融监管部门在维护金融稳定方面的职责应该是第一位的。

近年来，金融风险在我国不同的金融部门之间游走，系统性风险持续抬头，其中一个很重要的原因，在于金融监管没能有效地控制金融风险。因此，如何推进金融监管体系改革，关系着新发展格局下防范与化解系统性金融风险这一"攻坚战"的效果。

一、金融稳定形势开始发生变化
Financial Situation Beginning to Change

在过去四十年间，中国可能是唯一一个没有发生过重大金融危机的主要新兴市场经济体。金融体系能长期保持稳定，背后有两个非常重要的贡献因素，一是经济持续的高速增长，二是长期的政府担保、政府兜底。高速增长的好处是可以在发展中解决问题，一些金融风险问题可以通过增长掩盖甚至化解。[1] 政府隐性担保能够确保及时处理一定程度的金

---

[1] 黄益平：《防控中国系统性金融风险》，《国际经济评论》2017年第5期，第80—96页。

融风险，市场信心不会发生根本动摇。

事实上在20世纪90年代末亚洲金融危机期间，中国的银行业遭遇过非常重大的风险，银行平均不良率高达30%~40%（图1）。在一般市场经济国家，如果不良率接近10%，通常就会发生银行挤兑。但正是因为中国存在政府的隐性担保，存款人对政府信用保持较高的信心，所以没有发生银行挤兑现象，更没有像泰国、印尼、韩国等国家那样发生系统性的金融危机。

因此，政府可以腾出手来逐步改造银行业，包括冲销并剥离坏账、国家注入资本金、引入战略投资者，直到最后在国内外资本市场上市。为了处理银行的不良资产，政府专门成立了四家资产管理公司，将从四大国有商业银行剥离出的1.4万亿元不良贷款，放在资产管理公司里逐步处置。当时看起来，这1.4万亿元不良贷款简直是一个天文数字。但由于经济持续保持10%以上的高增长，很容易消化这个存量。今天中国的主要银行已经跻身全球最大银行的行列。

如果当时没有政府的兜底，没有经济的持续高速增长，中国银行业肯定会是完全不同的状况。可以做一个简单的设想：如果在1978年政府就决定彻底放开金融体制，什么都不管。那么，可以预料在过去四十几年间中国可能已经发生过好几次金融危机，特别是在亚洲金融危机和全球金融危机期间。但在理解政府干预的正面作用的时候，也需要注意两点。一是干预应是适度的干预，而不是全方位的干预；二是虽然现在干预还比较多，但是在过去四十几年间干预的程度是在不断地下降的。从这两个方面来看，这种金融管制是有利于经济增长和金融稳定的。

近几年，我国金融稳定的局面开始发生变化。尤其是从2015—2020年来看，金融风险抬头的态势非常明显，甚至可以说是金融风险事件频发。2015年，上半年股市明显回调，下半年外汇市场遭遇非常大的压力，货币贬值、资本外流。2016年，全世界都开始关注中国的高杠杆率。当时非金融负债即政府、企业和个人的负债已经高达GDP的248%。当然，这个水平与发达国家相比并不突出，但比新兴市场经济体的平均水平已经高出60多个百分点。更重要的是在2009年至2015年期间，非金融杠杆率猛升70多个百分点。杠杆率水平高、上升快，引发了普遍的担忧。因此，2016年初政府开始实行去杠杆的政策。

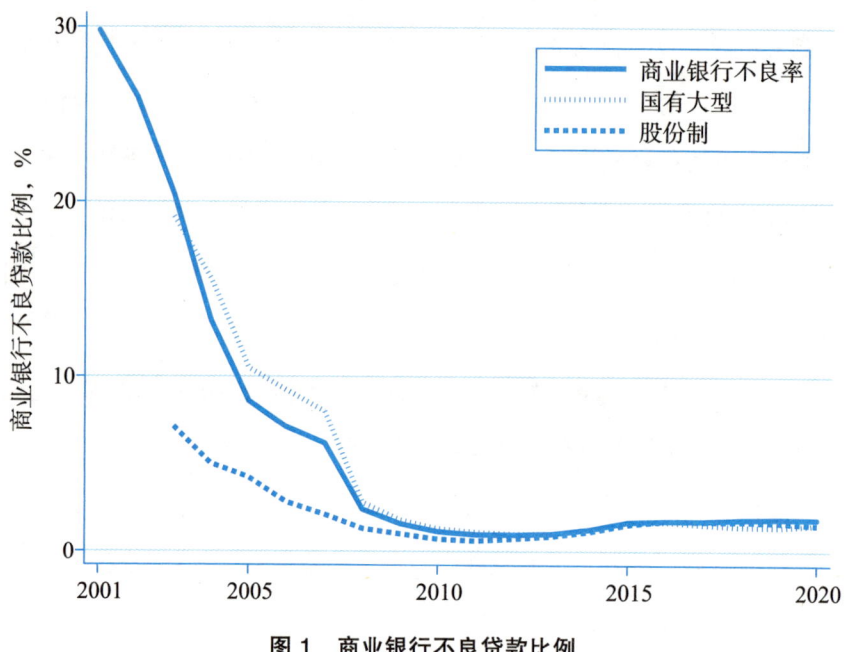

图1　商业银行不良贷款比例

数据来源：世界银行，CEIC数据库，作者整理

2017年，影子银行业务特别是理财产品市场的风险开始受到广泛的关注。年底监管部门出台新的政策整治理财产品市场。2018年，地方政府包括地方融资平台的高负债率再次成为潜在的风险点。年初的人大会

议给地方政府的总负债规模设定了一个最高值。2019年，一批中小银行的资产负债表面临非常大的压力，不良率也非常高。2020年，一度非常活跃的P2P终于消失，个体网络借贷平台一度达到6000多家，但在2020年已全部清零。虽然平台不正常运营了，但很多资产、负债问题还没有全部理清，遗留了不小的金融与社会风险。

可以想象得到的是，2020年之后，金融风险还会不断出现甚至恶化。首先，在新冠肺炎疫情期间，政府号召商业银行为中小企业提供贷款，稳住经济主体。当年中小企业贷款余额增长30%，这对稳定经济和金融发挥了重要的作用。但其中有相当一部分贷款是政策性行为，而不是单纯的商业性决策。虽然后来政府要求银行实行"应延尽延""应续尽续"的政策，即只要借款企业要求延缓贷款偿还，商业银行都应该为其办理相应手续。该政策一开始延到2021年3月底，后来延到2021年6月底，再后来又延到2021年12月底。无论延到什么时候，可以肯定的是这些贷款中都会有一部分违约贷款，导致银行不良率上升。其次，在新冠肺炎疫情期间，我国的非金融杠杆占GDP之比上升了20多个百分点，达到280%。现在每年光是用于偿付债务利息开支的成本已经达到全年GDP的15%左右。而其中相当大一部分的加杠杆发生在政府部门，包括地方政府与地方融资平台。根据作者的初步估计，目前有十余省份的各级政府债务利息开支已经占到其财政收入的一半以上。未来如果中央政府不再实行全面兜底的政策，那么地方融资平台债务和地方国企债务的违约率可能会明显上升。最后，如果参考传统的衡量房地产泡沫的一些指标比如房价收入比，我国一些城市特别是大中型城市的房地产价格已经非常高。在2020年新冠肺炎疫情得到初步控制之后，全国的房价几乎又经历了一轮普涨。房地产市场存在泡沫，这应该是一个大概率事件。当然，价格高不一定意味着房地产市场就一定会崩盘，尤其考虑到我国购买房地产要求的首付率普遍都比较高，即便房价回调，房地产发生负资产的可能性也并不大。比较收入与按揭贷款利息开支的倍数，我国大概是六到七倍，而风险比较大的一些国家则只有两到三倍。因此，将来房地产市场如何演变，现在并没有一个明确的定论，但如果市场发生调整，无论对经济增长、对家庭财富、对金融稳定，都可能是一个重大的风险因素。

由此看来，自2015年以来，几乎每年都有金融风险发生，凡是能够想到会出现金融风险的领域几乎都已经出现过问题。目前运行比较稳健、还没有发生风险事件的领域是大型国有商业银行。最近人民银行金融稳定局对全国4000多家商业银行进行检查，最为稳健的就是最大的二十几家银行。这些大型银行在经历过上一轮的重组和改造之后，资产负债表、利润损益表和现金流量表都比较稳健，一方面是因为它们资金充裕，业务覆盖广，盈利状况也比较好，但另一方面也可能是因为这些大型银行享有更强的国家信用支持。

金融稳定形势发生逆转，跟经济高速增长与政府隐性担保这两大金融稳定的支柱发生改变有关。之前依靠高增长和政府兜底维持金融稳定的做法遭遇了难以持续的困难。从2010年开始，GDP增长速度持续回落，2019年底放缓到6%。增长速度下降，对金融风险有两大含义，第一，本来通过在发展中解决问题，现在因为增长速度放缓了，解决问题的能力开始减弱。第二，经济增速下降本身也会带来新的金融风险，比如经济结构转型和投资回报下降。

经济增速下降必然伴随着微观层面的资产负债表的恶化，金融风险因素上升就很难避免。亚洲金融危机以来，政府不断推进市场化改革，僵尸企业的比重持续下降。但全球金融危机以来，这个比例又出现明显的反弹。这不仅影响资源利用效率、影响企业去杠杆，也影响金融风险的化解。随着金融市场的发展，偏向国有企业甚至僵尸企业的抑制性金融政策的负面效应变得越来越突出。

2016年国际清算银行提出了"风险性三角"的概念，以描述金融危机以来宏观经济面临的主要风险，即生产率明显下降、杠杆率大幅上升和政府宏观经济政策空间收窄。我国在全球金融危机尤其是2012年经济下行以来面临的"风险性三角"问题甚至更为突出。金融危机后，我国全要素生产率增长明显下降，甚至出现负增长。

宏观经济形势的变化也明显限制了政策担保或兜底的能力。从财政政策看，历经前期多轮刺激，地方债务风险凸显，大规模集中基建、增加基建债务的余地并不大。货币政策方面，截至2020年12月末，广义货币M_2余额218.68万亿元，在全世界是最多的，M_2与GDP之比在世界主要经济体中位列第二。市场流动性过剩导致杠杆率快速上升。这说明经济减速情况下货币供给扩张对经济拉动的效果在逐步减弱。如果政府通过大规模刺激政策追求高速增长，将很可能造成更严重的金融风险。

同时，经济增长模式从过去的要素投入型转向创新驱动型，对金融资源配置提出了更高的要求。换句话说，增长模式转变要求金融模式跟着转变。在过去十年里，经济和金融形势都发生了很大的改变。决策者一直在关注金融不支持实体经济的问题，就是金融体系服务实体经济的效率在下降。具体而言，抱怨最多的就是前面提到的中小微企业融资难的问题，过去十年来，政府一直在想办法解决，虽然取得了不少进展，但矛盾还是很突出。另外一个讨论比较少但同样严重的是普通老百姓投资难的问题，老百姓有很多储蓄，但可投资的金融产品非常有限，导致家庭相当部分的资产集中在房地产上。这个问题如果不解决，将来会形成两个问题：第一，资产性收入太少，不利于应对人口老龄化的挑战。第二，这么多的钱没有地方投资，一旦看到一个新的机会，很容易一拥而上。大量的资金涌入某些领域，很容易造成资产价格的大幅波动，甚至直接影响金融体系的稳定。

二、系统性金融风险成为主要挑战
Systemic Risks Becoming Main Challenge

2018年开始，中国开始集中力量推进三大"攻坚战"。其中，第一个就是防范化解重大风险，另两项分别是精准脱贫和污染防治。2021年中国已宣布实现全面脱贫。近几年，随着环保整治力度的加大，污染防治也取得了明显效果。如北京表现为，雾霾天数明显减少，空气质量明显变好。

防范化解重大风险，尤其是金融系统性风险，可能是个更长期的任务。我们利用国际流行方法，测算了2008年以来中国系统性金融风险的指数（图2）。2008年全球金融危机之后，中国的金融风险有所下降。但是，到2014年之后出现了大幅的上升，随后又有所回落，2018年以来则又处于相对比较高的水平。从趋势上看，2018年后系统性金融风险有上升的趋势。

全球金融危机爆发以后，2008年我国推出大规模刺激计划，宏观金融风险开始下降并在2009—2012年保持了相对稳定。刺激政策的积极效果释放后，其成本在经济下行期开始显露，民营企业融资难而国企资产负债率不断提高，"僵尸企业"的存在导致不良贷款逐步上升。各种融资平台和影子银行的发展，导致杠杆率快速上升，造成了 2015 年以股价为代表的资产价格出现了较大波动。金融监管政策服务于甚至被用作宏观经济政策，导致监管成本不断增加，监管有效性不断下降。经济金融风险上升，并在 2015 年达到峰值。

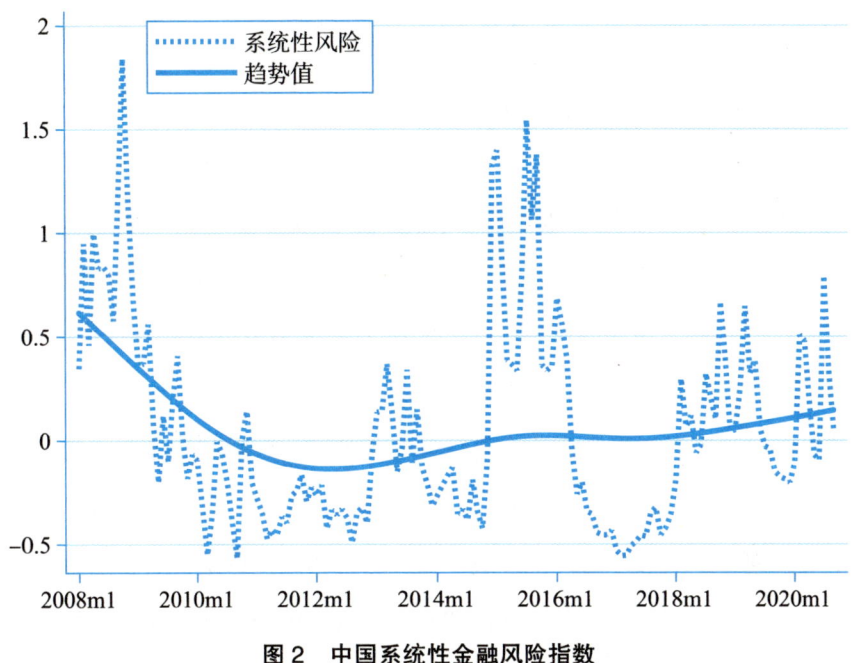

图 2 中国系统性金融风险指数

数据来源：WIND 数据库，作者测算

2016 年后，监管部门更加重视加强金融监管与协调，严格规范金融市场交易行为，并加强数字金融平台领域监管。2016 年后，我国商业银行逐步加强风险管理，严控高风险业务，尤其是加强对表外业务的检查、审计和风险管控。这一举措有效地减弱了系统性金融风险威胁。随着实体经济下行风险的持续存在，少数野蛮生长的金融控股集团的风险不断暴露，比如抽逃资本、循环注资、虚假注资以及通过不正当的关联交易进行利益输送等问题比较突出，带来跨机构、跨市场、跨业态的传染风险。2018年后，中美贸易摩擦加剧，国内经济出现南北分化，加之2020年突如其来的全球疫情冲击，多种因素相互交织，导致系统性金融风险又出现上升的趋势。

系统性金融风险上升的表现有很多方面，最重要的是杠杆率的快速上升。杠杆率大概是近年来最受国际关注的中国经济风险问题。而杠杆率所体现的债务问题，又与当前中国的影子银行、地方债务等问题交织在一起。在全球金融危机以前，中国的杠杆率不是特别高，只是比新兴市场国家稍微高一些，但是后来上升幅度非常快。从理论上说，杠杆率是一个中性的概念。债务可以帮助提高效率，支持劳动分工与专业化，推动经济发展。但如果家庭、企业和政府借的债务太多就容易出问题，现金流一旦断裂，容易形成恐慌，甚至造成系统性后果。

中国的杠杆率为什么这么高？首先，中国的金融体系是典型的银行主导，这意味着多数金融交易都是以存贷款的形式实现，贷款就意味着债务，债务多则杠杆高。反过来，如果金融体系是资本市场特别是股票市场主导，股权融资就不会增加杠杆。其次，中国还没有建立起严格规范的企业破产清算的退出机制。这样，在改革期间形成了大批质差的企业甚至资不抵债的僵尸企业。僵尸企业持续运营，说明社会在直接、间接地补贴它们，这些补贴更多的是金融市场提供的廉价资金。以国家统计局统计的规模以上制造业企业为例，正常企业的资产负债率平均为51%，而僵尸企业的资产负债率平均为72%。这说明僵尸企业的存在大大降低了金融资源的利用效率。而为了保持一定的经济增长速度，货币政策只能进一步扩张，提供更多的流动性，推升了企业与整个社会的杠杆率。在改革期间，货币政策总体上是宽松容易、紧缩困难，现在依然如此。

那么，中国的高杠杆率会引发什么样的后果？一些官员和学者担心中国会发生明斯基时刻，就是在杠杆率稳定上升一段时间之后，投资者信心忽然丧失、市场崩盘，由此引发金融危机。但在中国发生这样情形的可能性不太大，原因是虽然总杠杆率上升很快、水平也很高，但分部门看，政府的杠杆率并不是那么高。在国际上一般以60%为限。根据国际清算银行的数据，2019年底，政府部门的杠杆率是53.2%。居民的杠杆率最近几年有所上升，但也不是特别高。杠杆率问题最大的部门在非金融企业，2019年底已经到了GDP的150%左右。受疫情影响，2020年第三季度，已经达到163%，这一比例在世界范围内都属于很高的。

非金融企业分为两类企业：国有企业和民营企业。在全球金融危机以后，民营企业去杠杆非常明显，相对应的是国有企业加杠杆。这样的杠杆率分化会导致金融风险不断积累。无论从利润率指标、生产率指标，还是从资金回报指标来看，民营企业的表现要好于国有企业，这个分化整体上意味着"好杠杆"在下降，而"差杠杆"在上升，即金融资源的利用效率在不断下降。

国企杠杆率偏高，有制度性的原因，就是政府的隐形担保和刚性兑付。通过对银行层面的信贷控制，政府得以将经济中的信贷资源较多地集中于低效率的国企部门，政府隐形担保的存在也间接催生出一批"僵尸企业"。为了维持经济增长，政府不得不释放流动性。在经济上行周期，这种结构性扭曲弱化了宏观货币政策对实体经济的传导效果。在经济下行周期，由于国有企业和民营企业的经营性风险都在上升，政府隐形担保导致银行更倾向于向规模较大的国有企业贷款，而"僵尸企业"的存在也将成为整个经济系统性风险的核心来源。

三、经济区域分化下的金融风险
Financial Risks under Regional Divergence of Economic Development

中国系统性金融风险的形成，可以说是三大因素交互作用的结果，一是经济增长减速，二是流动性相对充裕，三是管制过严和监管不足同时并存。

自全球危机以来中国经济增长换挡，从过去的高速增长转向中高速增长，同时还伴随着重要的结构转型与新旧动能转换。这样就必然造成效率相对低，而对于没有及时转型和产业升级的企业，它们的平均投资回报下降和资产负债表的恶化问题更严重。这里值得提出的是，在新发展阶段，中国潜在经济增长速度下降虽是不可避免的，但也是符合经济发展规律的。根据作者的预测，中等情形下，我国潜在GDP增长率将从2021年的5.8%逐渐下降至2035年的3.8%，未来十五年的年均增速可以达到4.7%。低（高）情形下，我国潜在GDP增长率将由2021年的5.3%（6.2）逐渐下降至2035年的3.5%（3.9%），年均增速为4.7%（4.9%）。

流动性充裕在很大程度上是由中国的金融体系决定的。一方面，中国的金融体系由银行部门主导，因此，几乎所有的金融中介最终都会以债务融资的形式反映出来，杠杆率自然就比较高。另一方面，因为在金融市场存在政府隐性担保，产品很少违约，企业很少破产，一旦出现债务困难，最重要的解决方式还是放松货币政策、增加流动性，因此，货币政策宽松变成了一个刚性政策机制。

目前的监管框架既存在管制过度的问题，也存在监管不足的问题。过去几年发展快速但同时出现了乱象丛生的影子银行和互联网金融，也是正规金融部门管制过度的后果之一，比如利率不灵活，资金所有者想要获得更高的回报，就必须离开表内业务、规避管制。与此同时，当前分业监管的框架已经明显脱离了混业经营趋势明显的金融市场现实，不但各部门之间的政策缺乏协调，比如证券监管部门不了解证券市场投资者在银行部门与信托市场加杠杆的现象；同时还形成了监管空白地带，传统的做法是谁发牌照谁监管，一些创新性的金融业态没有得到及时有效的监管。

债务违约问题更加突出

在新发展格局下，经济增长减速的同时，又呈现出南北分化的特征。金融危机后尤其是近五年来，南北地区经济发展的总量差距和人均差距均呈现不断扩大的趋势。尽管我国东、西地区之间发展差距开始缩小，南方地区和北方地区的总量差距和人均差距近年来却呈现出不断扩大的态势。改革开放以来，南方地区的经济总量始终高于北方地区。2001年我国加入WTO之前，南北地区的经济总量差距保持在1000亿元以内。2002年之后，南北地区经济总量的差距开始拉大。2016年后呈现进一步拉大的态势。

加入WTO后，我国南方和北方地区人均收入水平均呈现不断上升趋势，且2016年之前北方地区人均收入水平略高于南方地区。从2016年开始，南方地区人均GDP超过北方地区，并呈现拉大趋势。值得注意的是，2019年北方地区人均收入绝对值较上年出现下降，由2018年的6.34万元降至6.24万元，而南方地区则由6.69万元提高至7.57万元。

中国经济减速，区域增长分化，反映的是不同地区的市场活力和市场竞争力。市场活力高的东南省份，民营经济较为活跃，市场嗅觉更灵敏，所以在金融危机后转型升级得更快。而市场活力较弱的东北、华北以及部分西部省份，国有企业比重大，市场机制改革相对滞后，产业转型升级的主动性相对较低。这些地区经济放缓更快，加上人口不断流出，政府的财政收入减少，债务负担越来越严重。

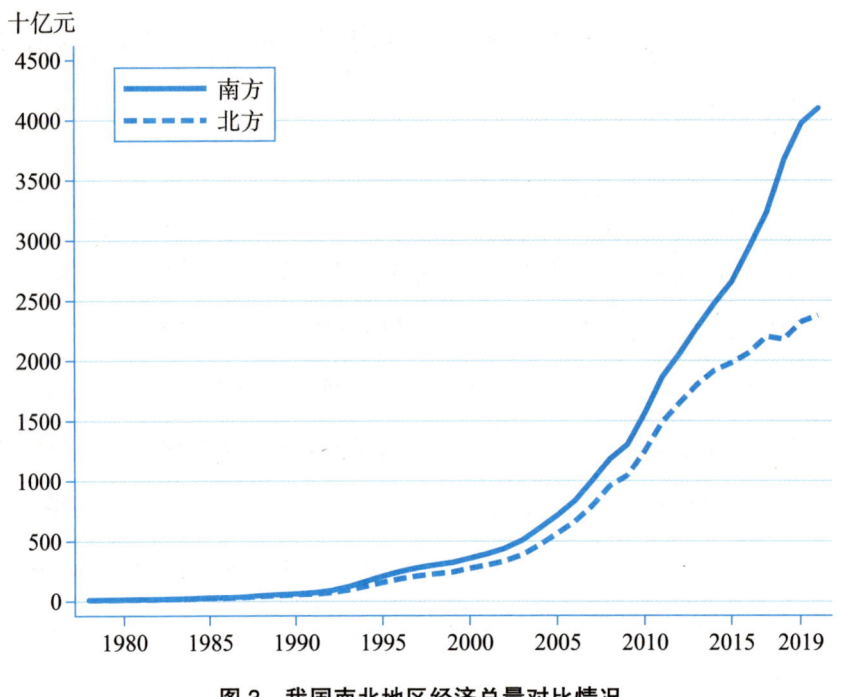

图3 我国南北地区经济总量对比情况

注：中国以秦岭淮河一线作为南北方的分界线。北方地区包括北京、天津、河北、山西、内蒙古、辽宁、吉林、黑龙江、山东、河南、陕西、甘肃、青海、宁海、新疆共15个省份；南方地区包括上海、江苏、浙江、安徽、福建、江西、湖北、湖南、广东、广西、海南、重庆、四川、贵州、云南、西藏共16个省份。香港、澳门、台湾未统计在内。

数据来源：CEIC数据库，国家统计局

根据国际标准，地方政府债务率一般不超过100%，负债率一般不超过60%。目前，贵州、内蒙古、辽宁、宁夏、天津、云南、吉林等省份债务率已经超过100%,青海负债率超过60%。在结构转型过程中,相比南方东部省份,东北、华北以及西部部分地区经济下行压力较大,地方债务余额超过地方综合财力水平。同时,这些地区经济对房地产的依赖度较高,地方财政收入对政府性基金收入依赖较大。随着房地产价格调控以及楼市降温,这些地区面临较大的财政压力。如果再加上隐形的地方债务,地方政府债务风险将大幅上升。

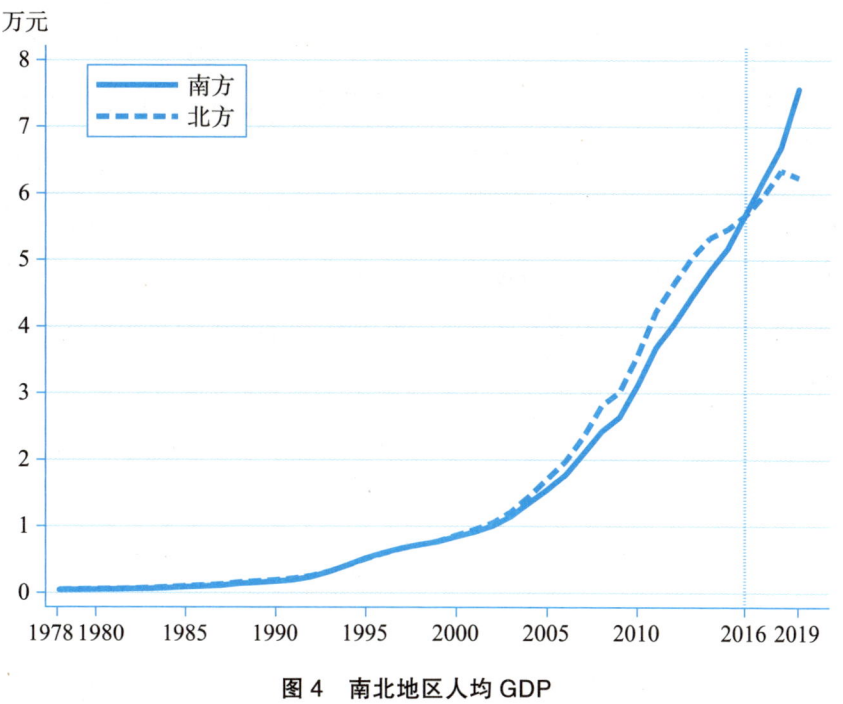

图4 南北地区人均GDP

数据来源：CEIC数据库,国家统计局

经济下行过程中,部分民营企业债务违约风险上升,并可能向金融机构,尤其是地方性中小金融机构传递。2020年,为降低企业流动性风险,人民银行延期了还本付息等阶段性支持政策,这些阶段性政策到期后，企业集中还款压力较大。2021年民营企业到期债务规模与2020年大致相当，部分大型民营企业或出现"暴雷"，冲击中小银行和资本市场。过去几年，旨在支持实体经济的社会融资，近一半的资金以贷款、债券和资管计划等形式进入房地产市场。房地产企业平均的资产负债率处于较高水平，一些高负债运营的大型企业，如华夏幸福，资产端产品结构不合理，难以在短时间内出售变现，负债端外部融资难度加大，导致资金链断裂风险加大。

经济下行压力下，部分地区国有企业信用类债券违约风险增大，并开始向城投债扩散。河南永煤、辽宁华晨等事件表明，地方国有企业违约风险增大。2021年信用债还本付息规模将接近10万亿元，东北地区、天津、河北、河南等地偿债压力较为突出，违约风险形势更为严峻。地方国有企业的信用债违约可能会向城投债市场扩散。2021年回售的城投债规模将创历史新高。如果城投债市场的违约事件增多，将加剧企业再融资困难，资金链断裂风险会向金融体系传递，甚至引发系统性金融风险。

中小银行的不良资产等存量风险可能恶化

当前银行贷款仍是企业最主要的外部融资渠道。由于国有大型银行的资金、政策优势，使股份制及中小银行的竞争更为激烈，货币基金等互联网金融的兴起，在一定程度上也增加了股份制及中小银行的资金成本。在"去产能"和监管加强的背景下，这些金融机构通过影子银行业务进行监管套利的动机增强，导致金融风险上升。尽管部分民营银行的资产质量在经济企稳的过程中得到改善，但中小银行的高风险业务的潜在风险仍值得重点关注。

2010年金融监管加强后，以委托贷款为主的影子银行业务增长主要来源于股份制银行和中小银行，而不是国有大型银行。尽管影子银行快速上升势头有所遏制，但业务存量仍较大。以委托贷款、信托贷款和未贴现银行承兑汇票为主的影子信贷占社会融资总量的比例，由2008年底的10.0%上升到2014年6月的18.2%，后逐渐下降到2020年底的7.3%。其中影子信贷中，委托贷款占比最高，由2008年底的48.8%上升到2016年底的56.6%，后下降到2020年的52.9%（图5）。

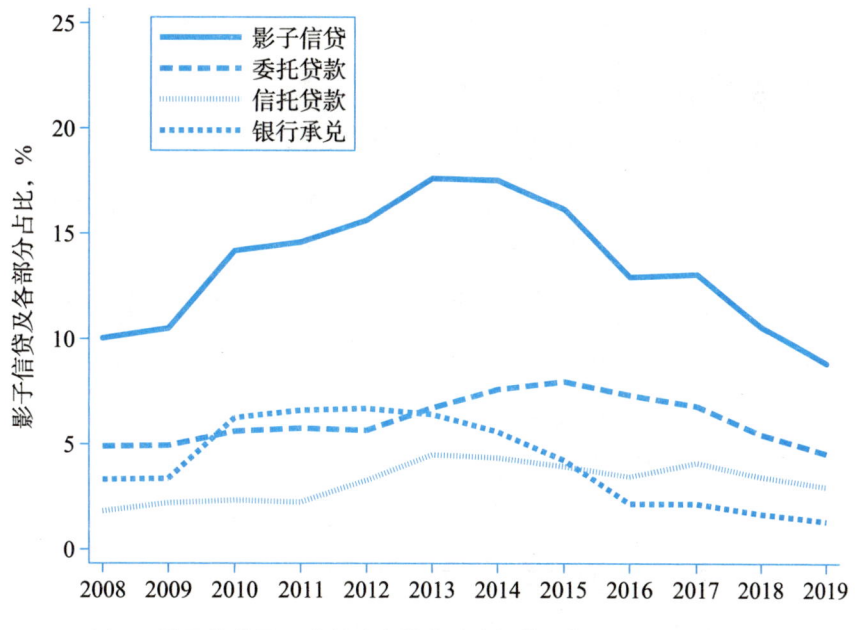

图5　影子信贷及组成部分占社会融资规模比例：2010—2019, %

数据来源：CEIC；作者计算

高风险的中小银行类金融机构，主要还是集中在区域风险较高的地区。据了解，2020年末，全国近4000家中小银行中，10%以上的机构属于高风险机构，这些高风险机构的不良贷款率达到17%，远高于商业银行1.84%的不良率水平。辽宁、内蒙古、河南、甘肃等地的高风险机构的数量能占到全国近一半。比如,辽宁辽阳农商行、辽宁营口沿海银行、天津银行、天津滨海农商银行等中小银行的不良贷款率已经达到非常高的程度。这些高风险的中小银行已经十分脆弱,大量资产质量继续下降的话,积累的存量风险可能会进一步恶化。

数字金融平台的网络效应易加快风险扩散

近年来,大型科技公司开始涉足金融业,全面开展金融业务。阿里、腾讯、京东等平台机构,在网商平台、社交、游戏等主业积累大量客户,为辅助电商或社交场景的客户需求发展支付、货基、大科技信贷等业务,逐渐形成整个金融业务的链条。目前,这些机构已经直接或者间接拥有支付、银行、征信、基金、小贷等金融业务牌照,具备了控股集团的特征,而且在支付、大科技信贷等领域已经走在了世界前列。

在相对宽松的监管环境下,中国的互联网金控平台与金融科技相关业务发展迅速,已经从支付、征信、身份认证等金融设施领域,拓展到风险管理和金融资源配置等核心环节。然而,由于互联网金融科技相关的业务和产品具有跨行业、跨地域的特征,规模效应和网络效应明显,随着金融科技的影响范围和深度不断扩大,如缺乏有效的监管,会影响金融稳定,推高金融风险甚至导致系统性风险上升。

互联网金控公司的网络和规模效应等特性引发的问题,也可能随着时间的推移而变化。比如,"长尾客户"的特性容易使市场份额集中,但值得注意的是,在监管相对宽松的环境下,互联网金融行业内部的竞争也较为激烈。即使阿里支付、微信支付等在市场占据较大份额,但潜在的进入竞争也使得这些支付机构有动机不断为市场提供更便利、更有效的市场基础设施和更高质量的服务。货币基金的出现,一定程度上推动了中国的利率市场化进程。而随着货币市场利率的上升,在监管不足的情况下，依靠在货币市场融资的股份制和中小型银行可能更有动机进行高风险资产业务或直接监管套利活动。同时，大数据和 AI 等计算技术支持金融决策，对金融周期的影响也不确定。以大数据和 AI 技术为基础的信用贷款，与以抵押物为基础的传统信贷相比，在下降周期里，可能会平滑贷款的余额。但也可能在下行周期，通过计算技术的多角度分析，进一步减少贷款意愿，增加金融的顺周期性。

互联网金控平台快速发展过程中，由于技术原因或行业监管、信息共享的缺失引发的风险点，也值得重点关注。在普通用户的消费习惯向移动支付转移的情况下，技术故障可能引起大范围的支付困难，并可能由于紧张情绪产生较大的社会外部影响。现金贷存在较高的信用风险，以高利率覆盖高风险的业务模式不可持续。消费贷款资产证券化业务（ABS）的基础资产质量直接影响着 ABS 的违约概率。此外，传统银行业受到金融安全网的保护，在满足最低准入要求等条件下可纳入保险机制，必要时还可以获得央行的流动性支持。然而，目前这些大型互联网金控平台并不受"金融安全网"保护，而且长期游离在监管之外，面临市场冲击时可能会出现羊群效应，放大金融体系的周期性，一旦出现问题也将难以获得支持，产生范围较大的影响。

四、金融监管的本质
The Essence of Financial Regulation

为什么要有金融监管？

如果做一个简单概括，金融的基本功能是资金融通。资金融通有不同形态，简单可以分两类：直接融资，也就是股权、债券市场，间接融资包括商业银行和保险公司等。但主要功能是一样的，就是资金融通，资金从富裕方拆借或者投资到短缺方，中间会产生期限的转换、规模的转换、风险的转换。

金融对于经济发展至关重要。如果把经济比作人的肌体，那么金融就如同人的血液。所以说，"金融活，经济活；金融稳，经济稳"。金融的诞生，使得交换、劳动分工和规模经济成为可能，金融发展伴随着经济增长在不断加速。英国经济学家、诺贝尔经济学奖获得者希克斯在他的《经济史理论》里有一个重要论断：工业革命不得不等待金融革命。如果没有金融革命，工业革命不可能发生。工业革命的一个重要特点是生产规模和生产能力的大幅提升。生产规模的扩大，只靠企业家自身的资本积累是远远不够的。还需要有金融机构，能将大量零散、廉价的资金聚集起来并配置给有前途的企业，大规模生产才能变成现实。所以说，光有新技术是不够的，必须有大量廉价资金的投入作为支持，才能把蒸汽机转化成航运业、铁路业和纺织业。

虽然金融很重要，但要维持金融体系稳健运行，降低金融危机发生的概率，就必须要有有效的金融监管。金融最大的特征之一是信息不对称。在金融市场上，资金的需求者和供给者之间缺乏足够的了解，这种信息不对称就会带来决策失误的风险。比如，企业向银行借钱，银行并不知道企业的类型。往往能承受高借贷成本的企业，通常也是风险较高的企业。这就是经常说的逆向选择的问题。银行向企业发放贷款后，不完全知道企业是否会拿着这笔贷款投资风险更高的项目。这就是经常说的道德风险的问题。如果企业投资的项目风险越高，那么企业违约的可能性就会越大。违约的可能性是由两个因素决定的：第一是还款能力，就是借款人做成业务获得好的回报的能力；第二是还款意愿，就是借款人还钱的主观意愿。如果银行持有的高风险资产越多，将来的不良贷款率就可能越高，银行资不抵债、进行破产清算的概率也就越高。一旦银行因为违约或投资失败遭到客户挤兑，这种恐慌情绪就会很快传染到其他银行，从而引起系统性金融风险。

可见，金融体系稳健运行，有效的金融监管必不可少。金融体系中的金融机构、市场机制和监管政策，有一个共同性的功能，就是降低信息不对称的程度。银行把存款人的钱集中起来以后，可以聘请专业的人员来做信用风险评估，降低信息不对称的程度，同时降低这项工作的平均成本。市场上的评级机构发布评级报告给投资者看，也是帮助投资者降低信息不对称，了解投资企业的情况。监管政策很重要的一条是信息披露。一个发行债券、发行股票的企业，必须定期披露必要的信息。

那么，什么是金融监管？金融监管一般是指金融机构需要遵循的一些规则或者法律，以及为了实施这些规则或法律所采取的必要监测和落实手段。

金融监管理论有三个学派：第一个学派是科斯理论。科斯的大概意思是，如果市场有效的话，有法律就行了，不需要再监管。因为每个人按照法律行事就不会出现问题。不过，虽然法律很重要，但并不能完全替代监管。依靠法律解决问题，最主要的手段就是诉讼，诉讼的问题一般来说时间比较长，同时得实际受到伤害才能起诉。监管的功能不仅仅甚至主要不是处置风险，而是防范风险，或者在金融运行过程中缓解风险、降低潜在损失。法律与监管两者都很重要，但不能互相替代。第二个学派是管制理论。监管是特殊的利益集团用来限制其他竞争者的手段，从而获得自身利益和垄断利润。第三个学派也是被普遍接受的学派，关注市场失灵和外部性问题。这个学派的基本观点是,即便在有效的金融市场,仍然可能发生市场失灵的问题或风险。市场失灵的情况大致有四种,一是系统不稳定。系统不稳定就会相互之间交互影响,最后导致系统性的崩盘,且仅靠市场机制不能解决。如果可以单纯靠市场机制解决,也就不会看到历史上有那么多的系统性金融危机。二是信息不对称。信息不对称是金融交易与生俱来的特征,所以需要想一些办法克服它。需要补充说明的是,可以努力降低信息不对称的程度,但是不可能彻底消除信息不对称,这也解释了为什么金融交易永远会有风险。比如惯性地将国债称为无风险资产,但也只是表明政府的违约率低一些,不可能真的零风险。三是市场失当行为,包括欺诈,比如庞氏骗局。四是阻碍竞争的行为,比如一些企业设置人为的障碍阻止竞争者进入,形成垄断地位,获取垄断利润。

表 1 市场失灵的类型与监管政策

市场失灵的类型		系统不稳定	信息不对称	市场失当行为	阻碍竞争行为
监管领域		宏观监管 金融稳定	微观监管 单个机构	交易监管 消费者保护	鼓励竞争
金融部门	银行	宏观审慎监管框架	由一个或多个机构监管	由一个或多个机构监管	通常由一个单独机构负责
	保险				
	证券				
	其他				

资料来源:作者整理

上面这些问题,都是金融监管应该努力解决的。金融监管的功能也是为了维持以及支持金融体系的有效运行,但是它的具体目的是要克服市场失灵和外部性问题。对于上述四个方面的问题,需要不同的监管机构和监管政策(表1)。比如,应对系统不稳定的问题需要宏观层面的政策，因为它关系到整个系统的稳定性，制定宏观审慎政策或者宏观审慎管理是全球危机以来各国都在尝试做的一件事。降低信息不对称程度，需要微观层面的监管，对于机构、交易实行具体的监管措施，比如资本金、流动性和资产持有方面的要求。市场失当行为，主要是解决公平交易和保护消费者利益，现在各国都有消费者保护机构。克服反竞争行为的政策安排各国不太一样，但在很多国家都有独立的反垄断特殊机构。

监管常用的手段很多，简单地概括一下，起码包括这几个方面：政府安全网（政府救助、存款保险制度、大而不倒问题）、资产限制（限制风险资产的持有）、资本金要求（资本充足率、杠杆率，《巴塞尔协议》）、注册与检查（骆驼评级：资本充足率、资产质量、管理、盈利、流动性和对市场风险的敏感度）、风险管理评估（控制风险的管理程序、压力测试）、信息披露（向市场披露必要的信息）、消费者保护（贷款真实性：关于借款成本的完整及信息准确、平等信用机会法案）、竞争限制（限制分支机构、禁止非银行机构与银行竞争）。

存款保险制度主要是防范发生大面积挤兑行为的风险。在中国，所有50万元以下的存款都会有存款保险制度兜底。这样，即便银行出现问题，大部分人都不会去银行挤兑，风险就不会发散，不会引发系统性的问题。

对银行的监管主要是限制高风险资产的持有比例。因为银行本身对安全性要求很高，所以一般来说，银行主要是持有一些国债或者高级别的投资资产。资本金要求主要解决银行运营的可持续性问题，如果银行赔了钱，只要有足够的资本金可以弥补损失，机构的可持续性不会成问题。《巴塞尔协议》就包含对资本金的要求，近年来特别是在全球金融危机以后，监管对资本金要求在持续提升，特别是对所谓的逆周期的资本金要求和对一些系统重要性机构的额外资本金要求。

金融监管有哪些类型？

金融监管有很多不同分类方法。按照监管方式，可以分为机构监管和功能监管。机构监管是现代金融监管体系较为初始的形式，就是监管机构以金融机构的法律性质或注册类型（如银行、证券公司、保险公司等）为基础确定监管对象。在实行机构监管的金融体系中，各类金融机构通常分业进行经营，同一种类型的金融机构均由同一监管机构监管。中国实施的是机构监管，就是根据机构的法律性质或者业务类别来实施监管。一个通俗的说法是谁发牌照谁监管。

功能监管是以金融机构所从事的金融业务性质（如银行、证券、保险等业务）明确监管机构，每种类型的金融业务都有对应的功能监管机构。所以，功能监管主要是看交易性质，只要涉及信贷业务，监管银行的部门就会监管。只要卖投资产品，监管证券的部门就会来监管。功能监管的概念源于美国经济学家罗伯特·默顿及其合作者的研究。[1] 在持续的竞争和创新中，金融机构提供金融产品的种类和服务的范围在不断变化，金融机构与市场的范围也逐渐开始交叉，传统的机构监管者就会不断面临严重的监管重叠和监管空白共存的尴尬局面。因此，默顿认为机构监管转向功能监管将是不可避免的趋势，主张对发挥同一金融功能的不同金融机构所开展的类似业务实行相同的监管。

---

[1] Crane D. B., K. A. Froot, Scott P. Mason, André Perold, R. C. Merton, Z. Bodie, E. R. Sirri, and P. Tufano, *The Global Financial System: A Functional Perspective*. Boston: Harvard Business School Press, 1995; Merton, Robert C., "Financial Innovation and the Management and Regulation of Financial Institutions", *Journal of Banking & Finance*, 19（3-4）: 461-481, 1995.

随着金融机构混业经营的趋势逐渐明显，功能监管的理念开始得到学术界和业界的关注。采纳功能监管理念的国家有法国、意大利、西班牙、巴西、新加坡等。功能监管模式下，不同类型的金融机构开展相同性质的金融业务，将面临相同的监管标准，从而有利于促进市场公平和良性竞争。值得注意的是，功能监管模式下，金融监管的有效性取决于金融业务的界定是否足够明确。然而，在金融创新和金融科技快速发展情况下，金融产品的复杂性提高会导致金融业务界定的难度加大，也可能会影响监管的有效性。

从机构设置看，大致可以分为三类金融监管模式：

第一类是分业机构监管模式。银行、保险、证券分成不同的类别分开来监管。中国是典型的机构监管模式。监管机构的主体是"一委一行两会"。这种模式现在被称为"一委一行两会"，其中"一委"是国务院金融稳定发展委员会，简称"金融委"；"一行"是中国人民银行；"两会"是银保监会和证监会。同时，地方金融监督管理局也是金融监管体系的重要补充。

美国也是分业监管的做法，叫"双层、多头"。双层是联邦政府和州政府有各自独立的监管权限，同时分为证券、银行、外汇很多监管参与者。美国的例子很有意思，在1998年花旗集团成立以后，美国出现了很多综合性的金融服务机构，但却保留了分业监管的模式。2008年金融危机后，美国财政部的行动方案表明美国认识到了这种"双层多头"监管模式的不足，也成立了由财政部牵头、各监管机构参与的金融稳定委员会。

第二类监管模式是混业监管，也称为综合监管，就是由一个综合的金融监管机构对金融体系的所有机构和产品进行审慎监管和行为监管。

综合监管的优势在于金融监管机构可以全面综合地掌握金融市场信息，从而避免机构监管或功能监管模式下不同监管机构的监管标准不统一等问题。在金融机构混业经营趋势下，综合监管模式也成为2008年金融危机之前国际金融监管模式改革的主要参考。

20世纪80年代，北欧国家挪威、丹麦、瑞典相继采用了综合监管模式。1997年英国金融服务局（FSA）的建立，进一步推动了综合监管的改革趋势。其他代表性国家还有加拿大、德国、日本、卡塔尔、新加坡、瑞士等。到了2002年底，全球将近46个国家建立了综合监管制度，由综合监管机构负责银行、证券与保险，或者是其中两大部门的监管。[1] 综合监管最突出的例子是新加坡，监管机构叫新加坡金管局，实际上就是大央行制，职能包括货币政策、金融监管、微观监管、宏观监管、行为监管。

虽然综合监管模式在掌握市场信息和统一监管标准等方面具有优势，然而英国北岩银行事件以及随后美国的次贷危机暴露出来的金融机构行为和金融消费者权益保护等问题，均显著降低了综合监管的有效性。三十国集团研究认为，综合监管模式下，单一监管机构缺乏必要的制约和补充机制，且容易由于官僚化导致监管效率下降。[2] 因此，英国从2012年开始，逐步转向审慎监管和行为监管并重的"双峰"监管模式，美国也在金融危机后重视旨在加强金融消费者合法权益保护的行为监管。

第三类监管模式是"双峰"监管（Twin Peaks），是依目标进行监

---

[1] Martínez, J, Rose, Thomas, "International Survey of Integrated Financial Sector Supervision", World Bank Policy Research, 2003.

[2] Group of Thirty, The Structure of Financial Supervision: Approaches and Challengnes in a Global Marketplace, Washington, DC., 2008.

管。按照监管职能设立两个监管机构,将审慎监管和行为监管分开。审慎监管负责维护金融体系和机构安全、稳健运行,行为监管负责公平交易,以保护金融消费者合法权益。两个监管机构分开,类似骆驼的两个峰,所以称为"双峰"监管。澳大利亚是非常典型的例子,它有两个不同的机构。很多国家的宏观审慎监管这一块放在央行。

随着金融创新和金融混业经营,金融机构提供的金融服务之间的差异缩小,金融控股集团(公司)的出现,导致金融风险更容易跨行业、跨地区和跨产品传染,从而引发系统性风险。因此,英国经济学家迈克尔·泰勒及其追随者提出了金融监管的"双峰"模式,建议成立"金融稳定委员会"以加强审慎监管,建立"消费者保护委员会"以规范金融机构行为,形成两个监管职能相互补充的监管机构,从而防控系统性金融风险的爆发。[①]

澳大利亚和荷兰是最早采用"双峰"模式的两个国家。2008年全球金融危机期间,这两个国家的金融体系表现得更为稳健,并且危机之后恢复较为迅速,很大程度上得益于审慎监管和行为监管既相互独立又相互补充的"双峰"监管模式。因此,英国在2008年金融危机后,决定继续推进金融监管改革,并于2013年4月正式走向"双峰"监管模式。目前,西班牙、意大利和法国也在积极考虑"双峰"监管模式。

---

① Taylor, Michael,"Redrawing the Regulatory Map: A Proposal for Reform", Journal of Financial Regulation and Compliance, Vol. 5 Issue 1, 49–58, 1997; Taylor, M.& A. Fleming, "Integrated Financial Supervision: Lessons of Scandinavian Experience", Finance and Development, Washington D.C., 1999; Abrams Richard, Michael W. Taylor, "Issues in Unification of Financial Sector Supervision", Monetary and Exchange Department. International Monetary Fund, 2000; Eva Hüpkes, Quintyn, Marc, & Taylor, Michael W., "The Accountability of Financial Sector Supervisors: Principles and Practice", International Monetary Fund, Washington, DC., 2005.

在 2008 年的全球危机以后，金融监管改革明显提速，各国以及国际金融稳定委员会、IMF 等一直在讨论国际金融改革问题。2008 年次贷危机演变成全球性的大灾难，就是金融监管出了问题，需要进一步改革。

金融危机后监管改革的新进展

全球金融危机后，主要的发达国家纷纷开始反思之前的金融自由化浪潮，重新审视新古典经济学的市场竞争和行业自律的基础假定。从而认识到有效的金融监管对维护金融体系稳健运行、有序提供金融服务的重要性，并积极探索推进新的监管改革。目前，进展比较快的是以下几个方面：提高针对金融机构的微观审慎监管标准，重视宏观审慎监管以防范系统性风险，以及加强行为监管以增进金融消费者合法权益保护。这几个方面也成为了金融危机后国际金融监管改革的重要内容和方向。

第一个方向是，重视宏观审慎监管，注重防范系统性金融风险。因为即使遵循常用监管标准金融机构都处于稳健运行状态，也不能保证政策金融体系是稳定的。所以，宏观审慎监管，作为新概念、新框架，在金融危机后开始得到监管部门的重视。

2008 年金融危机前，国际主流的监管理念是微观审慎监管，认为金融机构是相互独立的，单个金融机构自身资本充足就可以抵御其他金融机构倒闭所引起的风险。然而，随着放松管制和金融创新的不断发展，金融市场化进程使得金融机构之间的关系更加紧密。金融机构自身的商业逐利行为，通过持有层层嵌套的产品或交叉持有资产，会产生较大的外部性，当存在负面冲击时风险会迅速传染。一旦货币政策收紧等负向冲击导致资产价格下跌时，金融机构为了满足资本充足要求就会选择出售资产。如果多个金融机构同时出售资产，会导致资产价格快速螺旋式下降，从而引发金融危机。[1]

2008年金融危机后，各主要发达国家均对自身的监管体系和监管理念进行了反思，认为在金融创新层出不穷、金融机构混业经营的趋势下，应在金融监管中更加突出宏观审慎监管的重要性。不同于微观审慎监管强调单个金融机构的安全，宏观审慎监管关注整个金融体系的稳定。宏观审慎监管的核心是针对金融市场的顺周期性，对金融体系进行逆周期调节，从而防范由于顺周期波动和跨部门风险传染引发系统性金融风险。同时，确定具有系统重要性的金融机构并设置更为严格的风险控制标准，以降低外部冲击或系统重要性机构内部风险对整个金融体系冲击。作为危机后国际金融监管改革的核心内容，国际社会在加强宏观审慎监管方面已取得一些积极进展，并在宏观审慎政策运用方面初步形成了可实施的操作框架。

第二个方向是，设立新的更加严格的微观审慎监管标准，增强金融体系的微观基础。微观审慎监管实行以"风险为本"的单个机构监管。目前，国际上通行的监管评价体系，以资本充足率、资产质量、管理能力、盈利表现、流动性和市场风险敏感度等六方面为标准，简称"骆驼"监管评价体系，是分析金融机构运营是否健康可持续的基础框架。

2008年金融危机后，国际社会在提高金融机构资本金要求和强化内部治理等方面加强了微观审慎监管。针对资本和流动性不足、杠杆率过高等问题，2010年底二十国集团（G20）首尔峰会通过了《巴塞尔协议Ⅲ》，明确了新的资本充足率、杠杆率和流动性等监管标准，以确保银行持有足够的资本金，促使银行减少高风险业务。金融危机前，不合理的

---

[1] 秦晓：《金融监管体系改革的看法》，《中国金融》2016年第13期，第12—15页。

薪酬机制成为金融机构公司治理的薄弱环节。鉴于此，金融稳定理事会和欧盟等分别推出了规范金融机构经理人及管理人员薪酬的制度，以防止金融机构经理人及管理人员为追求短期高额利润而从事高风险的业务的不当激励。

第三个方向是，重视行为监管，即公平交易，加强对金融消费者合法权益的保护。

行为监管是金融监管机构对金融机构的经营行为进行监督管理，通过制定有关信息保护、避免误导欺诈、公平交易、争端解决等规定，保护金融消费者的合法权益。市场信心对于金融市场稳定至关重要。行为监管机构通过金融科技手段进行检测或者通过对现场随机审查评估并及时披露信息，对违规金融机构进行处置，从而降低金融市场的信息不对称，增长金融消费者对金融市场的信心。然而，实践中，相对审慎监管，行为监管往往不够重视。相对金融机构，对金融消费者的保护往往不足。金融危机之前，多数国家的监管指标体系和评价标准也更侧重于金融机构稳健经营和风险防范的能力，对金融机构的经营行为的适当性和合理性以及由此可能产生的风险不够重视。

次贷危机前的美国，由于经济持续多年保持稳健，宽松的政策环境增强了金融机构对房地产价格持续上涨的预期。金融机构通过各种宣传和营销手段，为大量不具有还款能力的消费者提供抵押贷款，然后以此为底层资产，进行多轮资产证券化。而当货币政策收紧，房地产价格下跌时，出现大量不具有还款能力的消费者形成违约。因此，对金融机构行为监管的缺失，也成为美国次贷危机爆发的重要原因。而采用"双峰"监管的国家，其金融体系在危机期间以及之后较为稳健的表现，引起了越来越多国家监管机构的关注。英国、美国等西方主要国家开始改革原有的金融监管体系，加强行为监管和对金融消费者保护。此外，国际金融稳定委员会、G20、世界银行等组织和机构也纷纷推出指导性意见，强调相对独立的行为监管的重要性。

第四个方向，也是正在讨论中的一个话题，就是审慎监管与行为监管应适当分离、相互补充。

审慎监管与行为监管在监管目标、分析工具以及监管者角色要求等方面存在差异。首先，审慎监管以关注金融机构的安全和健康发展，保证金融机构稳健运行为目标；而行为监管以监督金融机构行为、确保市场公正透明、维护消费者合法权益和信心为目标。其次，微观审慎监管主要是通过"骆驼"评级体系等监管工具判别金融机构运营状况，行为监管则主要是采取现场检查、评估等预防的方式，规范金融机构的产品定价、营销以及其他行为，识别并纠正消费者的行为偏差。最后，英国经济学家泰勒将审慎监管比作医生，发现金融机构的"病因"并努力加以救治；而行为监管更像是警察，倾向于对当事人严肃问责，对违纪行为进行处罚。在实践中，一旦处理不当，往往会忽视某一方面，出现监管空白，影响微观审慎监管的有效性，进而诱发一些系统性风险，降低金融消费者对金融市场的信心。

正是基于对审慎监管和行为监管之间不同监管目标的认识，"双峰"监管模式的研究者认为，应当成立两个独立的机构来分别负责审慎监管和行为监管。2008年全球金融危机后，英国撤销了金融服务局，提高了英格兰银行的审慎监管职能，设立了相对独立的行为监管局以加强针对金融消费者的保护。美国在危机后推出了《多德—弗朗克法案》，在加强美联储宏观审慎监管职能的同时，在美联储和证监会分别设立独立的金融消费者保护部门，以加强行为监管。

五、中国的金融监管变革
Evolution of China's Financial Regulatory Framework

中国的金融监管框架也一直在不断地变革。20世纪90年代以前，中国金融机构和业务形式相对简单，人民银行既是中央银行，也从事商业银行业务。1983年，国务院做出决定，明确人民银行专门行使中央银行职能，授权人民银行统一管理全国金融机构和业务，此举成为中国金融监管体系形成的开端。

1990年后，随着金融机构种类多样化和金融业务品种的多元化，证券市场、保险市场快速发展，分业经营格局的基本形成，原有的监管体制已经不适应新的金融格局和加强金融管理的要求。为了规范和发展股票市场，股票上市发行由1992年10月成立的国务院证券委员会和证券监督管理委员会负责监管，而中国人民银行仍然对债券和基金实施监管。1998年，国务院决定将证券委员会并入证券监督管理委员会（简称中国证监会），将中国人民银行的证券监管权全部移交中国证监会。1998年11月，国务院决定成立中国保险监督管理委员会，以监管中国保险市场运行。2003年4月，中国银行业监督管理委员会成立。商业银行、金融资产管理公司、信托投资公司和其他储蓄类金融机构统一由银监会监管，而人民银行除保留了监管政策制定参与权外，专职负责货币政策的制定与实施。至此，中国形成了"一行三会"及其分支机构为主体的监管体系，银监会、证监会、保监会分别以各自行业的立法为监管的法律基础，实施机构监管。

近年来，利率市场化的改革趋势促使金融机构扩展业务范围，居民的理财需求促进了金融产品多元化，企业逐利动机也使企业积极开展金融业务。这些因素都推动了金融混业经营的形成与迅速发展。2002年，国务院批准中信集团、光大集团和平安集团成为综合金融控股集团试点，从此中国金融机构开始由分业走向混业经营。工商银行和中国银行采取海外投资的方式，成立全牌照证券子公司，兴业银行则通过信托子公司实现对证券公司的控制权。工商企业集团如五矿、华能等，通过控股金融机构实现多牌照经营的模式有效地规避了法律对金融机构投资的限制。这种形势下，现有的机构监管模式越来越不能适应混业经营的现实。

2015年国内有一场关于金融监管到底应该怎么改的大讨论。当时关注的重点是政策协调问题，因为各个部门之间没有很好的协调，留下了很多监管空白地带，产生了不少风险，特别是影子银行、互联网金融等。当时我也写了一篇文章《呼唤国家金融稳定委员会》，希望设立这样一个委员会来加强政策协调。后来，2017年7月，国务院成立了金融稳定发展委员会（简称"金稳委"）。2018年3月，银保监会合并，人民银行强化了政策协调功能。

2017年，十九大提出的双支柱宏观调控框架，是一项重要的政策创新。这项创新的触发因素可能是美国的次贷危机。危机爆发以前，美联储实行了非常宽松的货币政策，因为当时经济很强劲、就业很充分、通胀很温和，所以觉得完全没有必要调整货币政策，那时美联储的主要政策目标是维持价格水平稳定。但事后分析发现当时虽然价格稳定，但非常宽松的货币政策环境却导致了严重的金融风险，最终酿成了全球金融危机。这提出了一个问题，货币政策要不要同时兼顾应对金融风险？货币政策要关注金融稳定问题，这一点达成了共识，但金融风险或者资产价格直接写到货币政策的目标函数里的可操作性很低。

表 2 中国宏观审慎政策框架

	政策变量	主管部门
一般性的工具	杠杆率	银保监会
	动态拨备率	银保监会
	逆周期资本缓冲	央行与银保监会
	宏观审慎评估体系（MPA）	央行
	房地产贷款集中度管理	央行与银保监会
家户部门工具	贷款价值比例（LTV）	央行
企业部门工具	商业房地产的贷款比例上限	央行
	跨境资本融资全覆盖宏观审慎管理（企业部分）	央行与外管局
	金融控股公司市场准入管理与监管	央行
流动性工具	流动性覆盖率（LCR）	银保监会
	净稳定融资比率（NSFR）	银保监会
	外汇融资约束	央行与外管局
结构性工具	系统重要性机构的附加资本金要求	央行

资料来源：中国人民银行，作者整理

　　目前关于央行调控框架的新共识是两条腿走路。一条腿是货币政策，主要支持价格水平的稳定，同时关注经济形势。另一条腿是宏观审慎政策，主要追求金融体系的稳定。这也是十九大提出的双支柱的基本内容：货币政策追求价格水平稳定，宏观审慎追究金融政策稳定，两者之间紧密协调。2019年央行在原来的货币二司的基础上组建了宏观审慎管理局，与货币政策司并立运行。如表2所示，宏观审慎政策框架的关注点主要在三个方面：房地产、跨境资本流动以及商业银行，系统重要性机构，金融控股公司和重要基础设施。这三个领域都是非常容易引发系统性风险的地方。

六、金融监管为何难以有效管控风险？
Why Financial Regulation Cannot Effectively Contain Financial Risks?

监管体系的漏洞

中国的监管体系目前还在演变过程中。但为什么在最近几年没有很好地控制住金融风险呢？

第一，分业监管、机构监管的格局导致出现不少监管空白领域，政策协调也不够理想。在很长时期内，影子银行和数字金融都属于三不管的地带。在2017年和2018年监管机构新设与调整以后，政策协调有很大的改善，但问题并未得到彻底根除，各部门之间扯皮的现象依然存在。这是造成金融风险的一个重要原因。

第二，监管的专业性、独立性甚至权威性，可能会影响达成监管政策的目标。在实践中监管政策和其他政策混淆的现象非常普遍。一方面，政府经常把一些非监管任务交给监管部门，比如，过去在经济不太好的时候，需要加强金融对实体经济的支持力度，可以调降股票投资的印花税率。这显然更像宏观政策，而不是监管政策。在监管政策的实施过程中，运动式监管、情绪化监管也比较常见。现在有一些监管官员提出要把金融风险降到0，这实际是违背金融规律的。前面讲过，只要做金融交易，就一定会有风险，真的要把金融风险降到0，那业务也就没法做了。

第三，有规不依、有法不依的现象很普遍。金融监管主要是三个方面的内容：一套法律与规则；在实施过程中的监测；保证落地的手段。这三条现在中国一样不少，但就是法律和规则没有真正落地，执行效果不是很理想，这样规则也就形同虚设。

第四，监管部门同时肩负发展与监管两重责任，但这两者之间有时候会发生矛盾。如果发展成为主要的政策目标，监管部门就可能会提高对风险的容忍度，因为只有这样才能快速地发展。反过来监管部门对违约或者破产的容忍度很低，就非常不利于金融部门的健康发展。前几年保险行业出现许多风险问题，多少与此相关。对从业人员来说，违约成本很低，当然就没有动力真正按照规则办事，市场秩序就很难建立。

第五，宏观审慎政策刚刚开始实施，有时候难免在过程中有一些不是很顺畅的做法。比如，一提出要去杠杆，不仅仅是监管部门全力以赴，各级政府也积极作为，因为杠杆率会作为工作成绩考核内容。这就很容易走极端。尤其对于金融问题，在极端之间来回摇摆是很危险的。

举几个具体的例子来说明监管的问题。第一个例子是个体网络借贷即 P2P 问题。第一家 P2P 平台在 2007 年上线，但这个行业的暂行管理办法直到 2016 年中才出台，中间有 9 年几乎就是野蛮生长状态。各国对 P2P 的定位是信息中介，中国也是这样。但客观地说，在中国目前的信用环境下，如果不能利用央行征信，P2P 几乎没有商业可持续性，因为借贷双方缺乏降低信息不对称程度的有效手段。大家都是个体，在平台上交易，从来没有见过面，将来恐怕也不会见面，那又如何了解对方呢？借出去的钱能不能收回来，多少要看运气，这样的业务如何能持续得下去？但很长时期内监管并没有明确划定界限，对很多平台来说，信息中介没法做，要想做业务，只能野蛮生长，各显神通，资金池、自动投标、担保等做法，五花八门。等到监管部门觉得实在不能再放任下去了，出台了一个暂行管理办法，这个行业就基本上结束了（图 6）。但那个时候 P2P 行业已经一地鸡毛，无数的投资者、借款人已经卷入其中，即便要结束业务,也不是那么容易。

设想一下,如果监管部门早点出手,起码把简单的规则罗列清楚:哪些可以做,哪些不可以做。也许这个行业不会发展到后来那么大的规模,也许还有个别平台可以发展出可持续的商业模式。当前这个现状应该说就是监管部门长期不作为的结果。

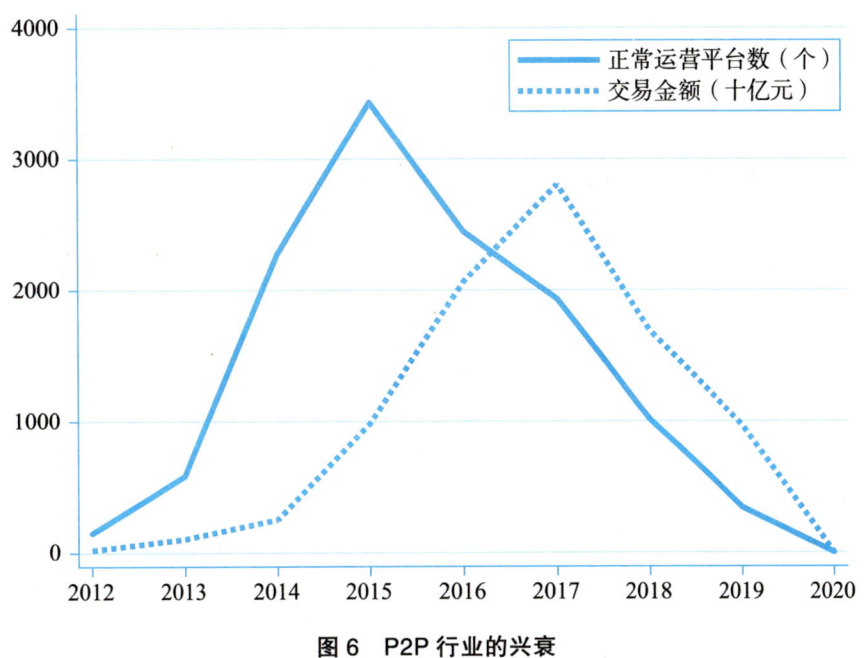

图6　P2P行业的兴衰

数据来源:CEIC数据库,作者整理

第二个例子是近年一大批中小银行出现问题,以包商银行、锦州银行为代表。仔细分析这些银行问题的根源,既有大股东乱来,也有董事长乱来,说到底是这些银行没有严格执行监管规则和法律。很多银行大量资金都流向了大股东关联企业,这个现象在2020年底央行对银行的"体检"过程中也发现了不少,而这种做法在监管规则里是被明文禁止的。

如果一家机构出问题，可以说是银行的问题。如果一批机构出问题，可能就需要从规则上来找原因。经济学有一个说法是：好的制度让坏人做好事，坏的制度让好人做坏事。如果没有建立一个守规则的环境，本来守规则的人最后也不会守。现在的问题不是没有规则，是没有人督促落实。包商银行的问题不是一两天做出来的，为什么一直没有发现或者一直没有采取措施？监管部门或金融机构有法不依或者有规不依，银行风险上升就是很自然的现象（图7）。

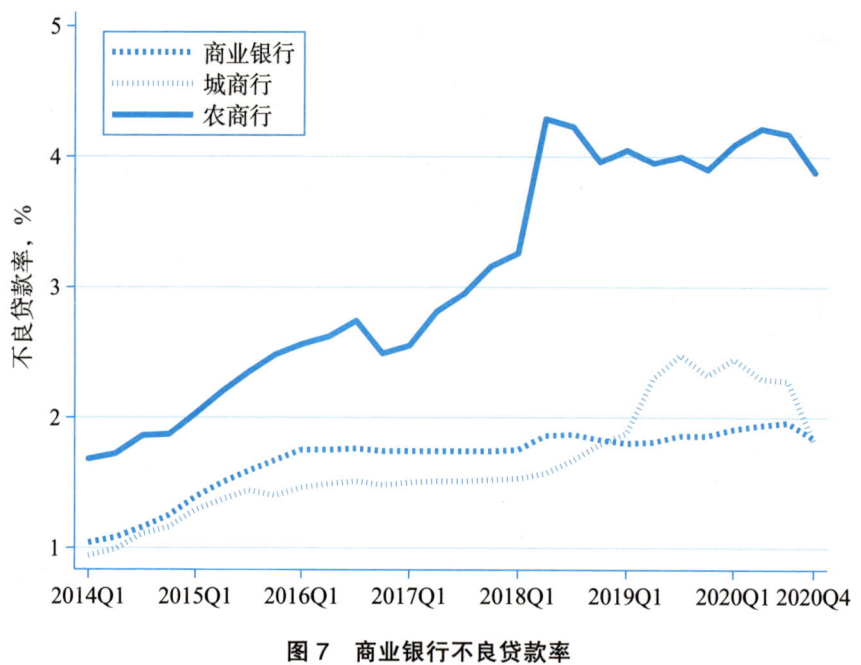

图7 商业银行不良贷款率

数据来源：CEIC 数据率，作者整理

第三个例子是金融机构承担许多政策性责任。1997年亚洲金融危机时，银行平均不良率超过了30%，触目惊心，政府通过兜底稳住了局面。从正面说是政府帮了这些银行，但从银行角度来说，很多问题其实也是政府造成的，因为有很多贷款是政策性贷款。当时有一种"安定团结贷款"，就是过年过节了，一些企业经营困难，发不出工资，政府就要求银行给企业贷款发工资，让工人们过年。这样看来，既然银行确实承担了政策责任，有了风险，政府出面兜底也是很正常的事情。但金融里面还有一个道德风险的问题，反正政府会兜底，银行就不会非常努力地经营，甚至将其他因素造成的风险跟政策责任的后果放在一起。

2020年新冠肺炎疫情期间也有同样的现象。这一年各国政府都采取了"不计一切代价的政策"，但做法略有不同。市场经济国家的财政支出中最大三项：一是保就业的补贴。只要企业保证不解雇工人，政府就提供补贴，其实是保工人就业。二是失业救济。三是直接发现金。这三条相当于用各种方式把钱送到居民手中，主要是保老百姓的生活。中国的做法是什么呢？财政三大开支分别是基础设施投资、税收减免、公共卫生开支，这三条都很重要，但显然主要目标是保经济主体，把中小微企业保住，间接地保老百姓的生活，同时为经济复苏打下基础。但中国的手段有两点值得关注：第一，这些做法没有直接把钱发到企业或者个人手上；第二，保经济主体最主要的渠道是商业银行对中小微企业的贷款。去年中小微企业贷款余额达到15.3万亿元，增长30%以上，还对其中7.3万亿元的贷款实施"应延尽延"的政策，还本付息都可以延迟到2021年6月底。现在看结果，美国政府的负债一下子上升了很多，因为钱花出去了不会回来。中国的做法是企业的负债一下子上升了。

大危机来临不计一切代价的政策无可厚非，保老百姓还是保经济主体，只是方法不同而已，也跟制度环境和历史传统有关。但中国做法的一个最大的问题，在于将大部分责任转移到了金融机构的肩上。政府一直没有明确说明,一旦金融资产质量明显恶化,谁来承担主要的责任。2020年商业银行不仅要增加中小微企业贷款,同时还要降低贷款利率。这显然是具有很强的政策特性的贷款业务,尤其是在新冠肺炎疫情期间。中小微企业很重要,这一点毋庸置疑。但银行是商业性机构,它们首先需要关注盈利和风险,然后才支持国家的政策。稳健展开业务的基础包括,一是有效的信用风险评估手段。如果缺乏有效的手段,只是盲目地在政府的压力下放款,最后会出现一堆烂账,在某种程度上P2P的经历就提供了一个前车之鉴。二是市场化的风险定价。有风险不是做金融交易的根本障碍,但成本必须覆盖风险,否则就无法持续。可惜中国在这方面的政策一直没有改进,各级政府、金融机构都很努力,但总是给人一种"事倍功半"甚至"好心办坏事"的印象。

现在的问题是,2021年下半年银行不良率的上升将成为影响银行体系稳健运行的因素。然而,谁来承担责任却并不清楚。可以想象的是,如果银行出现生存困难,政府或者央行一定会出手。这样的做法,似乎也没有问题,反正大家都是在政府信用的平台上。但这与市场化改革大方向可能不太一致。如果一直是这样的做法,金融机构商业化运营恐怕一直会举步维艰。更重要的问题是,政府现在恐怕越来越难对所有的金融风险兜底。今年的情况是,大银行不会有问题,但许多中小银行在新冠肺炎疫情之前就遇到了不少问题,如果再加上不良率上升,可能就会发生运行困难。比如在不良率上升之后还有没有足够的流动性支持实体经济,有没有足够的资本金来开展新的信贷业务,这些都是值得关注的。

分业监管的有效性在下降

2017年的全国金融工作会议决定成立"金融委",这对中国的金融监管体制改革，是非常重要的一步。"金融委"将统筹经济金融政策。但这不应该成为监管改革的终点，实施监管政策的监管框架还需要重构。在国际上有不同的金融监管模式，中国最终到底会选择哪种模式，还有待观察。作者收集了有关宏观审慎政策、监管模式以及信贷增长、杠杆率、资产价格增长等反映宏观审慎监管有效性的数据，分析了不同的监管模式对宏观审慎政策逆周期监管有效性的影响。主要发现如下。

第一，从 2013 年起，中国金融监管政策的有效性出现了下降。

本书所构建的金融监管有效性指数包括三个方面的分指数：第一个是宏观审慎指数，主要是股价、汇率、CPI 和 PPI 等价格的波动率；第二个是微观审慎指数，主要是商业银行的杠杆率和不良率；第三个是消费者保护指数，主要是获得信贷的难易程度与中小投资者保护。指数表明，全球危机之后，金融监管政策的有效性出现了缓步上升，但自 2013 年之后，有效性又开始稳步下降（图 8）[①]。

这可能有两个方面的原因，一方面，2013 年以后传统金融业之外的金融业务快速发展，但监管并没有能够完全覆盖。另一方面，因为在混业经营日益流行的情况下，分业监管模式很难有效防控风险。特别是在宏观审慎监管加强的情况下，出于营利性和同业竞争的动机，金融机构尤其是中小金融机构更倾向于利用分业监管模式下的监管空白进行监管套利，从事影子银行等高风险溢价的金融业务，从而使宏观审慎政策难以实现逆周期监管的效果。实证研究的结构也表明，分业监管模式下，宏观监管的加强，不但不会有效抑制信贷增长、信贷/GDP 缺口、非金

---

① 王勋、黄益平、陶坤玉：《金融监管有效性及国际比较》，《国际经济评论》2020 年第 1 期，第 59—61 页。

融部门负债/GDP、房价增幅等指标，反而会由于监管空白导致出现监管套利，推高这些会明显降低宏观审慎监管有效性的指标。

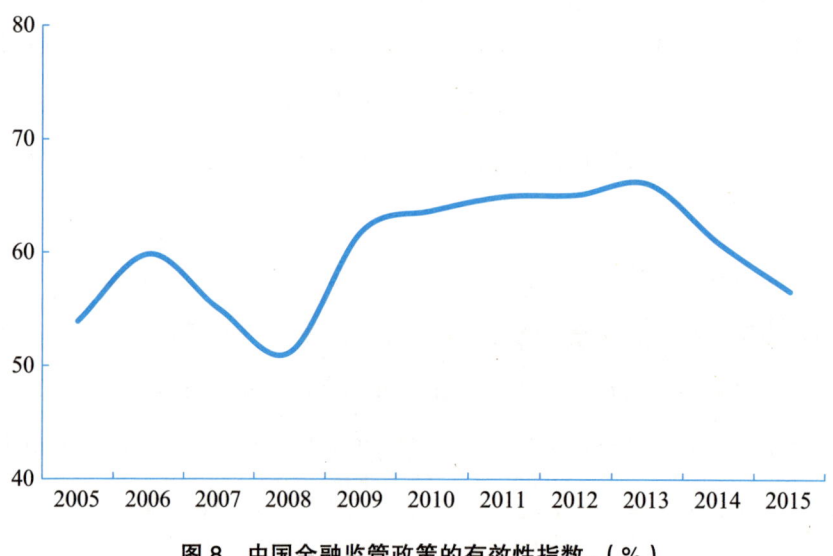

图8　中国金融监管政策的有效性指数，(%)

数据来源：CEIC数据库，作者计算

第二，审慎监管和行为监管适度分离的"双峰"模式中，利用宏观审慎政策进行逆周期监管的有效性最高。

该模式中，审慎监管机构旨在维护金融机构的安全和稳健，行为监管机构旨在监督、规范金融机构行为，保护金融消费者利益。实证研究结果表明，该模式下加强宏观审慎监管，会显著抑制信贷增长、杠杆上升和以房地产为代表的资产价格泡沫，且有效性显著高于其他模式。2008年危机后，澳大利亚和荷兰的金融体系迅速恢复，尤其是澳大利亚的金融机构在危机期间未受显著影响，很大程度上受益于其"双峰"监管模式。这种安排可避免监管职能在不同监管部门间重叠，并解决金融监管目标等方面的矛盾冲突。指标显示，采取审慎监管和行为监管相分离的"双峰"模式国家，金融监管的有效性平均高出其他国家13个百分点（图9）。

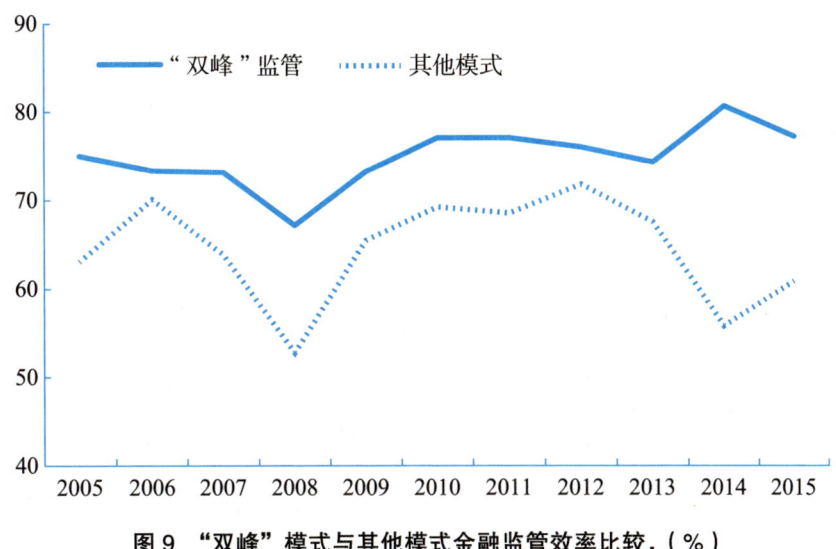

图9 "双峰"模式与其他模式金融监管效率比较，（%）

数据来源：CEIC 数据库；作者计算

第三，监管模式是影响金融危机发生率的显著因素，而审慎监管与行为监管适度分离的监管模式，有利于降低金融危机发生的概率。

监管模式会影响一国金融监管的有效性。当前中国监管模式仍是分业监管，而金融业务越来越呈现交叉和混业经营态势，这势必形成监管套利空间，从而降低监管有效性。近年来影子银行、互联网金融发展迅速引起的潜在风险，与缺乏有效的金融监管不无关系。实证研究表明，监管模式显著影响着一国金融危机发生的概率，而审慎监管与行为监管相分离的模式，在监管金融机构风险的同时，独立有效地约束了金融机构的行为，保护了金融消费者利益，有助于降低本国危机发生的概率。

七、必要的监管改革
Necessary Reforms in Financial Regulation

如果对前面的分析做一个小结，经过四十年的努力，中国的金融监管框架现在已经搭起来了。从表面看，什么都有了，机构、人员、目标、规则、手段，应有尽有。唯一的问题是似乎很多监管政策都没有真正落到实处，这应该是下一步监管改革的重点，将"形式上"的金融监管转变为"实质性"的金融监管。当然，这个改变不能仅仅局限于监管内部，可能是一个系统工程。

金融风险有没有管住，反映的是金融监管的转型期问题。中国的经济从计划转向市场，在这个过程中中国采取了"双轨制"改革的策略，管制比较多本身就是转型过程中的过渡性现象。今天的很多监管困境也跟过渡期有关，说到底就是政府和市场的关系应怎么处理。过去政府在一定程度上替代了市场的功能，替代了监管的功能，而且这种替代并不都是坏事情。1997年中国没有发生金融危机，2008年也没有发生金融危机，在很大程度上就是得益于政府信誉对金融稳定的支持。但随着时间的推移，现在两者关系可能需要重新界定。有些是政府需要继续做的，有些可能更多地要让监管来做，而且监管要有相对独立性。[①]

在转型过程中经常遇到的情形是，一旦碰到问题，大家就开始紧张，一紧张政府就会出手。政府一出手局面往往就稳住了。这当然也是好事情，起码有一个可靠的稳定机制。但它的悖论是，政府频频出手，市场化的风险处置机制就很难建立起来，甚至连市场秩序也很难建立起来。

---

① 黄益平、王勋：《金融监管中的漏洞该如何"修补"》，《人民论坛》2017年第6期，第88—89页。

比如政府过去一直说要释放局部的金融风险，个别领域有风险要让它释放出来，这样整个系统才能变得更稳定，但这个界限很难把握。一支债券违约没事，10支债券违约行不行？1000支债券违约行不行？谁也不知道分界线在哪。

政府总是将太多的政策功能强加到监管和金融上，像中小微企业贷款这件事情，已经做了很多年。政府务必要重视解决中小微企业融资难的问题，也已采取了很多有效手段，但有些手段没有完全顺应金融规律。实际上这也是转型期的问题，政府知道中小微企业对中国经济发展至关重要，需要支持它们。但是政府也没有那么多的钱来支持它们，让金融机构做已经很习惯了，但如果持续这样做，问题会不断积累。从大的原则看，还是应该尊重市场原则、金融规律，如果市场化风险定价太贵，政府可以提供资金贴息，不要简单地把包袱推给金融机构。

中央提出要守住不发生系统性金融危机的底线，这是一项系统工程。现在的一些金融风险实质是大的金融政策带来的，比如说"双轨制"改革，对违约和破产的容忍度很低，就留下了很多僵尸企业，僵尸企业就带来了很多金融风险。所以首要的是继续深化市场化改革，让市场机制真正发挥作用，包括实现所有权中性，真正做到公平竞争。行的可以生存、不行的就淘汰。减少政府对企业、对金融的干预，进一步推进市场化的改革。

具体到金融监管改革，一个绕不开的问题，就是政府和监管之间的关系。过去政府和监管部门之间的关系相对来说比较模糊，政府帮助监管部门做了很多维持金融稳定的工作，但是在一定程度上也会影响监管维持金融稳定的努力，将来能不能适当地分离，"政府的归政府、监管的归监管"。当然，这个分离不是绝对的小葱拌豆腐一清二白，两者之间还是需要合作与配合的。比如在次贷危机期间，各国政府的普遍做法是首先把系统性重要性机构稳住了，然后再考虑支持经济复苏。那么，政府什么时候应该直接介入金融风险处置当中？从大原则看，应该是两种情形，一是产生了系统性金融风险，这个时候完全靠金融体系内部已经无法完全消除风险。二是如果是一些政策性的金融责任，政府就应该主动承担财务成本。

2020年疫情期间的中小微企业贷款就属于后面一种情况。2020年春季国际货币基金组织曾经建议设立一个特殊目的平台，来服务中小微企业融资。这个平台由三方参与，中央银行提供流动性，商业银行直接发放贷款，财政部门负责兜底。这个建议的优点在于央行提供了流动性支持，但不会因为有些钱收不回来影响未来的货币政策，商业银行离中小微企业最近，可以帮助输送资金，但也不会因为承担政策性责任而影响将来的资产负债表状况，财政安排一小部分资金兜底，但可以撬动大量的资金保住中小微企业。我们认为这个思路非常有价值，在2020年间也一直向各个决策部门建议借鉴，可惜由于多方面的原因，并未被决策部门采纳。

这个事情是拖不过去的，不如政府现在主动承担财务责任。这样，金融机构与市场都会有一个明确的预期，信心也不会产生动摇。当然，政府现在不站出来，最后也还是要承担责任，只是在这种"隐性兜底"的情况下，会产生许多的不确定性，对银行、对投资者、对实体经济都可能形成风险。而且2021年下半年的金融风险，并不仅仅局限于商业银行，地方债务包括地方国企与地方融资平台债务也是一个值得密切关注的风险点。

总的来看，过去的金融改革政策很成功，但也出现了不少新的问题，包括目前金融效率下降和金融风险上升等方面。守住不发生系统性金融危机的底线的努力是一项系统工程，首先要进一步推进市场化的改革，终结"双轨制"，实现国有部门和民营部门公平竞争。同时，要科学地处理政府与监管之间的关系，除了系统性风险和政策性责任，政府最好不要过多地干预金融监管政策。最后是要继续推进金融监管改革，核心是要尊重金融规律，把机构监管转向功能监管，把"形式上"的金融监管转化为"实质性"的监管。

第七章
中国金融改革往哪里去

Future Directions of China's Financial Reform

Understanding China's Financial System

2021年1月20日，拜登就任美国第46任总统。由于在前任总统特朗普主政时期，中美关系走入低谷，国际社会对拜登上任后中国关系适度缓和有所期待，最主要的理由是，作为民主党资深的国会议员及奥巴马政府的副总统，拜登可以算是建制派出身，重视规则，更是一个全球主义者。不过令人失望的是，拜登上任以来，在处理中美关系中采取"该竞争时竞争、该合作时合作、该冲突时冲突"的战略，两国之间的紧张关系并未得到缓和。与特朗普不一样的地方在于，拜登总统努力说服美国的传统盟友，特别是英国、日本、澳大利亚、加拿大及西欧各国，一起与中国展开竞争。造成这个局面的原因可能有很多，美国国内政治的生态显著约束了拜登政府对华政策的选择空间。同时，中国经济在经过四十几年的快速发展，已经从一个落后的发展中国家成长为全球第二大经济体，不但很快就会跨过高收入经济的门槛，而且让美国产生了很快就将失去全球第一大经济体地位的焦虑。

不过，美国的对华经济政策出现了一个奇特的悖论。一方面，美国政府对中国所谓的"非市场经济"政策有诸多批评，因而提出构建新的国际经济秩序，应该由市场经济国家主要是美国及其盟友来领导。另一方面，美国政府最近推出的旨在"重建美好"的一系列经济政策。比如，白宫与参议院合作，通过了一项耗资2.5万亿美元、旨在提升美国竞争力的庞大产业政策法案。[①] 比如，拜登政府还计划实施2.3万亿美元基础

---

① 乔纳森·泰珀曼：《拜登的危险学说》，美国《外交政策》，2021年7月21日。

设施的一揽子计划，旨在修复美国老旧的道路桥梁，并加强对宽带互联网接入服务的资助。再比如，美国试图说服其盟友一起建立一个发展中国家基础设施投资基金。仔细分析，这些恰恰就是经常被美国政客批评的中国的做法。因此，这些中国政府的传统政策特别是产业政策的有效性就成为一个有意思的话题。美国官员究竟是肯定还是否定这类政策的作用？如果产业政策是无效的，美国为什么要采取同样的手段来跟中国竞争？但如果产业政策是有效的，美国为什么又长期批评中国的做法？

这起码说明，对经济政策的评价其实不是简单的非黑即白的问题。一个政策好还是不好，需要具体情况具体分析。这个道理同样适用于评价中国的金融改革政策，许多看上去不是十分理想的政策，产生了不错的效果。而另外一些似乎十分完美的举措，却没有达成预期的目的。

一、"中国故事"的关键是"务实"而非"最优"
The Key of China Story: not Pursuing Theoretical Optimum but Result Orientation

如果用一个词来概括金融改革的"中国故事"的精髓，看表面应该是"渐进"，而不是"激进"，看本质应该是"务实"，而不是"最优"。可以从两个方面来理解为什么"最优"并非这个"中国故事"的本质特征，第一，中国实施的这些改革政策可能并非理论意义上的最优解，往往是次优解甚至次次优解，但这些政策最终的结果往往超过最优解。因为在现实世界中，金融改革要受到方方面面的约束，加上这些约束之后，所谓的最优解不见得能达成预期的效果。第二，在实施渐进的"双轨制"改革的过程中，也许会因为各种原因出现一些不理想甚至不合理的政策举措，当然肯定也不是最优甚至是次优选择。但"务实"保证了任何改革政策的选择与决定最终都要检验效果，而且即便在短期内采取了一些不理想甚至不合理的政策，也可以逐步调整，不会过度偏离追求效率、支持稳定的金融改革的大目标。这应该就是邓小平"猫论"的金融现实版，改革政策选择不必受既有理论甚至意识形态的约束，首先在可用的政策工具箱里做选择，然后看实际效果，"不管白猫黑猫，会捉老鼠就是好猫"。这也正是中国的金融改革中最值得总结、提炼的元素。一套务实的改革策略，而不一定是每一步具体的做法，对中国下一个阶段的金融改革甚至对许多发展中国家的金融决策都具有重要的借鉴意义。

本书开篇就指出，金融改革的"中国故事"主要关心三个方面的问题：选择什么政策、什么时候推进、怎样实施改革？基于这个原因，我们不倾向使用"中国金融模式"甚至"中国金融经济学"这样的词汇来描述中国的独特经验，一是由于中国的金融改革实践并未改变一般的金融学理论所揭示的基本原理，比如金融交易最大的困难是信息不对称、金融风险需要得到补偿及金融稳定可以增进福利等，这些原理在任何经济体中都是有效的，包括在中国，其实并不存在特殊的中国金融原理。"中国故事"的贡献在于充分认识到金融机制的运行是需要一些前提条件的，如果前提条件改变了，结果也会随之变化。二是因为中国的金融体系尚处在变化之中，现在谈论所谓的"中国金融模式"可能为时过早，也无法确定未来直接融资和间接融资之间的关系、政府与金融市场之间的关系。更何况，"金融模式"本身可能并没有像一些金融学理论所指示的那么重要，一个金融模式合适不合适，还是要看它是否适应经济环境、能否达成金融目标。比如，很多金融学家都坚信，与商业银行相比，资本市场具有支持创新活动的天然优势。这个观察在大多数国家特别是成熟市场经济体是成立的，但在当前的中国是否同样成立，是可以存疑的。总之，本书所讨论的金融改革的"中国故事"是一个动态的概念，关心的是如何通过改革措施的选择与实施取得最好的结果，支持经济增长与金融稳定。

需要指出的是，正因为"中国故事"是动态的、务实的，改革很可能并不彻底，因而往往不是十全十美的，甚至是有缺陷的。纵观中国金融体系，市场化改革不彻底的现象比比皆是，以信贷业务为例，理想的业务模式应该是市场化的信贷决策，但在今天中国的现实情况下，贷款利率尚未真正实现市场化，信贷决策中产权歧视现象依然非常明显，监管部门对银行的资金配置还存在各种各样的指导。从严格意义上说，这些问题都会在一定程度上影响信贷资金配置的效率。但每一项干预政策的存在，都有各自的原因。综合起来看，其效果不见得比完全消除这些问题更差。当然，如果这些政策已经明显影响效率提升与风险控制，就应该考虑进一步推进市场化的改革。

简单地总结一下，本书所讨论的金融改革的"中国故事"大致具有如下五个方面的特征。

第一，政策目标并非长期的"最优"，而是短期的"务实"效果。 这其实也是渐进改革策略所决定的。改革只能从能够推得动的地方入手，比如中国的经济改革本来是打算从国有企业开始，但后来却在农村取得了突破。改革必须很快就能产生实际收益，这样才能保持前进的态势。改革还必须让大多数人获益，才能赢得公众的支持。这样的改革策略的好处是容易产生正面效应，缺点是不太容易实施那些调整成本比较大但又是必需的改革措施，甚至造成一些"老大难"问题久拖不决的现象，造成长期性的风险。

第二，改革政策要实现效率提升，但首先要满足可行性的要求。 金融改革并非在真空中进行，必然要受到政治经济环境的约束，所以改革决策必须充分了解改革的政治经济学。1978年改革开放开始之后的几十年间，中国的政治生态并不具备实施彻底的市场化改革的条件。所谓的"双轨制"其实是跟现实环境妥协的产物，苏联可以实行"休克疗法"，但中国不可以，国有企业、计划经济都不可能全部取消。同样，倡导"休克疗法"的萨克斯教授曾经指出，苏联开始搞市场化改革的时候，政治体制接近崩溃，完全不具备实行"渐进改革"的政治与社会环境。因此，金融改革政策的制定，一定要满足可行性的要求，否则就很难实施，即便强行推开，也无法达成好的结果。当然，妥协也是一个相对的概念，满足可行性要求也不是说完全不发挥主观能动性，正确的态度应该是积极作为，"有条件就做，没有条件就先创造条件"，不然也就不会有改革。

第三，渐进改革有利于实现稳健的转型，但也容易增强旧体制惯性。 现在看"休克疗法"不成功的原因，其中很重要的一条是市场机制很难在一夜之间形成、成熟，如果马上取消计划经济，短期可能引发一段时期的经济混乱与衰退，长期则可能形成扭曲的市场机制。这可能是现代金融学理论需要深入探讨的话题。渐进改革特别是"双轨制"的改革策略就考虑到了市场机制逐步形成的特点，而且也给计划经济的退出留下了过渡时间。从实践效果看，中国的经济与金融转型确实比较平稳，起码要比苏联平稳许多。与此同时，渐进改革策略也容易造成既得利益集团的强大，从而使得旧的机制迟迟不能退出，阻碍改革政策的进一步推进，甚至造成风险因素不断积累、放大。一般观察渐进式改革，很容易形成对改革举措不够满意的情绪，因为改革的力度往往会小于市场的预期。但只要改革在不断地往前走，每经过一个时间段，改革政策都会往前走一大步。

  第四，任何政策都有正反两方面的效应，改革决策其实就是权衡利弊。传统的金融学分析容易把政策分为好政策与坏政策，比如一般认为市场化风险定价是好的机制，而政府干预利率定价就是坏的政策。市场化风险定价的好处是风险可以得到补偿，这样既能保证资金出借方和借入方获得合理的回报与成本，也能保证金融持续稳健地运行。但市场化的利率定价也可能造成不合理的竞争行为，放大金融风险，比如如果商业银行就存款利率展开恶性竞争，很容易导致银行风险放大甚至引发银行危机。这就意味着，如果银行缺乏稳健有效的定价能力，对存款利率实行适度的管制，要优于完全放开。政府对金融机构实行兜底也一样，兜底本身是一个非市场化的做法，很容易造成道德风险的问题，但如果市场化的风险识别与处置机制尚未形成，那么政府兜底可能是更为合理的政策选择，否则金融机构很容易陷入危机状态。政策权衡的关键在于，同一政策的正反两方面的效应，在不同国家甚至同一国家不同时期是不一样的，合理选择的政策也就不一样。在美国是好的政策安排，在中国不一定也是好的。过去有效的举措，将来不一定还会有效。

  第五，问题和风险会长期存在，最终决定成败的是改革的持续推进。渐进的金融改革政策已经令中国经济取得了惊人的进步，这是"务实"策略的重要成果。但既然是渐进改革，在很多方面的改革政策是不彻底的，经济中就会存在很多的问题与矛盾。这也正是渐进改革的一个重大风险，因为改革不彻底，很容易形成新的利益集团，比如非市场化的资金配置，必然有利益主体获益，而这些利益主体可能就会反对进一步的市场化改革。如果它们的力量足够强大，可能会阻碍改革的深入。不彻底的改革也容易造成新的金融风险，比如扭曲的风险定价就会使金融机构的风险上升，如果风险不能及时得到消化，最后可能会导致严重的风险事件甚至金融危机。从这个意义上说，判断究竟是"休克疗法"好还是"渐进改革"好，现在可能还为时过早。如果因为某种原因，真的使得改革政策停滞不前，那就很难达成改革的最终目标，而这恰恰就是"中国故事"的一个潜在风险点。

二、尚未完成的金融改革任务
Unaccomplished Tasks of Financial Reform

今天中国的金融体系已经面临许多难以应对的挑战。有些挑战早已存在，只是近期变得非常严重。比如，长期靠政府兜底反而会增加系统性金融风险。还有些挑战是随着经济转型产生的，原来并不存在，现在却出现了。比如，之前金融的任务是支持要素投入型的增长，现在则需要支持创新驱动型的增长。总结起来，当前的金融体系至少存在如下三个方面的问题：金融不能满足实体经济的新需求、政府与市场的边界不够清晰、金融监管管不住金融风险。

金融难以满足实体经济的合理需求

过去"规模大、管制多、监管弱"的金融模式较好地发挥了政府强大的资源动员能力，有力地支持了实体经济的发展。过去的经济模式是"高储蓄、高投资"，大量的储蓄都以存款的形式集中在银行部门，然后又以大额贷款的形式投向制造业企业。政府则主要通过显性、隐性的税收获取财政收入并辅之以庞大的"土地财政"。但现在经济模式已经在发生改变：随着老龄化时代的到来，中国的储蓄率与投资率已经在2010年见顶并开始趋势性下降，这就意味着人口红利时期动员储蓄、推动大规模投资的任务已经完成；而随着中国经济进入中等偏上收入水平，2012年第三产业在GDP中的占比超过第二产业，意味着中国跨过了工业化的高峰期，经济结构中服务业占比不断提高，很可能会呈现企业"轻资产化"的现象。

从三大总需求对经济增长的贡献看，如果不考虑2020年疫情因素的影响，2010—2019十年间，最终消费在拉动增长中的贡献率平均达到58.8%，投资的贡献率为42.4%，而货物和服务净出口的贡献则是-1.28%。出口消费的贡献超过了投资和出口。这说明中国已经成为消费驱动型的经济体；最后，拉美、东南亚等一些国家面临的"中等收入陷阱"的发展困境表明，唯有创新和产业升级，才能支持中国经济的可持续增长并最终成功迈入高收入经济体的行列。然而，问题是，过去"规模大、管制多、监管弱"的金融模式已经无法满足新发展格局下实体经济对金融服务的合理需求。

一是非金融企业日益多样化的金融需求更加难以满足。2019年，非金融企业融资中，人民币贷款占60.3%，以委托贷款、信托贷款和银行承兑汇票构成的影子信贷占8.8%，股权市场和债券市场融资占12.3%。但是，经济发展新阶段的两大变化是制造业升级和研发与知识密集度较高的现代服务业。伴随着这些变化，企业可能的变化是规模越来越小、资产越来越轻、风险越来越难辨识。但目前这些企业的外部融资还有3/5以上来自银行，而银行发放贷款的基本做法就是看历史数据和抵押资产，集中为规模较大、经营时间较长的企业提供服务，并不擅长支持不确定性高、企业规模小、缺乏抵押资产的创新型企业。非金融企业金融服务的供给与需求不匹配，也在一定程度上解释了为什么政府下了很大功夫，但普惠金融的缺口不但没有缓解，反而日益加重。与国际水平相比，中国非金融企业融资结构中的主要短板是股权类工具，2019年底只占总融资的2.9%，而日本、韩国、中国台湾的比例多在20%左右。

二是家庭资产性投资的金融需求难以满足。储蓄率下降和消费率上升需要一个基本的金融条件支持，即家庭资产性收入显著增长，而这又要求家庭配置到金融市场的资产的比例不断上升。在2014年，中国超过日本成为全球家庭金融财富第二强国。根据中国人民银行对城镇家庭的抽样调查，2019年城镇家庭户均金融资产为64.9万元，占家庭总资产的比例为20.4%。但中国家庭不得不面对的一个尴尬现实是：金融资产配置没有多少选择。根据安联集团的全球财富报告，2019年中国家庭的金融资产中，仍以银行存款和证券投资类为主，前者约占总资产的49.1%，后者约占总资产的40.9%，其中以资产管理类占主导，保险和养老金等资产仅占到家庭金融总资产的很小一部分，约10%。20%是证券类资产，11%是养老和保险类资产。这么多的钱存在银行，虽然安全，但回报太低，完全无法满足获取资产性收入的要求。与国际水平相比较，中国金融资产结构的主要短板在于养老和保险类资产的比例太低而且增长过于缓慢（从2006年的9%上升到2019年的10%）。国际经验表明，随着收入水平的提高，家庭金融资产占GDP的比重将迅速提升，日本、韩国、中国台湾分别是3.5倍、2.1倍和5.1倍。中国人民银行公布的数据是2倍，提升空间较大。

三是政府的融资渠道还有待完善。一方面，工业化高峰期过去以后，政府收入的增速正在不断放缓，2019年全国财政收入的增速只有3.8%，是近三十年来的最低增速。与此同时，国有资本收益和社保基金收入增速也在放慢。另一方面，政府仍然面临较大支出压力和大规模融资需求。

根据国际经验，在工业化高峰过去以后，政府性公共服务开支将持续增加，而我国的城市化进程也尚未完成，基础设施投资的需求依然十分庞大。更重要的是，过去各地政府所依靠的"土地财政"基本已经走到尽头，所以，未来政府潜在的收支缺口只能通过市场化融资来满足。2020年中国政府债务余额占GDP之比为45.8%，其中国债20.89万亿元和地方债25.66万亿元，这个比例远低于欧盟、美国、日本的水平。

由于金融体系很难充分满足各经济主体包括家庭、企业和政府的金融服务新需求，就出现了一些独特的金融现象。因为金融资产性收入很少，中国的家庭把70%左右的资产配置到了房地产。影子银行的快速扩张，既是家庭追求资产性收入的结果，也在一定程度上满足了非金融企业在正规市场很难获得的融资需求。各级政府缺乏规范的市场化融资渠道，只能想尽各种方法满足自己的资金需求，其中就包括盛行不衰的"土地财政"以及形形色色的"地方政府融资平台"。

金融体系中政府与市场的边界不够清晰

"金融抑制"或者"政府干预"本来就是中国改革期间金融政策的一个重要特征。改革期间，中国的金融体系采取了渐进的市场化策略，也就是在保持政府对金融体系管制的基础上，逐渐放松金融抑制的程度。国际比较看，中国的市场化进程相对更为谨慎，金融抑制程度明显高于与中国处于同等收入水平的经济体。

2013年底的十八届三中全会提出，"让市场机制在资源配置中发挥决定性的作用，更好发挥政府作用"，目标是让市场的资源配置功能与政府的公共服务供给有效结合。这个决定受到了市场的普遍欢迎，但随后的落实相对缓慢。在金融领域，政府在资金定价、信贷配给、市场开放等方面，仍然保持了相当程度管制。政府干预甚至替代市场功能的现象，仍然十分普遍。

一是"财政风险金融化"。改革初期政府重建银行部门与资本市场，一个重要的使命就是帮助政府与国企融资。政府把金融部门当作准财政资源的做法一直没有停止，2008年国务院宣布的"四万亿"刺激政策，大部分开支都是由金融机构埋单。政府对国有部门兜底，使用的往往也是金融手段。以至于货币供应量形成了一个内生的加速机制。经济形势好的时候，货币供应量需要加速增长，满足经济活动扩张的需求。经济形势不好的时候，货币供应量也需要加速增长，满足稳经济、稳市场的需要。最近十年来，地方政府通过明股实债的PPP项目融资、政府引导基金和专项建设基金等方式规避中央对地方政府融资的限制。这些做法导致了"财政风险金融化"，反过来又让政府不得不继续为金融机构兜底。

二是金融市场缺乏严格的市场纪律。金融机构没有市场化的退出机制，过去政府曾经几次大规模地处置金融风险，但基本上都是行政主导。存款保险制度建立、运行已经五年多，但还没有处置过一家金融机构的问题，说明事实上各级政府还在兜底。同样，在金融市场即便是影子银行和数字金融等领域，刚性兑付仍然很普遍，这也扭曲了投资者的预期。政府兜底和刚性兑付令道德风险进一步放大，风险定价无从做起，严重影响市场参与者有效配置金融资源并合理管理金融风险的能力。

三是金融机构没有真正建立现代企业制度。十五届四中全会以来逐步形成了以"三会一层"（股东大会、董事会、监事会和高级管理层）为核心的公司治理框架，但在实践中形似而神不至的问题非常突出。国有出资人常常以管理部门自居，通过考核、行政命令等方式直接干预金融机构的日常经营活动。对企业而言，上级部门的指令往往比股东利益还要重要。另外，董事长"一长独大"，缺乏制衡机制。高管的激励和责任完全不对等。公司治理结构的矛盾在农村信用社系统的表现尤其突出，完全没有股权关系或行政隶属关系的农信社省联社提名甚至任命各县联社及各农商行的高管，却不承担相应的责任。

四是政府干预以致资本市场无法有效发挥功能。各金融市场之间缺乏联动、融合，规则不一、价格信号传导受阻。证券发行仍然由行政主导，市场机制不足。"核准制"本来赋予了市场推荐和选择的权利，但监管部门保留了合规性和适销性的实质性审查。同时还控制着证券发行的数量、节奏和新股发行价，客观上助长了市场主体与监管部门之间的博弈，弱化了市场功能。上市公司和中介机构均以国有产权为主，所有者缺位和代理人风险问题突出。普遍存在的刚性兑付扭曲了风险溢价，推升股票投资者对预期收益的要求，强化投机性质。另外，严格的市场准入抑制了衍生品市场、外汇市场的发展，严重影响金融市场发挥价格发现、货币政策传导及风险管理的功能。

五是政策经常违背金融规律，好心办坏事。各地政府响应"大众创业、万众创新"的号召，建立了许多产业引导基金，试图撬动社会资金、支持新兴产业发展。但大多数基金要么投资了传统产业，要么闲置着投不出去。另外，为了缓解小微企业融资贵、融资难的问题，监管部门既采取了定向宽松的货币政策，向服务小微企业的银行提供更多的流动性；也要求商业银行执行"三个不低于"的监管要求，即每年对小微企业贷款的比例必须上升；同时查处银行的各种"乱收费"，降低小微企业的融资成本。然而，小微企业融资难主要是因为获客难、信用评估难做并且贷款利率不够灵活，上面这些政策虽然是想缓解小微企业融资难题，但因为没有抓住矛盾的本质，这几年小微企业融资难、融资贵的问题并没有得到实质性的缓解。

金融监管难以有效管控金融风险

中国的金融体系"管制多"与"监管弱",但改革前三十年间金融体系相对稳定,主要得益于两大因素的支持,一是持续的高速增长,在发展中解决金融风险问题;二是政府兜底,即便出现了金融风险,只要政府有能力化解,就不会影响金融稳定。但这几年系统性金融风险成了政府的"三大攻坚战"之首,首先是因为之前支持金融稳定的两大因素都发生了逆转。2010年之后经济增速持续下行,企业和家庭微观层面资产负债表的恶化可想而知,而产业更新换代又意味着许多旧的企业必须淘汰,这样就自然增加了短期的金融风险。这让政府兜底变得越来越困难。无论是财政政策,还是货币政策,政府的政策空间都在收窄,继续以政府兜底的方式来支持金融稳定的能力下降。除此之外,监管框架中一些与现实不太适应的设置也促成了系统性金融风险的上升。

隐性兜底和宽松的货币政策大幅拉升了杠杆率。中国的杠杆率高,有多方面的原因,比如银行在金融体系中的比重很高,几乎所有的金融交易都要通过负债反映。但政府隐性兜底的做法从两个方面推高了整体杠杆率,一方面是因为杠杆率高、效益差的"僵尸企业"不能及时出清,抬高了杠杆率、降低了杠杆效率;另一方面是为了稳经济、稳金融而长期实施宽松的货币政策。2008年以后伴随着大规模刺激政策的实施,中国的杠杆率迅速飙升,成为国内外普遍关注的金融风险点。

机构监管而非功能监管的做法造成了许多监管空白。机构监管的通行理念是"谁发牌照谁监管",而许多金融创新业务比如互联网金融,因为监管部门没有发牌照,变成了三不管地带。2004年支付宝上线,

Understanding China's Financial System
读懂中国金融

2010年央行才开始考虑支付牌照的事情。2007年拍拍贷开业,2015年银监会才开始设计个体网络借贷的监管办法。同样,很多互联网资产管理业务平台一直都是"无证上岗"。这种缺乏资质要求的野蛮生长状况在一些领域比如P2P行业造成了很大的混乱,将近6000家平台中绝大部分都是问题平台。监管部门在介入之后也存在明显的不想管和不知如何管并存的现象。最后往往采取"一刀切"。这种简单粗暴的做法,一方面不能保护必要的创新,另一方面,也无法从根本上提升监管能力。

分业监管的政策框架不适应交叉业务和混业经营的普遍现状。"一行两会"的监管架构(即原先的"一行三会")各管一摊,在很长时期内相安无事。但随着影子银行交易的日益活跃,交叉销售、通道业务等变得很常见,很多大的互联网金融平台基本上都是实质性的混业经营。但由于监管部门之间缺乏有效的协调机制,一些新的风险很难在短期内得到有效管理。过去政府也试图设立一些协调机制,比如"一行三会"之间的"部际联席会议"和监管政策的"会签制",但执行的效果并不好。直到2017年国务院金融稳定发展委员会(简称金融委)成立,政策协调效果才有所改善。

监管部门缺乏独立性。金融监管政策的目标很清晰,就是要维持金融体系的秩序和稳定。通常而言,相对独立的监管框架可以更为专注、专业地追求这样的目标。但中国的监管部门缺乏必要的独立。不独立有好处也有短板,好处是在国务院的统一领导下,监管政策可以与其他政策协调。坏处是监管政策的执行容易受到其他政策目标的冲击。比如,监管部门有时候根据宏观经济的需要而调整诸如股票市场印花税税率及商业银行存款准备金率等。再比如,金融监管部门兼具监管与发展的职能,二者存在内在冲突。推动本行业快速发展是政治责任,而促进金融机构依法稳健经营、防范系统性金融风险则是市场责任。但政治责任的波动性比较大，影响市场责任的稳定性和一致性，从而带来监管套利空间，加剧市场投机行为。

对市场经济周期性和金融周期性波动认识不足以及金融风险处置能力的建设滞后。市场经济具有周期性的理念还没有得到充分的认识，对金融市场风险事件容忍度空间小和处置风险违约机制建设滞后是制约金融市场深化的重要因素。宏观上，习惯于用"宏观调控"来调节"市场周期波动"，没有建立调控的边界和范围。未来应该设定上下限的防范线，还不是将"宏观调控"变成频繁的"微调"，深入干预市场的微观行为。

这些问题尚未得到有效的解决。最终导致了最近几年中国金融监管政策的有效性有所回落。而监管有效性的回落，最终反映在系统性风险的持续上升上。

现在经济发展进入了新阶段，金融改革也需要继续往前走。下一步金融改革主要是两大任务，一是改善金融对实体经济的支持，二是守住不发生系统性金融危机的底线。这就要求金融体系要完成向市场的过渡，终结"双轨制"改革，终结不对称的市场化，真正实现让市场机制在金融资源配置中发挥决定性作用的政策目标。但过去四十几年间积累的金融改革的一些成功经验，未来仍然会有价值。完成市场化改革，不能一放了之。往前推进改革的时候仍然需要选择那些适合中国实际的政策安排，尽可能选择那些正面效应大、反面效应小的政策，循序渐进地实施。最终市场化的金融体系，也还可能会有很多反映中国经济实际的特点，而不是欧美金融模式的简单翻版。

三、完善现代金融体系要处理好五个方面的关系
Issues Should Be Well Addressed for Improving Modern Financial System

市场化改革的核心，其实就是处理好市场与政府的关系。金融体系的市场化改革也是一样，就是让市场在金融资源配置中发挥决定性作用，更好发挥政府在弥补市场失灵、提升服务质量等方面的作用。在这个基础上，要处理好财政与货币、直接融资与间接融资、去杠杆与稳杠杆以及保持金融稳定与提升金融效率的关系。

财政与货币

宏观经济政策走向，是外界和市场关注、分析中国经济走向的重要指标。长期来看，如果宏观经济政策的透明度高、可信度大，且规则更加明确，那么市场对中国经济的信心会更强。财政政策和货币政策同属于需求管理政策。面对需求冲击和持续性的供给冲击，政府适时运用财政货币政策影响总需求，可以实现产出和通胀稳定的双重目标，从而降低经济波动，提高宏观经济稳定性。然而，制定和执行相机抉择的宏观经济政策时，如不考虑市场主体和公众理性预期变化带来的影响，就会由于时间不一致问题导致政策难以实现预期效果。对相机抉择的政策选择施加约束，即明确宣布政策目标和策略，但不限定具体行动，通过可信的"名义锚"向相机抉择的政策施加预期的约束，降低时间不一致性。如果承诺可信，公众的预期就会稳定，从而降低通胀波动。提高政策的可信度，需要宏观经济政策之间提高协调性，有机结合形成政策合力，从而引导市场和公众形成一致性的预期。

然而，在实践中，中国财政政策和货币政策之间的不协调甚至冲突仍然较多。国债收益率作为金融市场定价基准的作用难以充分发挥，其主要原因在于国债的发行规模和期限主要考虑财政赤字、平衡预算以及降低发行成本的需要，忽略了国债的金融属性及其在金融市场运行和货币政策调控的重要作用。由于政府职能转变滞后，财政在"三农"、教育、医疗、社会保障、自主创新、节能减排、生态保护等领域的投入严重不足，历史欠账问题没有完全解决，资金缺口仍然较大，倒逼货币政策不得不承担部分结构调整的职能，影响了宏观调控的总体效果。另外，财政作为国有出资人，应立足于股东身份，通过完善金融机构公司治理实现国有资产保值增值，国有金融资产的委托代理关系不能更多地体现为行政性的上下级关系，不应定位为金融机构的管理部门。货币作为监管部门，应在保持金融机构稳健运行的基础上，保护好消费者合法权益，并在其基础上提高监管效率以更好防范化解金融部门系统性金融风险。

最近随着"现代货币理论"的传播，[①]货币与财政的关系问题再次成为热点政策话题。争论的一个焦点问题是：只要通胀没有成为问题，央行是否可以任意增发货币（支持财政扩张或弥补其他开支）？如果将"通胀没有成为问题"作为凯恩斯提出的"有效需求不足"的证据，那么增发货币就不是问题，不管最终用途为何。不过在过去二三十年间，货币与通胀之间似乎已经脱钩，也就是说增发货币不一定引发通胀。如果增加的流动性进入房地产和股市，可能会导致资产泡沫或其他金融风险。这样，继续把通胀作为判断货币政策是否可以继续扩张的指标，就会有问题。美国次贷危机前美联储一直维持相对宽松的货币政策，形成了所

---

① M. L. Burstein, 1986, Modern Monetary Theory, Palgrave Macmillan UK.

谓的"宏观经济大缓和",经济增长很强劲,但通胀压力很低,这几乎是央行的"梦想宏观组合"。但后来发现当时美国的金融体系中已经酿就巨大的金融风险。

历史上,财政与央行之间的关系走过了从"一体"(在很多国家央行曾经隶属于财政部)到"独立"(在一些国家央行甚至独立于政府)再到"合作"(主要是两者合作应对金融危机)三个阶段。一个可能的模式是:(一)财政和央行明确各自的政策目标、规则与手段;(二)建立相应的问责制度,(三)然后形成适当的协调机制。货币与财政政策可以在三个方面展开合作,一是作为逆周期调整的宏观政策工具,财政政策与货币政策可以互相补充;二是对市场流动性的管理手段,央行可以通过在金融市场上买卖国债,调控流动性的数量,稳定市场与经济;三是携手共建国家金融安全网:微观审慎与行为监管确保个体层面的公平与稳定,宏观审慎管理缓解甚至避免系统性风险的积累,央行发挥最终贷款人的功能、确保市场流动性的充裕,市场化的机制如存款保险制度处置风险,财政资金救助系统重要性的金融机构。

间接融资与直接融资

交易成本和信息不对称是金融体系的两个显著特征。基于此,金融体系也成为受政府监管最严格的部门之一。在处理交易成本和信息不对称问题上的动态优势,也成为金融体系是由银行主导还是市场主导的重要决定因素。就全球而言,存在关于金融结构的一些基本特征事实,如金融中介,尤其是银行,在多数国家是企业最重要的外部融资渠道;一般情况下只有组织完善的大公司才能较容易进入证券市场为其经营活动融资等。在经济发展的初期阶段,金融中介在处理信息不对称问题上,比证券市场更有优势。然而，随着交易成本和信息获取的成本有效降低，金融市场在支持创新、完善公司治理、增强信息揭示和加强风险管理方面的优势会不断上升。

关于直接融资和间接融资相对优势的研究，观点也不尽一致。支持"银行主导型"的研究[1]，认为银行等金融中介在执行收集和处理信息、实施公司控制、动员储蓄等功能方面比市场具有优势，从而有利于资源配置和经济发展。支持"市场主导型"的研究[2]，则强调银行主导型的金融结构的弊端，认为在这种结构下，金融中介对企业的影响力较大，对企业发展会带来负面效应；另外银行具有天生的谨慎倾向性，使得这种金融结构不利于公司创新和增长；同时市场主导型金融体系能够提供更为丰富灵活的风险管理工具，可以根据不同的情况设计不同的金融风险产品，而银行主导型的金融结构只能提供比较基本的风险管理服务。

从金融服务实体经济的角度看，金融结构内生于一个国家的经济结构，且随着经济发展阶段会动态调整。经济发展的理论与经验表明，随着一国经济的增长与向高收入水平收敛，其农业份额会不断下降，而工业份额会先上升后下降，服务业份额会逐渐上升。因此，在经济发展的初级阶段，增长主要以投资和出口拉动，表现为粗放的规模扩张。此时，以银行为主的金融结构，可能更有助于大规模动员储蓄支持生产规模的扩张。而随着经济结构的转型，增长转为主要依靠创新支持的效率提升

---

[1] Stiglitz, J.E., 1985, "Credit Markets and the Control of Capital", Journal of Money, Credit, and Banking, 17（1）, 133-152; Shleifer Andrei and Robert W. Vishny., 1997. A Survey of Corporate Governance, The Journal of Finance, Vol. 52, No. 2. Jun., pp.737-783.

[2] Raghuram G. Rajan., 1992. "Insiders and Outsiders: The Choice between Informed and Arm's-Length Debt"; Journal of Finance, 47（4）, pp.1367-1400; Boot, A. W. A., and A. V. Thakor, 2000, Can Relationship Banking Survive Competition? Journal of Finance 55, 679-713; Brown, J. R., Martinsson, G., Petersen, B. C., 2013. Law, stock markets, and innovation. Journal of Finance 68, 1517-1549.

和消费升级。由于创新的不确定性较大，而从事创新的多以中小企业为主，传统的以抵押物和稳定现金流为依据的银行信贷难以有效支持创新性企业的融资需求，而多层次的直接融资市场，更有利于通过其风险定价体系为这些企业提供融资支持，从而推动创新和新旧动能转换。

最近的研究更倾向于认为，间接融资更有优势支持渐进的技术改良，而资本市场在支持根本性的技术创新上具有更明显的优势。例如，德国、法国等间接融资主导经济体的技术创新主要集中于成熟企业的技术改良，而美国则涌现了大量以新技术为代表的创新企业。实证分析也发现，股权市场越发达的国家，外部融资依赖更高的行业创新水平越高，而信贷市场发展会阻碍外部融资依赖较高企业的创新水平。近年来，刚性兑付、"明股实债"等问题扭曲了金融市场，导致中国金融体系资金充裕而资本短缺，资金无法有效大量配置到真正从事创新的中小企业。只有加快发展金融市场，建立完备的资本投资机制以及相配套的中介服务体系，才有可能加速科技创新成果向现实生产力的转化，推动科技创新创业企业从无到有、从小到大，进而增强经济活力，形成新的经济增长点。因此，构建有效的金融体系，建设多层次的直接融资市场是很关键的内容。

但这是否就意味着未来中国金融体系中直接融资比重就会直线上升，有力支持创新活动？恐怕也不一定。更可能发生的是，在可预见的一段时期内，银行和保险公司、信托公司这些间接融资渠道在中国金融体系中的重要性不会大幅下降。原因有以下几个方面。

一是指望未来资本市场解决小微企业、民营企业融资问题的可能性不大。间接融资和直接融资都要降低信息不对称程度，对企业来说，进入资本市场融资的门槛，远远高于去银行融资的门槛。股票市场发达以后，大企业能到股市融资的可能性远远超过小微企业，小企业如果不能达到银行的融资门槛，想要达到资本市场的融资门槛难度会更大。

二是不同国家的金融体系构成不一样，这不仅由政府的政策偏好决定，更是政治、文化、历史、经济等多个因素综合使然。市场主导金融体系的英美国家，更加崇尚保护个人权利以及分散决策；银行主导金融体系的日本和德国，更强调合作、统一决策。未来中国的金融体系，方向肯定是让市场发挥更大作用，但要想短期内把市场做到特别大，也是很有难度的。

三是技术对未来的金融体系会产生很大改变。金融科技或是数字金融，确实在很多方面改变了金融体系。下一轮改变可能集中在传统金融机构，比如银行、保险公司、证券公司，由它们组成数字金融发展的主力。当然，大科技公司还会继续往前走，也许会出现新的分工，擅长技术的做技术，擅长金融的做金融。金融体系和整个宏观经济，未来都还可能会发生翻天覆地的变化。

去杠杆与稳杠杆

杠杆率过快上涨是所有风险的集中体现，也是中国金融风险的根源。近年来，传统金融领域的金融风险具体表现为：银行不良率上升，地方政府债务违约风险增大，房地产市场价格过快上涨导致资产价格泡沫，股市、债市等直接融资市场波动加剧，人民币汇率贬值预期导致资本外流等。考虑到中国银行普遍较高的银行资本和拨备率，以及银行不良贷款率趋稳微降，银行业信贷违约风险总体可控。然而产能过剩行业以及隐性不良贷款等结构性信贷违约风险仍不容忽视。2009年以来，中国房价上涨较快，尤其是在北京、上海、深圳等一线城市，房价收入比或房价租金比例显示了很明显的泡沫。近年随着房地产相关贷款的快速增长，部分区域经济增速的放缓和房地产市场的过度投资，房地产贷款的坏账风险已经有显著增加。目前中国地方政府总体负债率和债务率均低于警戒线，但东北、华北以及西部等部分省份的债务风险值得警惕。

目前我国的杠杆率，整体处于偏高的水平。在非金融部门中，非金融企业的杠杆率不但明显高于发达国家平均水平，也高于新兴市场经济体的平均水平。这里面既有我国银行主导的金融体系的因素，也有国有企业负债较高的因素。由此导致的效率损失和产生的不良贷款与违约风险，值得密切关注。因此，调整杠杆的政策方向之一应该是尽可能地控制甚至减少"坏杠杆"，增加"好杠杆"。既然中国高杠杆率的问题主要集中在非金融企业，特别是内陆地区、重化工业和国有企业，其实很多已经变成了僵尸企业，这些企业的杠杆率高，偿还利息与债务的能力更低。因此，去杠杆政策就应该努力把这些企业的债务降下来。僵尸企业占用的金融资源越来越多，其实就是金融不支持实体经济的一个主要原因。关闭僵尸企业就可以明显降低企业部门的负债率。不过，在执行过程中，一是应该尽量保持平稳，中央政府可以考虑成立僵尸企业处置基金，主动承担人员安置和债务处置的责任。二是不要再由政府层层下达关闭僵尸企业的行政命令，而应该强化市场秩序，让无法在市场上生存的企业退出。

同时，稳定杠杆的政策并不意味着所有部门都要去杠杆。最好的结果可能是通过政府和居民部门的适当加杠杆，为新发展格局下的可持续增长创造一个良好的条件。从这个意义上说，政府通过增加负债刺激经济增长或者居民增加负债投资房地产市场，可能都不是好的举措，因为这些很难带来可持续的增长。如果政府通过加杠杆来化解僵尸企业，完善市场制度，或者克服基础设施瓶颈，鼓励技术创新，将会更有意义。

近年来，政府的负债率和家庭部门的负债率正在上升，尤其是家庭部门的负债率已经达到甚至超过65%的国际警戒线。这两个部门增加的负债，是支持了短期的增长助长了资产价格，还是有利于改善长期发展潜力，值得进一步关注。

我与合作者研究了不同部门杠杆率水平及增速对金融危机发生率的影响。[①] 通过整合1980—2017年42个经济体的分部门杠杆率与金融危机数据，综合考察杠杆增速特别是各部门杠杆增速与金融危机的关系，发现：一是一旦控制杠杆增速，总杠杆水平对金融危机不再具有显著影响，即控制增速的"稳杠杆"比控制水平的"去杠杆"更有助于维持金融稳定；二是各部门杠杆的相对增速对于金融危机有显著影响。具体而言，相比于政府杠杆增速，私人部门（居民与企业）的相对杠杆增速越快，则一国发生金融危机的概率越大；其中相比于企业杠杆增速，居民部门的相对杠杆增速越快，则一国发生金融危机的概率越大。因此，当前"管增速"优于"管上限"，"控部门"优于"控总量"；增加政府部门杠杆，有限容忍企业部门杠杆，严格控制居民部门杠杆。

防范金融风险与提升金融效率

实现金融创新和金融稳定之间的动态平衡，是全球监管机构面临的难题。金融监管的主要目标在于通过审慎监管和行为监管，保持整个金融体系稳健运行，保护金融消费者合法权益，在此基础上促进金融创新和效率提升。监管与创新之间并不必然矛盾，在二者之间寻求

---

① 纪洋、葛婷婷、边文龙、黄益平：《杠杆增速、部门差异与金融危机："结构性去杠杆"的实证分析与我国杠杆政策的讨论》，《经济学季刊》，2021年第21卷第3期，第843—862页。

适当的平衡，可以达到监管为创新创造适宜环境、创新为监管提供先进手段的相互促进的良性效果。金融监管不应以金融效率和竞争力损失为代价。在综合经营趋势日益明显以及金融科技快速发展的背景下，这对中国分业监管体制下监管效率和能力提升，提出了新的挑战和迫切要求。

当前中国的金融监管存在两个显著问题，一是分业监管模式难以适应金融机构综合经营的现实，由此导致的监管空白和监管套利，是金融风险积累和上升的主要原因之一；二是行为监管相对缺失。审慎监管的角色如金融体系的"医生"，关注整个金融体系和体系中金融机构的稳健运行；而行为监管的角色如金融体系的"警察"，关注金融机构行为，以及产业营销定价是否违规，进而有损消费者利益。因此，审慎监管和行为监管在监管体系中缺一不可。尽管中国"一行两会"均设有金融消费者保护的部门，但在实际工作中，监管部门更注重审慎监管，而行为监管往往被弱化甚至淡化。

积极借鉴他国有益经验，推动监管模式创新，利用金融科技推动监管科技以提升监管效率，是提升中国金融监管有效性的重要途径。金融科技虽没有改变金融业务的风险属性，但在金融业态上呈现出跨行业、多元化、混业化的趋势，且服务的对象多是传统金融体系没有覆盖到的小微企业和低收入人群。基于分业监管格局下的"准入监管"的传统金融监管思路，已不能完全适应新技术驱动下金融的监管需要。由于服务的对象金融专业知识较少，风险承受能力较低，信息披露和消费者权益保护就非常重要。因此，近年来，多数发达国家主动调整监管理念，重视功能监管和注重金融消费者保护。

美国对金融科技的监管主要是功能监管与中性监管原则，即不论金融科技的具体表现形式，凡是金融科技所涉及的金融业务，一并按其功能纳入现有金融监管体系，同时强调将金融消费者保护，放在金融科技监管的首位。英国推出的监管沙盒的基本原则，就是便利金融消费者、保护金融消费者本身。监管沙盒鼓励更多金融科技走向市场，通过金融科技间的竞争，为消费者带来更多更高质量的产品和服务类型，降低消费者获得金融服务的成本。同时，监管沙盒会促进加强科技企业与监管部门的沟通交流，不仅有助于帮助金融科技创新在推向市场之前具备完善的消费者保护措施，也有助于创新企业以更低的合规成本达到监管要求。

金融开放与金融稳定

在更高的水平上推进金融开放，是当前实现"双循环"新发展格局的重要内容。金融开放非常重要，金融开放有利于效率的提高。但是，另一方面也可能导致波动性增加，如果控制不好金融开放带来的波动，可能会"得不偿失"，甚至遭遇严重的金融危机，历史上有很多这样的例子，这是金融开放中需要避免的。所以，在开放的同时，也需要一些特定的政策机制，来保证开放的过程中，经济、金融体系能够维持稳定。

有两个问题值得深入探讨。在全球金融危机爆发之前，全球经济出现"大缓和"，货币政策能够很好地维持经济、金融体系的稳定。危机爆发后，我们发现货币政策也许只是控制住了通货膨胀，并没有控制住金融风险。所以，货币政策能否维持金融稳定？这是值得探讨的问题。

在全球金融危机爆发之后，发达国家实行了很多量化宽松政策，这些政策对于稳定发达国家的经济、金融体系有非常好的效果。但是很多新兴市场国家承受了这些政策的"负外部性"。发达国家货币宽松的时候，新兴市场国家的流动性也很充裕，发达国家货币紧缩的时候，新兴市场国家的货币政策和经济环境也出现了特别明显的收缩，这导致了一些不太好的结果。毫无疑问，中国要进一步开放，但是怎样在开放过程中保持稳定？这也是值得深入探讨的话题。

2009年，中国人民银行开始研究宏观审慎政策。目前，人民银行已经初步形成了货币政策与宏观审慎政策相结合的"双支柱"调控框架。当然，这个政策不是中国独特的研究，很多国际组织，包括FSB（国际金融稳定理事会）、BIS（国际清算银行）、IMF（国际货币基金组织），在这方面都有很多的研究。

在一些场景下，货币政策和宏观审慎政策发挥的效力并不一致，两者可以相互合作，同时发挥效力，维护宏观经济的总体稳定。金融市场开放后，很多新兴市场国家碰到的最大困难就是资金流的突然停顿。金融危机往往是因为一些特殊原因导致一个国家的金融风险大幅上升，这时从外部流入的资金就会突然停止，导致这个国家资产负债表产生一系列的恶化。

我们最近利用两国动态一般均衡模型，考察了不同的政策机制应对"资金流动突然停顿"的影响。[①] 研究表明，当一个国家外部资金突然停顿的时候，国内一些宏观变量会出现大幅调整。货币政策可以帮助缓冲这个调整的过程，因为货币政策可以进行逆周期调节，但如果加上宏观审慎政策，可以进一步提高国内宏观经济的稳定性。另外，分析中发现，

[①] 黄益平、曹裕静、陶坤玉、余昌华：《货币政策与宏观审慎政策共同支持宏观经济稳定》，《金融研究》2019年第12期，第70—91页。

如果中国的人民币汇率政策，从不太灵活的固定汇率，转变成相对灵活的浮动汇率后，能够进一步提高我们的宏观经济稳定性。最终的结论是，金融开放的同时，需要货币政策和宏观审慎政策共同作用的"双支柱"调控框架，来支持和保持宏观经济和金融体系的稳定。

四、未来金融改革的方向[①]
Directions for Future Financial Reform

正因为中国金融体系还存在许多问题，金融改革还得继续。现在中央提出"完善现代金融体系、构建新发展格局"，说明金融体系本身还有许多有待完善的机制，经济发展新阶段也对金融服务提出了新的要求，简单说，就是经济增长模式已经在转型，金融模式也得跟着转，不然就无法扭转金融效率下降、金融风险上升的势头。不过，对于什么是现代金融体系，各有各的解读。比如，吴晓求等学者认为，现代金融体系是市场主导型的金融体系，它的基本特征是高度市场化、开放、风险分散性、科技支撑，可以承担支付清算、资金跨时空调配、财富管理与融资等职能。[②]如果从当下看，完善现代金融体系迫切需要达成两个政策目标，一是增强金融支持实体经济的力度，二是守住不发生系统性金融危机的

[①] 这一节的讨论在很大程度上得益于由黄益平在中国金融40人论坛主持的三个"径山报告"课题：2017年的"金融开放"、2018年的"金融改革"及2019年的"金融创新"。三份课题报告由中信出版社分别出了三本书，即2018年的《中国金融开放的下半场》、2019年的《中国金融改革路线图》和《中国金融创新再出发》。"径山报告"课题组成员包括朱隽、郭凯、徐忠、孙国锋、纪志宏、洪磊、朱民、管涛、肖钢、杨凯生、林毅夫、张宇燕、殷剑锋、张斌和田轩。

[②] 吴晓求、许荣、孙思栋：《现代金融体系：基本特征与功能结构》，《中国人民大学学报》2020年第1期。

底线。要准确预测政府会采取什么政策措施、会在什么时候落地，其实很不容易，但基本的改革方向应该是可以判断的。事实上，2013年年底举行的十八届三中全会已经比较完整地勾画了金融改革的蓝图。

未来的金融改革很可能会围绕四个领域展开，一是金融创新，包括市场结构、业务模式等方面的创新；二是市场化改革，包括强化市场纪律和实现市场化风险定价等；三是金融开放，加大金融服务业开放的力度、逐步实现资本项下的基本可兑换以及人民币国际化再出发；四是金融监管改革。

金融创新

金融支持实体经济的力度减弱，主要是因为现行的金融结构、金融模式和金融业务不再适应经济新发展格局的需要。因此，金融体系迫切需要创新。①

第一，从金融服务的功能出发改善金融结构，适应经济发展新阶段的需要。从新结构经济学的视角出发，林毅夫教授等提出了"最优金融结构"的概念。他们的基本观点是不同发展阶段的经济结构是不一样的，因此符合不同发展阶段要求的金融结构也不一样，他们认为在现阶段，中国应该发展更多的中小金融机构。②"最优金融结构"这个概念十分重要，不过我们倾向于将关注的重点放在金融功能的构成，而不是金融机构的构成。一是因为金融机构的构成变化相对比较慢，而同样的金融机构的功能是可以适当调整的。比如，一般认为中小银行更擅长服务中小

---

① 黄益平等（"径山报告"课题组）:《中国金融创新再出发》，中信出版社2020年版。
② 林毅夫:《金融创新如何推动高质量发展:新结构经济学的视角》，黄益平等（"径山报告"课题组）《中国金融创新再出发》，中信出版社2020年版。

企业，但也有例外，国内外都有中小企业融资做得比较好的大型商业银行，比如美国的富国银行和中国的邮储银行。二是随着数字技术在金融领域的应用日益普及，金融机构的相对优势也会发生变化。比如，像微众银行和网商银行这类新型互联网银行，利用数字技术每年可以发放超过千万笔的中小企业贷款。显然，金融机构的"比较优势"是一个相对、动态的概念。当前我国金融创新的首要目标是支持创新、支持中小企业融资。

第二，发展多层次的资本市场，提高直接融资的比重。这是十八届三中全会明确提出的金融改革方向。毫无疑问，资本市场比商业银行更擅长于支持创新活动，况且我国资本市场在非金融企业外部融资中的比重只有10%多一点，确实还有很大的提升空间。不过，需要明确的是，资本市场可能有利于支持创新，但不见得有利于支持中小企业融资。实际上，资本市场融资的门槛要远高于商业银行信贷，大部分中小企业如果因为缺乏财务数据和抵押资产而无法获得银行贷款，相信也很难从资本市场获得融资。但同时还要关注两个方面的问题，一是政策能在多大程度上有效地推动资本市场的发展？如果德国和日本都无法发展出像英国和美国那样发达的资本市场，中国的难度也许更大。二是资本市场在规模扩大以后是否真的可以有效支持创新活动？如果发展了三十年的资本市场没有能很好地发挥支持企业融资和支持家户投资的作用，也许大力发展多层次的资本市场的第一步应该是改善市场机制、提升市场质量。这就要求减少政府对资本市场的直接"管控"，降低政策不确定性。加大系统性的市场开放，引进更多的机构投资者。提高资本的耐心，在明晰责任的前提下培育"容忍失败"的创新环境，为创新型企业提供更加丰富的金融工具、激励机制和制度安排。

Understanding China's Financial System
读懂中国金融

从 2021 年 9 月 2 日宣布北京证券交易所（简称北交所）设立到开市，只有短短 74 天。这反映出旨在提高金融支持实体经济能力的相关政策在加大力度。一是发展多层次资本市场。过去几年，证监会一直表示要在证券市场实行"建制度、不干预、零容忍"的监管方针。应该说，这使得资本市场的质量有了较大的变化和改善。北交所的成立，也是发展资本市场、提高资本市场质量的一个很重要的举措。二是，推动金融机构更好地为中小企业提供融资服务。改善对中小企业融资一直是非常重要的政策关注点。2020 年新冠肺炎疫情期间，我国的中小企业贷款增长了 30%。从这个角度看，北交所的成立，是我国金融市场的重要举措，在支持中小企业融资、促进创新，进而提高经济增长的可持续性等方面，可发挥积极作用。

对沪深交易所来说，北交所对其的影响是多层次的。一方面，会形成一定的竞争关系。毕竟上交所和深交所既有主板市场，也有服务于创新企业的科创板、创业板等板块。但北交所的设立，与上交所和深交所更主要的是形成互补。北交所设在首都北京，主要服务于专特精新的中小企业。我国的中小企业，尤其是那些需要融资服务的中小企业，数量巨大。即便是上海、深圳和北京的证券交易所在业务上有一定的重叠，这个市场也足够大。三个交易所共同发力，可以有效改善中小企业融资难的问题。

北交所设立的 50 万元"准入门槛"，有利于提高北交所交易质量。目前，我国的资本市场，其规模已经非常大。A 股股票市值在全世界已经排在第二位。但我国股票市场的质量一直遭人诟病。其中的一个原因，就是散户太多，"羊群效应"非常明显。大量的散户经常使用二手信息来做交易，这造成股市本身的交易质量难以有效提升。北交所服务于专精特新的中小企业，设立一定的门槛，让合格的投资者进场交易，是一个很好的考虑。这对于改善甚至提高资本市场的质量，都是非常重要的。

资本市场在支持中小企业创新方面，是有先天优势的。北交所设立的核心目的，是为创新型中小企业打通直接融资渠道，让更多投资者分享创新型中小企业成长的红利。在提高对专特精新中小企业服务质量方面，北交所可以进行创新尝试。目前，一些大科技公司，利用大数据做信用风险评估，以此为基础发放贷款，取得了不错的效果。北交所可以考虑采用相同的做法，用利用多方面的大数据来对企业的风险程度、财务状况、市场潜力做出综合评价。在这个基础上决定企业能不能上市，并让投资者来决定值不值得进行投资。如果在这个方面，北交所能走出一条新的路子，那么，北交所提出的服务好创新型的中小企业，完全是能实现的。

第三，进一步探索银行与资本市场的联动，推动服务模式向"商行＋投行"转型。在可预见的将来，间接融资特别是商业银行仍然可能会主导中国的金融体系。但这并不一定是一个不好的消息，德国和日本可以依靠银行为主的金融体系走到国际技术的前沿，中国也同样有机会。但商业银行的服务模式必须转型。比如，利用软信息，深耕小微企业客户群。利用金融科技手段，创新风控手段，建设开放银行。设立支持科技创新企业与小微企业发展的政策性银行。商业银行应该更主动转型，支持经济高质量发展。客户战略上要加强客群细分与客户研究，实现对于中小企业客户信用风险与内部操作风险的有效防范。在风险可控的前提下，鼓励银行对接多层次的资本市场，将商业银行的资金对接各类投资机构，或者利用核心企业的供应链开展金融服务。以"线下软数据＋线上大数据"提高商业银行的风险评估能力。监管部门应该出台开放银行政策和标准，建立行业规范，商业银行可在认真权衡的基础上选择适当地构建开放银行的模式。此外，建议借鉴德国复兴银行和日本政策金融公库股份有限公司等的做法，探索设立中国小微企业政策性银行，有针对性地支持民营、创新、小微企业的金融需求。

第四，尽快实现监管全覆盖，规范数字金融的业务模式与行为。积极平衡大数据收益与个人隐私、大科技公司效率与垄断之间的关系，并推动智能手机、大数据和云计算在整个金融部门中的稳健运用，支持创新驱动的经济高质量发展。大科技平台和网络银行利用数字技术在提供普惠金融服务方面取得了举世瞩目的成就，同时也引发了一系列的新问题：大数据归谁所有？大科技平台会不会成为歧视金融消费者的新的垄断工具？野蛮生长的局面应该尽快终止，代之以一套完整的准入门槛和行业规范。政府也应该积极推动所有的金融机构运用数字技术解决金融难题，支持创新，除了推动已有的一些商业模式如移动支付、网络贷款和数字保险等，也可以支持开放银行的实践，鼓励资本市场利用数字技术连接更多的市场参与者、提供更好的市场信息。

当前的金融创新具有许多新的特征，比如混业经营已经成为客观现实，利用数字技术的交易，风险传导的速度和范围已经彻底改变。传统的分业监管的做法已经很难有效控制甚至有效监测金融风险，因此，应该考虑混业监管的做法，起码应该进一步加强功能监管与监管科技的作用。可以学习国外金融科技领域"监管沙盒"的做法，对于金融创新实践发放有条件的牌照，密切观察。这样既能支持创新，又能防范风险。在监管政策的实施过程中，要尽量淡化行政性的特点，突出市场化、专业性，避免"一刀切"和"运动式"的做法，防止"一放就乱、一管就死"的现象一再重演。

市场化改革

"渐进""务实"改革的另一面是一些改革政策不彻底,甚至留下了一些"半拉子工程"。[①] 因此,市场化改革还得继续往前走,真正实现"让市场机制在金融资源配置中发挥决定性的作用"。

第一,改善金融机构之间、企业之间的竞争,尽可能实现"产权中性"。市场机制是现代金融体系的基础制度,核心包括如下两个方面:机构的准入与退出、资金的定价与配置。政府应该遵守公司治理的基本原则并尊重市场经济的基本规律,将资源配置的主导权留给市场,不应以宏观经济管理或微观金融监管的名义直接干预金融市场运行与金融机构经营,更不应打着监管之名行保护之实,歧视非国有金融、经济主体。彻底打破刚性兑付、形成市场化的退出机制,无论是对金融部门还是对实体经济,都需要建立市场化的风险处置机制。而"有为政府"的功能应该限于维持秩序、监管风险及弥补市场失灵。

第二,进一步推进银行的商业化改造。银行在未来的金融体系中依然举足轻重,因此,需要适应银行主导的现实,推动银行的市场化派生机制和资本市场参与。商业银行规模巨大但竞争力不强的现状迫切需要改变,银行类金融机构自身准入与退出机制的改革,存款保险制度已经运行三年多,建议从中央银行独立出来运行,真正发挥支持市场化退出的作用。要完善银行的公司治理结构,内部要形成有效的制衡机制,改变董事长独大的现状。建立新型银企关系,政府应逐渐放松对国有商业银行和国有企业的直接干预,更多发挥市场机制,银行可以尝试有市场

[①] 黄益平等("径山报告"课题组),2019年,《中国金融改革路线图》,中信出版社,北京。

约束的"关系融资"。要完善商业银行风险定价的能力，真正实现借贷利率的市场化，关键还是要消除信贷市场上的机制扭曲，让银行能够合理地在效率与风险之间取得一个平衡。

第三，真正实现市场化风险定价。让金融风险得到合理补偿，是金融服务可持续的基本前提。在"十三五"期间，我国的普惠金融发展取得了突破性的进展，这主要是基于多方面的原因，一方面，政府与监管部门持续要求商业银行增加对中小企业的融资；另一方面，金融机构也积极推出信用风险评估与管理手段。与此同时，监管部门连年要求银行降低中小企业贷款的利率。虽然决策部门是出于帮助中小企业的好心，但因为违背市场原则，有可能变成"好心办坏事"，要么影响商业银行增加中小企业贷款的意愿，要么被迫放款，最终则可能增加信用风险。监管部门支持中小企业贷款的关注点应该是首先解决"融资难"的问题，不能靠行政手段解决"融资贵"的问题。降低企业的融资成本，有一些不需要扭曲市场价格的手段，包括放松货币政策、降低市场利率，增加金融机构之间的竞争，改善信用风险管理的能力等。除此之外，如果政府出于其他政策考虑，还希望进一步降低中小企业的融资成本，可以直接利用财政资本提供贴息。总之，行政性地要求银行降低贷款利率的做法不符合市场规律，应该尽快改变。

第四，货币政策要从数量型向价格型框架转变。改革初期的货币政策主要依靠数量工具进行直接调控，过去几十年间，数量工具在逐步向价格工具转变、直接调控在逐步向间接调控转变。已有的实证研究发现，我国央行的货币政策规则兼具数量型与价格型（利率型）的特点，说明转型尚在进行过程中。而货币政策转型恰恰也是金融体系市场化改革的重要部分，而货币政策转型特别需要关注以下几个方面的改变：一是进一步明确货币政策的目标,从目前实际操作中的四个目标(经济增长、就业、通货膨胀、国际收支)简化到《中国人民银行法》的正规表述,即维护价格水平稳定、同时支持经济增长。二是确立相对专业、独立的货币政策决策机制,央行是向国务院报告还是向全国人大报告并不是关键,但货币政策决策具有很强的专业性与时效性。三是明确货币政策工具,过去的两大工具分别是存贷款基准利率和存款准备金率,现在在流动性管理方面已经形成了一套可以灵活运用的工具,包括中期借贷便利、央行再贷款和存款准备金率等。利率工具已经放弃了存贷款基准利率,近年来形成了市场贷款报价利率,作为反映银行贷款利率水平的指标,央行似乎是在构建以 7 天回购利率为核心政策利率的利率走廊。但政策利率传导的有效性还需要进一步的提升。四是改善央行与市场的沟通,未来也许可以考虑放弃用"稳健"这类含义模糊的词汇描述货币政策的倾向,更加清晰地向市场表达央行的立场。

第五,完善现代金融的法律体系。金融服务的质量是由法律体系决定的,市场规则、行为准则、准入与退出,都应该清晰地由法律来规范,减少过度依赖行政性手段相机抉择的现象。要统一金融立法,改变过去分业立法、机构立法的模式。立法也要与时俱进。现行的一些法律如《商业银行法》和《证券法》等内容明显滞后,难以适应金融业的快速发展和金融改革的持续深化。强化金融法治执行,强化对金融债券的法治化保护效率。继续强化社会信用体系建设,约束失信行为和建立个人破产制度。

金融开放

随着圆满达成"第一个百年目标",中央在 2020 年提出了推动"以国内经济大循环为主、国内国际经济循环相互合作"的新策略。这一策略的宣布，引发了部分国际人士关于中国是否走向内向型经济政策的担忧，但这种担忧完全是多虑。事实上在之前的几年间，中国政府加大了金融服务业开放的力度，向国际金融机构发放新的牌照、提高甚至取消外资的持股比例等。2021年初公布的《中华人民共和国国民经济和社会发展第十四个五年规划和2035年远景目标纲要》也明确提出要"稳慎推进人民币国际化"。这些都表明，虽然未来一段时期，中国经济发展的重心会转向国内需求与国内创新，但对外开放的基本立场不会发生改变。这是因为，第一，国内经济做强、做大，需要加强跟国际经济的交流与合作，闭门造车是无法达成目的的。第二，考虑到中国现在已经是全球第二大经济体，目前已经是全球经济增长的重要推动力量，更加强劲的国内经济大循环也将有利于进一步促进国际经济大循环。

当然，相信未来金融开放政策的实施可能会继续保持渐进、务实的策略，不太可能发生所谓的"一步到位"或者"休克疗法"式的变革。① 具体看，未来的金融开放可能集中在三个相互关联的领域展开。一是金融服务业的开放。这主要是指外资金融机构走进来与中国金融机构走出去。如果横向做一个比较，中国金融服务业特别是银行与保险的对外开放度，确实比较低。过去对外资金融机构进入中国的疑虑，主要是担心挤垮国内的金融机构和影响国内的金融稳定。目前看，这两个方面的风险都不是很大，一方面，国内金融机构已经比过去强大许多；另一方面，外资金融机构是否造成金融风险，主要是看监管的能力，与中资、外资的关系不大。从正面影响看，外资金融机构的进入可以加强竞争，改善

---

① 黄益平等（"径山报告"课题组）:《中国金融开放的下半场》，中信出版社，2018年版。

服务，同时还能带来新的业务模式与产品，对于改善市场结构、提高经济效率、支持技术创新，具有重要意义。事实上，过去几年在这方面的举措已经显著加速，相信未来还会保持这个趋势。

二是资本项目可兑换。我国的资本项目改革可以算得上是"一波三折"，进进退退。国际货币基金组织（IMF）将资本项目分为七大类、40项，在2020年我国实现了可兑换和基本可兑换的共19项，占比47.5%。不可兑换的主要是居民或非居民个人的跨境贷款、证券和衍生品交易。将来改革的目标应该将绝大部分项目提升至基本可兑换，其余的保留部分可兑换的管理方式，最主要的是衍生品交易、不动产交易及个人跨境信贷。大的目标是在未来五到十年实现资本项目的基本可兑换。不过资本项目开放是一项需要十分小心落实的改革。毫无疑问，资本项目可兑换可以提高资本配置的效率，但同时也可能增加波动性甚至引发金融危机，所以资本项目改革必须在效率与稳定之间取得平衡。具体而言，有三个方面的政策措施值得关注，一是开放的步骤，资本项目会走向更加开放，但相信仍然应该采取稳健、渐进的步骤。二是保留对跨境资本流动的管理，对于部分风险高、波动性大的短期资本流动，在条件成熟以前尽量不要放开来。三是设计一些宏观审慎政策，比如对短期资本流动收取一定的税收，减少资本的大进大出，维护金融稳定。

三是人民币国际化。从2009年开始的人民币国际化政策，重点是提高跨境贸易与投资的人民币结算，人民币在国际支付中的比重也显著提高。可惜的是在2015年"8·11"汇改之后，一部分举措走了回头路。现在再重新审视当时的政策，确实有值得改进的地方。一方面是汇率的弹性不够，如果汇率不能灵活地上下浮动，一旦汇率波动放大，央行就不得不出手干预，跨境资本流动与支付就会受到影响。另一方面当时的政策过于强调国际支付功能，但对国际投资功能重视不够，国外的居民与企业的人民币没有地方可以投资，他们就会缺乏接受、持有人民币的意愿。因此，人民币国际化再出发的新举措应该高度重视国际投资的功能，这就意味着离岸人民币市场建设和资本市场双向开放必须提上议事日程。

金融监管

中国金融体系面临的另一个重大挑战是能不能守住不发生系统性金融危机的底线。世界经济历史表明，系统性金融危机会对一个国家的长期经济增长表现造成非常负面的影响。中国过去维持金融稳定主要是靠政府信用背书，但最近几年的实践表明，中国监管部门在防范金融风险方面的作用十分有限。而随着金融市场的规模扩大、种类增加、复杂性提高，政府兜底变得越来越难。过去维持金融稳定主要靠政府信用，将来要更多地依靠金融监管。[①]

现在的问题是，尽管金融监管的框架似乎已经很完整，有机构、有人员、有规则、有手段，但实际的监管效果却并不理想，可以说是"有其形而无其实"。有不少政策只是空有其名，却未真正得到执行，比如银监部门对于银行向关联机构输送资金有非常严格的限制，但似乎并没有管住包商等银行长期存在这样的做法。"有法不依"的原因可能很多，包括能力不足、意愿不高或者干扰过多。一个突出的问题是，"一行两会"是监管部门，也是政府的组成机构，有不少政府行为的特征：（1）它们既要管监管又要管发展；（2）监管政策经常需要配合宏观调控；（3）它们

---

① 黄益平：《金融监管的本质》，中国经济50人论坛第376期《长安讲坛》，2021年4月21日。完整视频：https://xw.qq.com/cmsid/20210720V07A4U00。

对违约与破产的接受度比较低;(4)施政具有很强的运动式特点。现在中央要求守住不发生系统性金融危机的底线,有监管部门的官员就表示要把金融风险压到零。

我国的资本市场发展了三十多年,仍然有许多不尽如人意之处,没有很好地满足企业融资与家户投资的需求。监管不到位是造成这些问题的一个主要原因。最近监管部门提出"建制度、不干预、零容忍"的监管方针,首先是完善市场制度和监管政策,不轻易干预市场运行,绝不容忍任何违法、违规行为,这个方向是正确的。

现在亟须对金融监管进行一场彻底的改革,关键是要尊重金融规律,让金融监管回归初心,把金融监管的"形式"变为"实质"。既然规章制度已经到位,监管手段也已经具备,需要做的就是把监管落到实处。具体可以考虑采取如下几个方面的改革措施。

第一,明确监管的政策目标。金融监管的目标应该就是保障公平交易、保护金融消费者、维持金融稳定。其他的一些政策目标,比如资产价格的水平、宏观经济的波动、金融行业的发展等,都不是金融监管部门的责任,这些政策目标与监管政策的目标并不总是一致,有时候甚至会出现直接的对立。首届诺贝尔经济学奖得主丁伯根曾经提出关于国家经济调节政策和经济调节目标之间的关系,即政策工具的数量或控制变量数至少要等于目标变量的数量,而且这些政策工具必须是相互独立(线性无关)的。这一法则同样适用于金融监管政策,因此,金融监管的第一步应该是把金融发展、宏观调控等方面的责任分离出来,这些责任可以由其他政府部门负责。金融监管部门就专司金融监管一项职责,比如证监会要维持股票、债券市场公平交易的秩序,资产价格的起伏则不应成为金融监管政策的调控对象。

第二，提高金融监管部门规则制定和监管执行的独立性、专业性和权威性。金融监管既有明确的政策目标，也是一项专业性很强的技术活。当然，这里讨论的独立性，并不一定要求在机构设置上将金融监管部门独立于政府部门之外，而是在明确政策目标的前提下，对于政策工具的选择与使用保持一个相对专业、独立的决策过程。至于监管部门是向国务院还是向全国人大负责，并不是问题的关键，上级部门应该按照已经确定的政策目标来评价监管的工作，但尽量不要干预监管的具体举措。另外，监管独立性并不意味着监管机构与政府部门之间要完全分隔。恰恰相反，金融监管部门应该与其他经济部门特别是财政部、发改委等保持密切的联系与政策协调。最后，金融监管部门在执行监管政策的过程中一定要有"牙齿"，一旦发现违规行为，一定要采取严厉的惩罚措施。过去违约成本太低，市场参与者的违规行为就很难消除。

第三，监管政策一定要追责。这几年金融体系出了很多风险，但几乎很少有监管官员为此承担责任，这样他们就缺乏必要的负面激励。当然，在某些领域，监管追责确实有一定的难度，P2P 行业的监管主体起初一直没有明确，银行的许多违规行为与政府的支持纠缠在一起。因此，追责的前提，一是明确职责，二是确保独立性。在这两个条件下，如果还没有做好，就必须承担相应的行政、经济甚至法律责任。但追责也需要一定的前提条件，一是明确监管政策目标，这样才能清晰地评价监管部门的工作成效，如果赋予监管部门过多的责任，会造成工作成绩判定的困难。二是保障政策决策与执行的相对独立性，如果主管部门频繁地干预监管部门施政，也就很难对其追责。

第四，增加监管部门的编制与经费。这些年监管效果不好，还有一个重要的原因是监管资源严重短缺。人手不够，"顾不过来"就很正常。

比如，1999年末中国金融业总资产大概是15.5万亿元，到2019年第三季度末上升到312.5万亿元，翻了19倍。如果看市场结构、产品种类以及投资者数量，金融行业的复杂性更是明显增加。但在此期间，监管部门的编制完全跟不上这样的变化。因此，监管能力必须跟得上金融体系在规模和质量维度的发展，重点是要保证有足够的人手、充足的经费和较高的专业水平。

五、继续尚未完成的金融改革
Accomplishing Unfinished Financial Reform

1971年基辛格与周恩来会晤时，曾询问周恩来对法国大革命的看法。周恩来回答说，这个事件发生的时间太近，无法对它的意义作出确切的评判。周恩来的回答同样适用于对中国金融改革的评价。除了"时间太近"之外，还有一个更重要的原因是中国的金融改革尚未完成，未来的改革政策将如何制定、怎样落实、会产生什么样的效果，这一切都只能留待时间来揭谜。但如果中国政府继续坚持"务实"的策略，相信未来的金融改革会继续推动中国经济进步。

现在比较清楚的是，中国的金融改革已经持续了四十几年，成绩很大，但同时问题也不少。这些成绩与问题应该放在经济改革的大背景下来看，许多政策措施都是决策者在当时环境下权衡甚至妥协的结果。1978年底开始改革开放，当时不可能直接跨入完全的市场经济，只能一步一步地往前走，"双轨制"改革策略也好，抑制性金融政策也好，都是这样产生的。现在回过头看，起码从实现经济增长、保持金融稳定的角度，效果相当不错。

但过去行之有效的金融政策现在遇到了新的坎,金融支持实体经济的力度越来越弱,系统性金融风险显著抬头。这两个方面的问题处理不好,就有可能导致改革以来强劲的经济增长的停顿。出现这些问题,当然可以说是"过去的改革不彻底"造成的,但本书的一个基本观点是,"彻底的改革"不一定是好的改革,"务实的改革"才是好的改革。一项改革措施只有适应环境、符合实际才能达到预期的目的。现在碰到了新问题,意味着改革还得持续地往前走,这也是渐进改革的本义。

从2021年我国实现第一个百年目标即全面建成小康社会,到2049年实现第二个百年目标即建成社会主义现代化强国,未来三十年会遇到许多前所未有的挑战。[①] 第一,随着成本水平的持续提高,创新活动对经济可持续发展的重要性会越来越高。第二,随着我国进入老龄化时代,人口的抚养比将快速上升,而劳动力供给将不断减少。第三,各国的全球化政策出现反复、波动,外部经济环境的不确定性也将大幅上升。第四,我国政府提出的"碳达峰""碳中和"目标,可能会对产业结构甚至金融资产质量产生重大影响。这些充分表明,未来的增长方式将显著不用于过去,而金融改革与创新是支持中国经济持续增长的重要条件。

现在很难准确预测未来的金融政策,但如果政府继续坚持"务实"的改革策略,那么金融政策的大方向应该是可以预期的。第一,改革会继续沿着市场化的方向往前走,特别是前面提到的金融创新、市场化改革、金融开放和金融监管等领域。总的方向是增加市场机制的作用,减少政府的干预。第二,渐进的改革意味着不会"一步到位",这是因为过去政府干预金融体系的一些客观条件不会在一夜之间消失,更重要的是,

---

① 姚洋、黄益平、杜大伟:《中国2049:走向世界经济强国》,北京大学出版社,2021年版。

那种"大爆炸式"的改革不见得能达成预期的效果。所以，改革会往前走，但有时候也会出现一些反复。第三，起码在可预见的将来，中国的金融模式不太可能成为欧美模式的翻版。中国在政治、文化、经济方面的一些国情因素决定了很难复制欧美金融模式。更重要的是，现在看来，现行的欧美模式也不见得是"最优"模式。第四，随着改革的进一步深入，金融风险也可能会上升。因此，在持续改善金融效率的同时，如何防范风险，将成为关键性的考验。